粘连作文教学

让习作成为有个性的自我建构

HANLIANZUOWEN

黄瑞夷 著

图书在版编目（CIP）数据

粘连作文教学：让习作成为有个性的自我建构/黄瑞夷著.
—南京：江苏凤凰教育出版社，2014.8（2023.11重印）
ISBN 978-7-5499-4092-9

Ⅰ.①粘… Ⅱ.①黄… Ⅲ.①作文课—教学研究—中小学 Ⅳ.①G633.342

中国版本图书馆 CIP 数据核字（2014）第 110382 号

书　　名　粘连作文教学：让习作成为有个性的自我建构
作　　者　黄瑞夷
责任编辑　午新生　雷利军　唐彩云
出版发行　凤凰出版传媒股份有限公司
　　　　　江苏凤凰教育出版社（南京市湖南路 1 号 A 楼　邮编 210009）
苏教网址　http：//www.1088.com.cn
照　　排　润星之源文化有限公司
印　　刷　唐山富达印务有限公司
厂　　址　唐山市芦台经济开发区农业总公司三社区
开　　本　787 毫米×1092 毫米　1/16
印　　张　15.5
字　　数　250 千字
版　　次　2014 年 8 月第 1 版　2023 年 11 月第 2 次印刷
书　　号　ISBN 978-7-5499-4092-9
定　　价　78.00 元
网店地址　http：//jsfhjycbs.tmall.com
邮购电话　025-85406265，85400774　短信　02585420909
E - mail　jsep@vip.163.com
盗版举报　025-83658579

前 言

我在学生时代最怕写作文，但当了教师之后，竟成为一个因作文教学而小有名气的教师。这也许是盲龟遇浮木，机缘使然；也许是推己及人，内视自省的缘故。粘连作文教学——我在作文教坛上树立的一面旗帜，让我收获颇丰，拥有了自己的作文教学专著。

一、误打误撞摸着北

初为人师，我并不知道教坛有“好酒”，可以“酒不醉人人自醉”。我没有雄心壮志，也没有要在作文教学中独树一帜的意识与理想，还曾因为写作能力差而对校长说：“让我教数学吧，我的数学成绩一直都很优秀。”校长毫不给情面地说：“你是正规师范学校的毕业生，你不教语文，难道让代课教师去教语文？”我哑口无言，于情于理，我都得成为语文教师。

我诚惶诚恐地捧着语文课本，备课时不敢有丝毫懈怠，总是小心翼翼地批注课文，上课时也经常汗出如浆，上了一节又一节，却也没遇到什么难题。直到要写作文时，我犯难了，不管我说什么，很多学生就只有一句话——“没有东西写”。怎么办呢？正巧，那段时间我正在学习绘画。我对学生说：“没东西写，那我们就写生。”于是，我带着学生写《我家门前的树》《通往我家的小路》《我们的教学大楼》《家乡的橘子》《我的同桌》，就这样从景到物再到人，完成了一个学期的作文教学。第二个学期，教育主管部门要求每所学校都进行教学改革。校长对我说：“你最年轻，这个任务就交给你了。”在好友的鼓励和支持下，我接受了这个任务。我把作文教学改革内容定为即兴写生作文，经常带着学生进行静景写生，慢慢地，他们也学会了动态的“事件写生”了——截取生活小事中的片段进行即兴表演，然后写下表演的过程。“没有东西写”这句话再也没有出现在作文课堂上。

可是，新的问题出现了。当我要求学生写作文时，不少学生又说“写不来”。是啊！素材就在眼前，可怎么写呢？怎么解决学生“写不来”的问题呢？我也想不出办法，只好对学生说：“这样吧，我跟大家一起写，写完后我们都把自己的作文读给别人听，相互启发吧。”学生一听，开心极了。教师的写作水平如何呢？他们很想见识一下。就这样，我和学生一起进步。在写作时，我每次都推己及人，渐渐发现了材料、思维与语言三者的关系，于是对学生进行了一段时间的“见物—思语—说义—写作”的实战训练。我要求学生看到让自己动情的事与物，一定要用语言描述出来，而不能只停留在观察形象上，然后要想一想，这事、这物是怎么引发自己的情感或让自己有了启发的。

教改验收时，我为片区参与教改的十几个教师上课题成果汇报课，正好遇上了学区校长，他说：“我也要来听课，认识你很久了，却还不知你的课上得如何?”于是，我上了一节即兴写生课。因为训练有素，不少学生的作文都写得很好。学区校长听课后，对全体听课教师说：“我当老师 20 多年了，从来没有听过这样的课，特别是教师的这种上课方式，新颖、有效。这样的课要推广，我要让学区中所有农村小学的校长和教导主任都来听一听这样的作文课，让他们看一看什么是教学改革。”我受到了极大的鼓舞。

二、寻寻觅觅訇然开

后来，我又遇到了学生思路狭窄的难题。思路是内隐的，看不见、摸不着，为了帮助学生打开思路，我想出“心理—图解”作文教学方式。心理——利用学生的好奇心理，激发他们的写作欲望；图解——让学生把写作构思用“图”的形式表现出来。这样，内隐的思维通过“图”就外显出来了，教师就可以视“图”而导，能够针对不同的学生进行不同的指导。当知道我在原有的基础上又有了进步时，学区校长说：“我要到城里去请专家来，让他们鉴定一下你的教改，你好好做准备吧!”新的动力又来了，我全身心投入，乐在其中。每次上作文课，我都让学生吃惊，学生的兴趣被激发了出来，他们极爱上作文课，写作水平也大有长进。很快，专家来听课了。那次，我上课的主题是“外表与内心的表达法”。教学时，我引导学生重新阅读课文《我的战友邱少云》并理解“外表与内心的表达法”，然后，在黑板上写了一个“相”字，立刻让学生用这个字说一段和“外表与内心的表达法”有关的话。学生站起来，不知所措。我不启发，也不给足够的思考时间，只要学生在几秒钟内不说话，我就叫下一个。因为当时有专家在听课，现场气氛十分紧张，学生有些胆怯，哪能在瞬间就口述一段话啊！此时连学区校长都坐不住了，他小声说：“平时学生们一个个都那么活跃，今天怎么会这样？难道农村学生怕生人？还是老师的教学方法出了问题？”很多听课教师也紧张起来，担心这课该怎么上下去。

当班上有2/3的学生站起来后，我不再叫学生了，而是停顿了一下，让学生全都坐下。然后，我对学生说：“面对刚才的场面，大家一定紧张万分吧！只看到一个字，怎么可能在短时间内说一段话呢？被点名回答问题的同学呆呆地（可以通俗地说成是“木木地”）站着，老师也只好与大家目目对视（“木”与“目”合在一起正好是“相”字）。请大家回顾刚才的场面，那是最好的书写外表与内心的情境……”我还没说完，学生笑了，不少学生举手说：“老师，我来说一段……”于是，一个非常生动的场面出现了，学生与听课的专家、教师都经历了刚才的场面，有同感、有共鸣，学生的发言让听课的专家和教师感到吃惊，学生出示的“图”更是让他们感到惊讶无比。评课时，有专家说：“太好了，听这样的课真是享受！回去后，我们将大力宣传。”于是，听课者又接二连三地到来。后来，全市的教研会破格在一所农村小学召开。

佛家说：“盲龟浮木难相逢，机是花发今年枝。”正当我“走红”时，福建师范大学第一次招收实践生，一个县只能推荐一个人参加入学考试，县里推荐了我。经历了一番夜以继日的苦读，我终于走进了福建师范大学教育系。在大学读书期间，我寻找能支持自己教学的理论。莫里斯·比格的《学习的基本理论与教学实践》让我豁然开朗，我看到了“粘连教学思想”，那正是我多年来一直冥思的名称，粘连作文教学的思想从此便在我心底诞生了。

三、风行水上自皱纹

毕业时，我以优异的成绩获得了重新分配的机会，于是我到了教师进修学校，开始了正规的课题研究——粘连作文教学课题研究。粘连作文教学的内蕴是，在作文教学的起步阶段，教师的教附着学生的学，当教师的教出现后，学生的学也随着诞生；在作文教学的提高阶段，教师的教附在学生的学中，只有学生的学呈现后，教师的教才诞生。只有学生用“图”说自己的思路在先，教师指导在后，才能让指导有针对性，教学才是具体的、个性化的教学。粘连作文教学改教师准备教什么就在课堂上教什么的教学法为教师根据学生的需求决定自己教什么。为了激发学生的学作兴趣，我采用了大量的自然情境创设法。

自然情境——教师创设的情境，只有教师自己知道，这情境跟日常生活中的情境差不多，等教师点破时，学生才恍然大悟，连声说“妙！妙！”写作的兴趣被激发出来。于是，一些学生向我下挑战书，一定要识破我创设的情境。有一次，我课前走进教室，对一名女生穿的新衣服大加赞赏，并问她是在哪里买的，其中是否藏着故事。学生都感到很好奇，纷纷围过来聊天，到最后，人人都参与了，连男生都说得津津有味，穿衣服的话题也越聊越深入，上课铃响了也没有停止。我看水到渠成了，就在黑板上写下“穿出作文”。学生大喊：“上当啦，又落入老师的作文圈套啦!”学生很兴奋地提笔而作，并表示下一次一定要识破我创设的作文情境。

在一次公开课上，三位特级教师决定给我现场出题上作文指导课。他们出的题目是“怎么办?”，我让学生先思考并交流，再相机指导。有一部分学生想不出要写什么，我示意学生暂停，说：“很多同学想不出要写什么。这好办，老师给大家想个都能写的题材，大家就写那个……那个……”我的声音由大变小，我做沉思状。停顿一会儿后，我又提高嗓门说：“就写那个吧。就是……就是……”紧接着又做出沉思状，并且让脸红起来。这可把出题的几位教师急坏了，他们小声地议论着：“糟了，这个题目太难了，把老师都难倒了，课上不下去了!”学生也急坏了。我看后说：“就写老师也想不起来，不知怎么办吧。”学生笑了，他们知道我在创设让他们防不胜防的自然情境，于是马上提笔写作。大多数听课教师却糊涂了，他们不知道这其中的奥妙，直到学生朗读精彩的作品时才豁然开朗。学生又期待下一次能识破我的“计”，于是又日日盼望新的作文课到来。

有一天，我急匆匆冲进教室，对学生说：“张艺谋导演在武夷山拍电影，需要一个班级的小学生当群众演员。校长说，我们班的同学口语能力强，让我们班去。赶快排队前往。”学生一听，异常兴奋，便叽叽喳喳地议论起来，同时迅速排好队。当他们走出教室后，我又叫他们回来写作文。这时他们才意识到“上当”了，怪自己怎么就忘了这是作文课。学生这次又交上了好作文，同时表示下一次一定要识破我的“计”。

在之后的日子里，学生一次又一次“上当”，一次又一次写出好作文。作文课上的智趣，激起学生无穷的写作欲望，使学生对作文课永远充满着好奇与期待，使课堂洋溢着浓浓的师生情谊。

创设自然情境，只是粘连作文教学的特色之一，粘连作文教学更大的亮点是学生根据视图说构思，教师边听边产生自己的教学方法，教法从学生的学法中诞生。现在，不少学生会因融洽课堂而喜欢上我，因为喜欢教师而爱上作文课，因为爱上作文课而爱写作文，觉得写作文是学习生活中的趣事。

黄瑞夷

目 录

理论篇

实践篇

理 论 篇

“粘连原则”是实用主义心理学派提出的一条用以揭示人脑对客观世界的反应关系的原则。将这一原则应用于作文教学中，就是作文的入门起步教学应遵循粘连原则，即学生的学法附着教师的教法；而当学生有了一定的知识基础，形成了顺应新知识的认识图式时，作文教学就应遵循粘连逆原则，即教师的教法附着学生的学法，教师依学生外显的思想认识、语言表达进行有目的、有针对性的指导，因学论教。粘连作文教学是一种促个性化的教学，能有效激起学生的学习兴趣，使作文教学更有趣、更高效。

第一章　粘连作文教学概述

第一节　粘连教学概述

一、什么是粘连教学思想

启发法在许多教师的心里，是一种具体的教学方法。殊不知，启发法实际上是启发式教学，它是一种教学理念，属于方法体系，而不是具体的某一种方法。例如，讲授法里有启发教学，问答法里有启发教学，实践法里也有启发教学。如果学生能在原有的基础上产生顿悟，获得启发，无论采用何种具体的教学法来教学都是启发式教学；如果学生没有得到启发，即使教师用了问答教学法，也可能是注入式教学。粘连教学正如启发式教学一样，它不是一种具体的教学方法，而是一种教学理念，或者说是教学方法体系。许多教师把粘连教学法视为一种具体的教学方法，其实是一种误解。

粘连思想出自美国学者莫里斯·比格的《学习的基本理论与教学实践》一书，后来，认知心理学派对这一理论进行了批判与发扬。人的某些活动会遵循粘连原则——一事物附着另一事物，以致一事物再生后，另一事物也随即出现。这种关系正好反映了课堂上教与学的关系，即教与学是一种粘连关系——教师的教是附在学生的学之上的，只有学生怎么学出现后，教师的怎么教才诞生。以此为教学指导思想，能体现师生、生生的互动关系，师生教与学的辩证关系，以及师生心灵相互碰撞与个性发展的关系。

在具体的教学实践中，粘连教学的基本原理可以这样阐释。小学低年级的学生，由于缺乏知识与经验，还没有形成自己常用的、有效的学习方法，教与学遵循着粘连原则，也就是学生的学是附在教师的教上的，只有教师在实践中教他们怎么学之后，学生才能记住自己学的方法与思路，即教出现之后，学才随着诞生。而学生进入高年级后，有了一定的知识基础和生活经验，他们会用自己的知识结构去同化新的知识，这时，他们的实践就有了自己的独特方式，融入了自己的思考，此时的教学就要改变了，就应当遵循粘连逆原则，即教附着学。教师只有在了解学生怎么学的基础上，才知道自己应当教什么和怎么教，教师的教是在学生的学出现后生成的。概而言之，这时的教是无形、无法的，是潜在的、不确定的，教必须在有形的学中粘连出来，要视学生的实际情形而教，而不是教师事先准备好，而后按部就班地教。因此，教的意义扩大了，教是组织，是促进，是激励，启发人构建，教育人生成，促使人提高素质。

二、粘连教学——从学生思维出发想教育

1. 从学生思维出发想教育

所谓从学生思维出发想教育，就是指教师在教学之前要先倾听、观察，并询问学生用自己的生活体验去感悟教材后的感受与存在的疑惑，在倾听、观察、询问中了解学生的思维角度、思维方法、思维水平，摸清学生的学习思路，然后从他们的学中粘连出自己的教学思路、教学方法。教师上课时不能只用自己课前想好的备课方案去施教，教师备课时也不能只站在学生的立场去考虑问题，毕竟学生天真、奇特的想法，教师是无法设想的。比如，在教学《狐狸与乌鸦》时，有些教师在备课与教学中，总是带着狐狸是可恶的、乌鸦是可怜的这样的观点去教学，而学生却认为狐狸是聪明的、乌鸦是不吉祥的。所以，当教师问学生，狐狸骗走乌鸦的肉以后，乌鸦心里怎样想时，有学生答乌鸦很高兴、很开心；当教师问学生觉得狐狸怎么样时，有学生答狐狸很可爱，这时，教师不知道该怎么教学了。教师询问学生后才明白，学生认为乌鸦总是被别人厌恶，当它第一次听到赞美声时，心里当然十分高兴、开心；狐狸嘴巴很甜，嘴巴甜自然讨人喜欢。学生的理解虽然看起来有些幼稚，但带着自己的生活经验理解总比只记答案强。再如《狼牙山五壮士》的教学。在教学中，教师通常会引导学生归纳出“接受任务—诱敌上山—顶峰歼敌—英勇跳崖”这样的脉络结构，然

后依此逐层分析，教师关心的是怎样让学生掌握详略得当的写法，感受五壮士的革命气概等；而粘连思想指导下的教学，是教师先倾听，让学生说说读课文后的感受，教师听到学生关心的是，为什么把这么重要的任务交给一个班？为什么还有那么多的敌人却说完成了任务，还露出了胜利的喜悦？为什么不空手一搏就选择跳崖？这就是学生的思维方式。通过倾听，我们就会发觉学生对于教师的分析可能并不感兴趣，就会认识到学生的思维角度、深度和广度。所以，教师教学的成功，不是来自教师表演的精彩、设计的严密，而是来自学生的彻悟，来自学生在课堂上精彩纷呈的表现。

2. **粘连教学的上课方式**

教材内容展现的是“科学世界”和“典型生活”，而不是学生的“生活世界”，学生与教材之间的距离预示着学生课堂生活的实际意义，构成学生创新思维的空间，这也正是学生展示个体生命与生活意义的关键所在。粘连教学理念指导下的教学方式，不是千人走进一篇文章营造的典型世界，去获得一个共同的结论，而是教师把教材、教师自身、学生、环境视为一个整体，整合为课程，在学生的理解、体验、反思与创造中，展示自己的教育智慧。具体的上课方式包括以下几点。

课前。教师深入钻研教材，以自身的生活经验与教育理念同作者、编者对话，获得个性化的感悟，整合教材，创编新的教材，并加入对学生理解的前馈经验，拟定多种施教思路，尽力在帮助学生感悟上多下功夫，并设计能促进学生感悟的学习方式，让学生展开想象的翅膀，拓展学生的思维。尽管教师备课时思绪万千，但都只是设想，如何施教要根据学生的实际学习情况来确定。

课中。教师营造民主氛围，为学生搭建一个自主学习的平台，让学生与教材对话，用其生活经验去重新开发教材，获得个性化的见解。教师与学生互动，交流感悟，鼓励学生表达不同的见解。教师的每一步施教都来自学生的表现，在课堂上即兴教学，教师的作用不是为学生找到一个正确而统一的结论，使学生的思维戛然而止，而是对学生的思维进行拓展、延伸，引导学生继续深入思考，使学生得到发展。教材内容、教学方法都具有很大的不确定性，课堂教学效果具有非预测性，教师课前准备的多种方案有时可能被付诸实施，有时可能失效，有时教师可能各选一点；有时教师可能无法解决学生的疑难，有时教师可能需要向学生学习。如《鲸》的教学，教师原以为鲸的进化过程最能引起学生的想象，也是难点，所以准备比较充分。可倾听学生的看法之后发现，学生对鲸是哺乳动物又生活在海洋里，幼鲸是怎样吃奶的问题最好奇，它成了学生的兴趣点。于是，教学的内容、方式变了，教师课前准备的方案用不上了，课堂上出现了非预测性问题。

课后。教师查找资料，解决课中学生提出而未能解决的疑难，记录课中的非预测性问题，总结师生的教学“生长点”。

3. 粘连教学的课堂特征

与传统教学方式相比，粘连思想指导下的语文教学具有下述特征。

第一，淡化传统意义上的课前准备和教学设计，强化教师钻研课文背景的意识，搭建符合教材内容的趣味性游戏平台。

传统意义上的教学准备与教学设计是教师参阅教学用书、教案，拟定学生应掌握的知识目标、应达到的能力目标及品德教育目标，然后对教学流程做出安排。教师对施教环节中哪里该读、该讲、该问、该议、该写、该想象等准备得有条不紊，设计周到而流畅，连过渡语都逐一写好。用这样的教案，可以去教任何班级的学生，教学就是完成事先拟定的目标。尽管这些课堂也很热闹，但学生所说的全是教师想要的，是教案中准备好的，学生与教师同心同感，与编者同思同悟，学生没有了自我，也使得课堂上缺少有意义的生成。而粘连思想指导下的课前准备却截然不同：教师在查找课文背景材料的基础上，用心去读课文，进行再创造；然后设计学生能接受的学习方式，拟出多种教学思路，并将学习转化为一种游戏，激发学生的兴趣，让学生去研究；再根据学生的活动情况进行教学。学生在充满趣味性的游戏中学课文、讲观点，说的全是自己的体会与感悟，学生成了学习的主人，使课堂生成具有意义。

第二，教材经历了双重开发，课程不再被局限为教材，学生的学习是开放的，结论具有多元性。

在以往的课堂中，教师是中介，将作者的思想传递给学生，按编者的意图训练学生，学生的一切学习行为都在教师允许的范围内进行，学习的结果是学生记住教师教案中写好的结论。粘连思想指导下的课堂改变了学生的学习方式。学生在教师搭建的平台里“闯”，把自己的生活体验调动起来，去感悟教材内容；学习是开放的，结论是多元的。比如，在教学课文《狐狸与乌鸦》时，教师问学生：“狐狸钻进洞后，乌鸦会有何感想？”有学生认为乌鸦会说：“很高兴，作为奖赏赏给你吧！”“总算有赞美我的人了，一块肉换来第一声赞美，值得！”也有学生说：“狐狸心坏，但嘴甜，嘴甜的人总讨人喜欢。”学生这些基于生活体验的感悟，让教师失去统一课堂结论的权威，使课堂没有了严肃的气氛，只有师生、生生的互动交流。学生对学习、对课堂充满了信心，课堂也就变成学生感兴趣的课堂了。

第三，课堂教学具有很大的不确定性，开放贯穿课堂教学的始末。

课堂教学的不确定性不仅因为教材经历了教师与学生的重新开发，使教材结论呈现多元化，还因为学生个体对教材的理解是有差异的，他们会产生一些独特的疑问，而这些疑问可能会超出教师的预测，甚至成为教师的难题。这时课堂就可能呈现无序状态，教师无法从原有材料中找到答案，就要对学生进行即兴的诱导，这就使课堂在以学生为主体的过程中呈现出开放性，学生无须恪守“读文—理解—体会—学法仿习”的程序，也不用记忆教师认可的结论。而以往的课堂，开放只被看成提出开放性问题或教师让学生自问自答。虽然这也是开放，但它实际上局限在教师封闭的教案中，课堂教学无法让学生产生自主学习的快乐，也不能出现创新的火花。如一位教师教学《飞机遇险的时候》时设计了这样的开放性问题：“看到周总理立刻站起来，走到小扬眉身边，把伞包送给她，你想说什么？如果是你，你会怎么做？”一个学生说：“我自己跳下去。”另一个学生说：“人早死、迟死都一样，现在死也很有趣。”还有学生说：“我也会让伞包。”

学生的答案多么天真、可笑，但又是那么朴实、可爱，然而这些都不是教师想要的。为什么会这样呢？原因就在于整堂课都是封闭的，学生要答什么全在教师问的控制中，学生并没有自己感悟和理解课文，而是站在课文之外学课文，这时教师突然提出开放性问题，就使得学生完全脱离原有的学习状况，说出了特定情境中的真实想法。以往的课堂中，课文、教师、学生的思与情是分离的，师与生都不是用“真我”在交流，学生怎能体验到学习的快乐？因此，开放应贯穿课堂教学的始终，学习是学生真实自我的生命活动过程，教师不应剥夺学生的这种权利。

第四，课堂是一种生长性、动态性的耗散系统。

每一个个体都是生长性、动态性的耗散结构，我们没有理由使这一个个耗散结构组成的系统——课堂，变为一个静态的、封闭的系统。教师的责任是使每一个耗散结构不断打破原有的平衡，进行无序或有序的更替，并在这种更替中成长起来。这就意味着学生的学习不是从教材中获得一些知识，而是要在与教材会话、与教师会话和与同学会话中汲取知识；学生不是在接受教师所传递的知识的过程中成长，而是在民主、自主的文化氛围中成长，让教材中的不确定性，随着个人认识的深入和学习能力的提高发生变化。这样的课堂，教师改变了教的角色，学生也改变了听、记、应答、偶尔发问的角色。教师把课堂视为自己生活的一部分，把课堂中对学生的激励、师生互动的会话视为自我艺术生命的实现过程，把创设最能激发人潜能的民主氛围视为自己的得意之举，把课上获得新知视为对知识的渴求的满足，让自己的智能系统也在一次次的更新中，不断产生新的平衡与不平衡；而学生视课堂为自己才能生长的肥沃土壤，在课堂上能自主探索，敢于自由发表自己的意见，敢于评价权威。如课文《灰雀》录音里，朗读者读小男孩的“没……我没看见”时语调比较沉稳，表现出事不关己的态度。而学生认为怎么读是由小男孩与列宁的关系决定的，若是陌生关系则应读得语气平稳，表示事不关己；若是熟悉则读时语气应吞吞吐吐；若关系好则要读得很小声，表示羞愧。这些合理的见解，就是学生的创新。在诸多的“敢”中，学生不断建构自己，成为其人生可持续发展的重要因素。学生“敢”了课就活了，课活了思维就开阔了，创新也就生成了，于是一个个独特个体的主体性、能动性、独立性就在课堂中不断生成、张扬、发展、升华。学生在学校能享受交往的快乐，享受发表观点的快乐，享受“挑刺”的快乐，享受崇拜教师而又偶尔能超越教师的快乐，享受创新的快乐，就会把课堂学习视为自己最美好的一段生活，教育就成了人生的一大享受，学校就具有了生命的活力。

三、粘连教学对教师的素质要求

1. 教师必须具有较高的素养

课程是教师与学生在互动中共同创造的，一个教师能创造一种班级文化。从教师的角度说，教师不是用教材去教学，而是用心灵去教学，教学过程也是教师人格魅力的展现过程，因而教师必须要有深厚的文化素养。教师的知识、态度、情感、品德都是学生学习的内容。教师的文化素养及生活阅历，决定了教师对教材的再创造水平；教师的情感、态度及人格，决定着教师在课堂中怎样看待、评价学生；学生的态度、学习动力都受到教师的影响。因此，教师必须具有较高的素养，才能成为学生知识学习的崇拜者、情感的依赖者、人格的敬仰者。

2. 教师要有教育智慧

课堂是以学生为主体的，教师的教源于学生的学，教的方法、教的内容、教的语言、教的程序都得通过学生的学确定，这就需要教师具有教育智慧。只有教师具有教育智慧，才能在课堂上极短的时间里，让一个个不同的心灵得到启迪。而教育智慧又来自教师的修养，来自教师对教育事业的爱，来自教师孜孜不倦的追求。没有对教育事业的热爱，没有对人性的尊重和对儿童文化、儿童心理的认知，就不会有即兴定教能力。试想，一个教师教学几十年，从未体验过在课堂上创造的激情，从未被学生难倒一次，从未有过一节让自己激动不已或怦然心动的课，从未有过一节出乎预料的课，那么这样的教学生涯还有多大意义呢？从学生的角度来说，如果一个学生从没有在学习中体验到创新的快乐，也未曾有过学习的“高峰体验”，没有过别人看似天真幼稚而自己却认为是真实的体验，那么这个学生的学习也没有生命意义。学生对这样的课堂、教师、学校也没有感情。因而，教师具有教育智慧是粘连教学理念的核心要求。

3. 教师要有宽容之心

学生是活生生的人，他们思维活跃，所思所想不会都和教师一样，也不可能完全按教师预设的方向去学习。对于学生的答案，教师要包容，不能扼杀学生的好奇心和探索欲。学生的性格是多样的，课堂上不可能都按教师的设计去做。对于学生的行为、语言，教师要包容，不能恶语相向。最主要的是，教师不能只从学习知识这一个角度去评价学生，而要在心灵深处装着每一个学生，要让学生感觉到教师时时在关注自己，自己是有能力的，是教师的宠儿。教师有宽容之心，才能得到学生的信任，才能营造民主、平等的课堂氛围。

四、粘连作文教学的心理学分析

写作的过程是写作者从生活中摄入信息，贮存于大脑中，在接受写作任务或产生写作兴趣时，便从大脑中搜索、提取有效信息，并进行加工，通过语言载体而形成作文。这个过程我们可以用“S－O－R”来表示，“S－O”是摄入过程，“O－R”是提取、表达过程，“O”负责着双重转化，也就是我们所说的认知加工。

S——写作主体周围的一切，被写作主体捕捉到的有效刺激。O——认知结构，个体当下的思维、情感与价值观。R——写作主体写出的作品。在“S－O－R”过程中，最显著的规律是，生活中的任何刺激“S”进入个体的认知结构“O”后，会因为个体生活经历、阅读经历、当下的心情及当时的价值观不同，或被个体原有的认知结构进行了改造，而使呈现出的“R”变得异彩纷呈。从这个规律中，我们会发现“O”决定了“R”，因而习作指导的精力就要花在“O”的改变上。

1. “S－O”的摄入指导分析

“S－O”的作文指导，称为摄取信息指导。个体对周围生活的刺激是有取舍的，个体的取舍是一个简单而自然发生的过程，完全凭着个人的兴趣与当时的需要而摄取。正因为这种摄取具有随意性，就使得学生头脑中留下的材料不多，写作文有难度，因而需要教师进行指导。在教学实践中，许多教师也关注这一过程的指导，如指导学生观察、参观、游戏，以丰富进入“O”的刺激，但效果未必好。实践中，学生观察了、参观了、游戏了，可头脑中仍没留下什么有效信息。他们的观察仅仅是看了，参观、游戏也仅仅是玩过了，这就使个体的“O”不能主动而有效地摄取“S”。相对于“O－R”的表达指导，“S－O”的摄入指导更费心力，当效果不佳时，教师便又趋向于“O－R”的表达指导了。

从如何使写作者主动且有效获取素材来看，认知结构“O”是极为关键的，因而，教师在作文教学中，最主要的精力应花在“O”的改造与丰富上。为什么学生的观察简单到等同于“看”呢？究其原因，主要有以下几点：一是学生没有丰富的语言，进入学生大脑的依然是具体的形象，学生不能将所见的形象用语言描述出来；二是语言形式没有进入思维加工过程，缺少了思维升华的路径，即学生不知怎么思考，也缺少思考的多种路径，于是观察中的情、参观中的奇、游戏中的趣全都成为瞬间的冲动，转瞬即逝，没能使学生产生联想、想象，形成观点、立意，从而简单化了“O”对“S”的摄取。在这样的情况下，任凭教师怎样用心指导，最终的结果往往是学生产生的“R”极为相似。

“S－O”的作文指导并不是为了给学生提供“下锅之米”，而是为了引导学生自己去发现、制造“米”。“米”出自何处？就在看似平淡的生活中。所以，教师创设的情境应当是学生日常生活中常常经历的，教师要培养学生善于发现的精神，使他们从司空见惯的现象中有所感悟，生成作文的“感点”与“情点”，而不是让学生过特殊的、很有趣味的、难得一过的生活，因为这种生活很典型，脱离了生活常态，属于一次性消费素材，不能启迪学生的心灵，产生后续力量。因此，“S－O”的作文指导，目的不是获得某一具体的作文素材，而是培养学生以此为感悟点，联想相似的生活，在不同的情境中发现真知灼见，使学生有发现能力，能主动捕捉、摄取生活素材。此阶段我们可以采用以下操作方式。

第一，让学生在司空见惯中发现新奇。教师创设的情境，就是学生经历的生活。教学情境从日常生活中截取，在课堂中再现，学生从再现中发现新奇。

第二，感“此”写“此”。学生对什么有感悟就写什么，看到什么就素描什么。

第三，由“此”及“彼”。学生在课堂创设的情境中联想、想象，写自认为更优的其他生活素材。如学生因课堂中所创情境的“此”，唤醒了曾经有深刻体验的“彼”生活积累，而重点写“彼”，达到所谓的远距离选材。

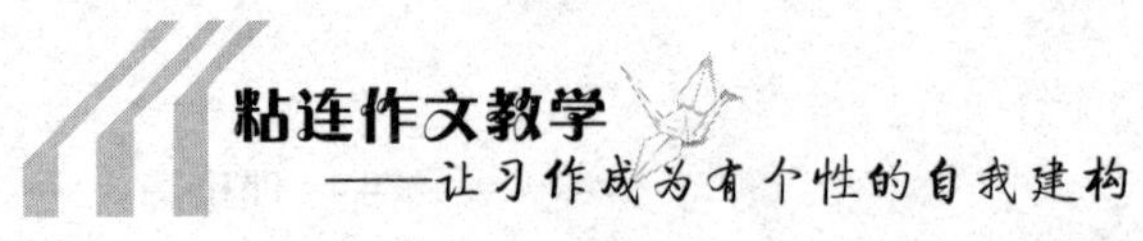

2. **“O—R”的表达指导分析**

阅读是吸收，写作是表达，许多教师就认为作文教学理所当然是指导学生学会怎样表达自己的思想感情，所以许多教师的作文教学就是“O—R”的表达指导，这甚至成为一些教师作文教学的唯一形式。

“O—R”的作文教学，通常是分析并模仿范文的教学，教学者头脑中装的是经典的作品，从文章学出发对学生进行指导，依据文章的内容与形式把文章分解，得出诸如思想、立意、意蕴、真情实感、总分、递进、前后呼应等知识点并加以传授。这样的作文指导是从“R”到“O”的指导，可以称之为“逆指导”。它的教学模式一般为“分析范文或课文—归纳出教学的知识点—重点讲解知识点—举例验证—模仿写作”，或者是“读题目要求—抓住本次习作的知识点—解释分析—举例或读范文—交流心得—入笔写文”。不难看出，在这样的教学流程中，教师教起来是较轻松的，所以不少教师都不愿抛弃这样的教学模式。

重点指导提取、表达过程的作文教学，最大危害就在于它是逆指导，即盯着“R”去反求“S”，从而造成为练习某一技法而写作文，形成“生活是为了作文”的写作观念，导致一些学生为写作文而特意去过专门设置的生活，或没有教师设置的生活情境就不能写作文，觉得离开特殊情境就没什么可写了。

我们在作文指导中，不能以现成的作品来分解知识点，反作用于对写作主体的指导。作文指导重在让学生产生顿悟，并在顿悟中产生表达“R”的多种思路，教学方式主要是对话，并且是教师先倾听后交流的对话，即教师顺学生之思而导，尊重学生的知识结构，并在对话中帮助学生提升能力，使学生表达出的“R”有深度、有个性。在此阶段，教师的指导是对话点拨，学里出教。

3. **作文教学应是“S—O—R”的全程指导**

作文教学中，无论是“S—O”的摄入指导，还是“O—R”的表达指导，都不能算是有效的教学指导。只进行“S—O”的摄入指导，容易使写作主体产生依赖性。对于习作者而言，“O”对“S”的摄入缺乏主动性，而且若不能依据“O”的特征进行长期的“S—O”指导，会使“O”失去敏感性，丧失捕捉信息的能力。如习作前有学习活动，而习作成为记录活动，这无疑减轻了学生回忆的负担，降低了习作的难度，但不利于学生“O”的发展。学生在活动中有激情，情感被调动起来，但活动一结束，原有的情感动力可能会在提笔之时突然消失。并且，“S－O”只完成了摄取的工作，怎样转化、加工，学生是否有了感悟还是一大问题。同时，“O－R”可以有多种表达的路径，该走哪条路，同样需要写作主体进行思考，从而形成思路。

因此，从“S－O－R”的全程来看，“O”是最核心的环节，教学是以培养写作主体的顿悟、灵性为目的的全程性指导，写作主体的知识结构“O”的丰富与否，决定了写作主体“S”能否拥有敏锐的感受和及时捕捉有效信息的能力，写作主体的知识结构“O”越丰富，其对生活中的事件就越敏感，观察力越强，摄取能力也越强。“O”中情感与智力越和谐，结构越合理，就越能加强内部各因素的联系，写作主体在联系整合中就会有更多的新感受，在各要素的碰撞中就会有更多的新顿悟。各种新感受、新顿悟会激发写作主体的表达欲望。丰富的“O”在指向“R”时，会有众多表达路径和方法供选择，这样完成的“R”就有情有智，精彩之极。可见，丰富“O”是作文教学的重要任务。

（1）为“O”打下坚实的基础

认知结构“O”要丰富、复杂，有深度，语言是先决条件，因为只有借助语言的思维，才是深刻的思维，因而写作指导的第一步应当是丰富写作主体的语言，加强语言与具体形象之间的联系。语言的丰富主要在阅读中完成，但单靠阅读来丰富语言是不够的。阅读中的语言摄取是理解性摄取，主体需要结合文章内容来摄取语言，提高认知能力。作文教学也要丰富学生的语言。作文教学中的语言摄取是想象性摄取，语言带着鲜明的形象进入写作主体的思维，它能对阅读起补充、强化作用。作文教学中怎样丰富学生的语言呢？当然，还是利用写作主体的视觉、听觉、嗅觉、触觉等进行摄取，只是在活动中，要使学生融入情感，因为这样才能使语言在情感的催化下，带着鲜明的形象进入思维，并成为其组成部分，参与下一步的各种活动。比如，我们的“看”主要是看形、色和动态，那么学生关于形的语言有多少，关于变化的语言有多少，就决定了学生语言思维的深度。没有这些语言，就不可能让思维丰富而深刻。作家曹文轩曾举过这样一个例子，他指着学校门口对面的山，问他的学生，此时的山是什么颜色，学生看着山，头脑中有具体的形象，但是说不出它是什么颜色。学生不是感觉不到山的颜色，而是说不出，这样学生就不可能用这种颜色去进行思维加工，创造出新的形象。后来，他对学生说这是黛色。有了这个语言词汇，学生就能结合自己的感受生成与黛色有关的情感。可见，思维就在这语言中丰富了。丰富语言训练，可视为习作的前提，它可以算是作文入门的基础教学。

第二步是有意寻找自己的“感点”与“情点”，并用语言描述出来，即无论我们是看到，还是听到、触摸到，或者是进行某项活动，都要思考自己的情感是由什么诱发的。这个“诱发物”就是“情点”。“情点”出现时应当记录：“情点”引发的是一种怎样的情结，“情点”的特征是什么，为什么这一事件会引发这样的情感。这不仅是积累，也是在培养学生的感受敏锐性。“感点”即感悟点，它是能用语言表达出来的某种高级的审美感受。引发感受的“事件”就是“感点”。教师此时应引导学生记录下“诱发物”及由此而产生的感受。这种记录，经过思维的加工，就会成为学生今后新感受的基础或联想点。写作主体的知识结构变丰富了，对周围生活的刺激就会有较强的摄取能力。

第三步便是联想。当受到外界形象刺激时，写作主体能以语言的形式在思维中做出反应，然后，在原有的结构中寻找与之相应的原型，并在碰撞交流中产生新的感受，如通过养鸡、养蚕等活动实践，学生悟出“生命成长之慢”“成为朋友是日久的接触与关爱使然”的道理。

(2)“S—O—R”全程指导

将“S—O”“O—R”分开是分析的需要，在实际教学中，习作指导是“S—O—R”的全程指导，即“此境摄取—顿悟—表达彼境”。在这一过程中，“S”的创设与“R”的完美表达都不是习作指导的目的，“O”的改造与提升才是习作指导的目的。当然，“O”是否得到提升是内隐的、看不到的，如同黑箱，但可以通过“R”来判断。除“R”外，通过师生的对话交流也可以判断“O”是否有改善。从习作主体的角度看，整个流程应当是这样的：① 在生活中捕捉有价值的信息；② 对这种信息可能有多种感悟，思考自己的感悟以何种形式呈现；③ 思考自身的优势在哪里，哪种表达最能体现自己的优势；④ 用“我”的语言、形式表达“我”的感情。

第二节 粘连思想指导下的作文教学形式

一、粘连思想指导下的作文教学是促个性化教学

写作过程是个体静默运思的过程，写出的作品是个体生活的反映，是个体思想感情的流露。如此个性化的活动，怎么会出现作品雷同的情况呢？不可否认，去个性化的作文教学方式是其中一个重要原因。

去个性化作文教学、存个性化作文教学、促个性化作文教学，是当前教学实践中最常见的三种作文教学模式。

去个性化作文教学，就是教师根据作文要求创设一种情境，让不同个性的学生一起进入这个相同的情境，过集体的“作文生活”，然后让学生代表来描述，或是让范文“说话”。教师强调的是要像某某同学说的一样有详有略、思路清晰、感情充沛，或是像范文一样语言优美、句子生动。把不同的学生带进共同的生活，使他们获得相同的思路，收集相似的语言，表达共同的认识，抒发一样的感情，这就是去个性化的作文教学。为什么会有这样的教学模式呢？原因很简单，那就是学生不会写，没有内容写。对此，教师只好设法帮学生解难，学生没有内容写便创设情境解决寻找材料之难；学生不会写，只好让学生代表说过程，把要写的活动内容说出来，解决运思之难；学生语言贫乏，只好读范文，让学生学习运用语言。在实践中，这一教学形式占主流，很多教师为让学生掌握写作技巧而进行去个性化作文教学。

存个性化作文教学，是教师根据作文要求创设一种作文生活情境，让不同个性的学生一起进入这个相同的情境，过集体的“作文生活”，然后让

学生代表来描述，或是让范文“说话”。与去个性化作文教学不同的是，教师强调的不是要像某某的作文一样，而是某某这样写好在哪里，即在不同的学生过共同的作文生活，获得共同材料的同时，强调思维角度的变化，强调材料使用的差异和语言的不同风格，在对比中保留学生的个性。然而，大部分学生依然只能模仿部分优秀同学的作品，失去个性。

促个性化作文教学，是教师在课前熟读习作要求，进行多种设想，在心中预备多个活动情境、多种运思角度；课上让学生先谈谈自己的初步想法，教师则静静倾听，在心中悄悄把学生分成几个层次，针对不同层次的学生进行不同的引导，之后进行思路的碰撞与启发，让学生在原有基础上获得新的感悟，促进学生的个性化表达。教师强调的是学生的个性特色，是在此基础上进行的促个性化引导，这种促个性化作文教学，就是粘连教学思想的具体实践。这种促个性化作文教学在教学实践中比较少。

那么，粘连教学思想指导下的作文教学，是怎么把促个性化作文教学的方法、技巧渗透到具体的教学实践中的呢?

1. **先听后导**

把习作要求或是文章当作教学的内容，然后将其分解为若干知识点，再传授给学生，这样的作文教学是要不得的。在公开课上，一些教师在一节课中不断地引导，不断地提问，似乎调动了学生的学习积极性，实际却是以淹没学生的个性为代价的，是教师牵着学生走。这点还可以从大量发表的文章中得到佐证，教育杂志上的课堂教学实录都是教师先说，学生后说，学生经常被教师牵着走，而教师呢，也不知道学生懂得了什么，哪些知识要讲得深入，哪些知识可以不讲，只是按自己的教案将知识一股脑地灌输给学生。

粘连教学思想强调，教师的教附在学生的学中，学生的学出现后，教师的教才诞生。这就是告诉我们，教师的备课仅仅是自己的设想，实际是什么样的，能否按设想教学，还是未知的。因而，教师在自己备课的基础上，先不要急于将知识传授给学生，而应呈现教学要求、作文题目或情境，让学生先思考，想出写作的思路，画出作文结构图。教师观看学生的作文结构图或听学生说，并进行分析：学生已经有了什么能力与技能，在这个基础上还要指导什么；这个学生写这次作文的优势在哪里，怎么帮助学生巩固这项才能或是让学生凸显自己的这些个性。教师在看完学生的作文结构图或听完学生说习作思路后，再确定自己的教学进程。学生在没有教师先导的情况下说出的想法，就是学生最原始的、最显个性的思想，这样教师再进行引导也就有针对性了。明确了学生缺什么、要什么，教师就有针对性地点拨什么、教学什么，能使教学不再盲目。

2. **分享碰撞**

作文在很大程度上是不可教的，它是个人生活经历和情感的结晶。潘新和教授说过，生活到什么程度，作文就到什么程度。对生活的认识、提炼、感悟，别人是无法传递的，只有个体自己才能完成。写作理论、写作技能在以文字形式呈现时，都是没有温度的共性的知识，只有写作者钟情于它们，倾注自己的情感后，它们才能复活。这种复活后的理论、技能，就因带着个体的习惯与温情而具备了个性化特征。把写作的方法视为知识来传授，是去个性化的。再说，写作文考查的是学生的语文综合能力，这种综合能力体现了个体的独特特征，这使得教师难以直接传授。作文虽然不可教，但是教师能让写作个体感悟，也就是说，作文不可教但可以启迪，而启迪的有效方式之一就是分享。作文教学中教师的教，往往不是讲解作文知识，也不是在一问一答，通过问题让学生答出某些写作知识，而是一种分享知识的应用体验，即创作过程中情与智的分享。有创作必有心得，这种超越文章的心得对创作者而言有相当大的启迪：写作主体受到什么东西的诱发，产生了什么思想，经历了一个怎样的构思过程；为了达到某种表达目的或使文章达到某种效果，写作主体在运思中采用了什么措施。它不仅对学生有较大的吸引力，而且能激起学生对相似经历的记忆，引发学生创作的欲望，使学生完成习作。这就要求教师自己就是一个热爱写作的人，只有教师自己不断地创作，才能和学生分享创作经验。在倾听学生的构思之后，教师快速而有针对性地提取自己相似的写作经历，与学生分享，学生就能在倾听中获得教师想要教却无法教的知识，学会教师想要学生使用而学生不会使用的写作技能，因为学生从教师的描述中获得了感悟，而使某些理论真正成为学生个人的财富。

3. **亲知历练**

潘新和教授在他的《语文：表现与存在》中引用叶圣陶先生的理论说，作文教学不主张“授知”，主张“亲知”。确实，写作文本身就是一个亲知的过程。授知的内容是很容易丢失的，而亲知的收获伴随终身。我们从学生的作文中也可以看到这点，很多学生写某些内容时一再重复，教师教的新内容，他们不会用，他们总是用自己常用的那些内容，并且不厌其烦，为什么呢？就是因为那是他们的亲知，是刻骨铭心的。而对于亲知，如果只理解为生活实践，那就窄化了，它应当包括广泛的阅读。学生的兴趣性阅读，就如同听教师讲解一样，对其写作是有启迪作用的。阅读过程就是阅读者分享作家智慧的过程，作家的个性会对阅读者的个性产生积极的影响，使其有写作的冲动，这样阅读者在构思、行文中就会获得亲知。我们都知道，一篇文章中的语言，反映的不仅仅是字里蕴含的意义，更藏有阅读网、思维方式网等深层次内容，这些个性化的特征都是阅读者在生活的历练中积淀而得，是无法传授的。所以，粘连思想指导下的习作教学，不主张在未了解学生已有基础时就传授知识，而是要求教师在知晓学生的基础上，把学生导向更宽广的阅读空间，与学生分享广泛的阅读体会，在碰撞中让学生阅读的心热起来，写作的心动起来，让学生在写作的实践中学习写作，在阅读的实践中感悟写作。

4. **导例自悟**

写作的主题往往是从生活中来的，思想的诞生就像一扇内开的门，外人怎么努力都无法打开，只有学生自己能开启。所以，教师教学的任务就是要唤起学生开启内心大门的心智，而这种唤醒也只能通过分享来启迪。粘连教学思想指导下的实践通常采用导例分享法进行教学，即教师在听取学生的汇报，知晓学生的不足后，即兴寻求生活或经典作品中的片段，截取某一片段进行分享，让学生在聆听中获得自悟，完成本次写作。如生活片段的导例，教师就可以截取吃饭、穿衣、握手等生活片段，把自己的感悟与学生分享，让学生了解“以小见大法”，感受到生活中的小细节里有很多意义可以挖掘，明白生活感悟是要用心、动脑去掘取的。有心有思就会有悟，当学生对生活中的小细节都有感悟时，写作文就会成为他们生活的乐趣之一了。一个爱写乐写的个体必是个性鲜明的，文如其人，写作主体的个性也就尽在其中了。

二、粘连思想指导下的作文课是综合课

《义务教育语文课程标准（2011 年版）》（以下简称“语文新课标”）提倡综合性学习，指出要让学生在语文实践中学习语文。语文新课标指出，语文综合性学习有利于学生在感兴趣的自主活动中全面提高语文素养，是培养学生主动探究、团结合作、勇于创新精神的重要途径，应该积极提倡。作文是语文学习的重头戏，最具有综合性学习特征，所以我在教学实践中进行了粘连作文综合课课题的探索。

1. 什么是作文综合课教学

所谓作文综合课教学，是针对以往的作文教学只注重作文知识传授和作文能力培养的较为单一的教学目标而提出的，是着眼于学生语文素养提高的教学。它是植根于学生的实际，“拓宽语文学习和运用的领域，注重跨学科的学习和现代科技手段的运用，使学生在不同内容和方法的相互交叉、渗透和整合中开阔视野，提高学习效率，初步获得现代社会所需要的语文素养”的一种课堂教学。简言之，作文综合课教学就是融各科知识、方法、现代信息技术和学生生活实践于一体的，旨在使学生得到思想品德教育、心理健康教育、人与环境关系教育、价值观引导等，并最终体现于作文之中的教学，即学做人与学作文融合一体的教学。

2. 为什么有粘连作文综合课教学

（1）粘连作文教改实验的意外收获

在进行粘连作文教改实验的过程中，我意外地发现了作文综合课教学，并使之成为粘连作文教改专题的升华。粘连作文教学是遵循粘连原则及粘连逆原则而进行的现代课堂教学。

“粘连原则”来自实用主义心理学派的理论，是用以揭示人脑对客观世界的反映关系的一条原则，其内涵是一事物附着另一事物，以至于一事物再生后，另一事物也随即出现。粘连作文教学是依据粘连逆原则——一事物附着另一事物，以至于另一事物再生时，一事物也随即出现而进行的教学。

我们认为，作文的起步教学遵循粘连原则，即学生的学法附着教师的教法，在教师的循循善诱下，学生才逐步有了学法。而学生一旦有了一定的“学法知识群”，到具有一定的能用以同化、顺应新知识的认识图式阶段时，则遵循粘连逆原则，即教师的教法附着学生的学法，只有学生的学法思路显现后，教师的教法才诞生。粘连作文教学就是这种教学——作文教学的整个流程都是学生的学法思路暴露在先，教师指导在后，教师依学生外显的思想认识、语言表达进行有目的的针对性指导，因学论教，增强教的实效性。其具体操作方法是，教师在不给学生任何提示与压力的前提下，先把习作任务交给学生，让学生进行独立构思，写出“学案”并加以陈述，然后教师针对学生的陈述相机点拨。课堂结构图是这样的：

读题—寻找原型—创设情境—例话尝试—学生展示学案
| | | 迁移 教师集体指导
图示布局—运思入笔—共议褒贬—自改成文—学生完善学案
教师参与指导—教师巡回指导

每次上粘连作文课，在学生自创情境及例话尝试中，总有高潮出现和让我吃惊的智慧闪现，在欣赏、回味之余，每次反思时，我总觉得还可以进一步。在接受新课程理论后，特别是在学习语文新课标后，我看到了“综合学习”，认识到综合学习是语文基础知识与基本技能的综合，语文课程与其他课程的综合，书本知识与实践能力的综合，知、情、能的综合，也是提高学生语文素养的途径，是加强语文课程与其他课程以及与生活的联系，促进学生语文素养的整体推进和协调发展的保障。写作文本身就是综合性的实践活动，在粘连教学基础上创建作文综合课符合课题要求，所以我便有了作文综合课教学的实践。

（2）作文本身的综合性决定了作文课教学的综合性

习作本身就是一项综合性的学习活动，习作是学生字、词、句、篇——语言与语言应用的综合，是内存积累与外化表达的综合，是知识与能力的综合，更是实践与感悟、认识的综合，习作的综合性决定了习作课教学的综合性。以往的教学之所以只盯着作文知识、作文能力，就是因为忽略了实践与感悟、认识的综合，于是作文教学变得单一。实践本身就是个体综合素养的展示，认识亦能体现个体的整体素养。作文课应是一种综合课，是学生语文素养培养的综合性教学，我们没有理由只盯着作文知识与作文技能进行教学。

3. **粘连作文综合课教学的特征**

(1) 目标的综合性

粘连作文综合课的教学目标，不再局限于作文知识的传授与作文技能的培养，而是包含了口语交际训练、心理健康教育、人际交往能力培养和价值观引导等，并且将这些目标都统一在作文实践和作文认识中。

(2) 内容的综合性

粘连作文教学不再是单一的课堂教学，它是大语文观的具体体现，体现了多学科知识的融合、课堂与生活的融合、书本与实践的统一，是学生身心参与的教学。

(3) 手段与方法的综合性

粘连作文综合课教学，无论是课堂内容、课堂形式，还是教学手段与方法，都具有综合性特征。课堂上有对话启迪、实验观察、情境自悟、重演生活，有现代信息技术的应用，有学生自我调节和教师引导。在一堂课中，教师会同时使用众多方法，以提高学生的语文实践能力，培养学生的语文素养。

(4) 习作源于“情动而辞发”

粘连作文综合课总是生动活泼的，教室内或教室外的活动设计贴近学生生活，符合学生兴趣；能使学生人人都参与活动，并忘情地、全身心地投入其中；能通过活动激起学生的情感，由情促思，从而使每个学生对活动都有独特的感受，并在教师的诱导、启发下产生表达的欲望，达到“情动而辞发”的境界。

(5) 粘连作文综合课非预期效果多

粘连作文综合课教学因学论教，重实践感受，由于个体不同、活动方式不同，感受也就不同，课堂上就容易出现即兴式对话引导。学生有感而发，教师因势诱导，这样课堂就会产生许多非预期性效果，达到教学相长的目标，成为师生认识提高、智慧生成的良好课堂。

4. **粘连作文综合课的教学原则**

粘连作文综合课教学有别于一般的课堂教学，内容的综合性、目标手段的综合性，决定了这一课型教学有其自身原则。

（1）主体实践原则

习作是主体的表达过程，只有主体心中有东西才能表达出来，而实践是提升主体内涵的主要途径。另外，也只有通过主体的实践，才能综合知识、能力和认识。因而，粘连作文综合课教学需要主体实践活动，主体实践原则也成了课堂上应遵循的一条原则。

（2）互动原则

目标、内容、方法的综合性及主体实践原则，要求学生之间必须互相交往与合作，形成一个互动的群体，在互动中吸纳、借鉴、提升。没有互动就不算综合课。

（3）开放性原则

每个个体都是独立的，学生的家庭背景、生活背景、知识背景不同，对同样的实践内容会有不同的认识，有不同的情感与态度，这便构成实践活动的开放性、思想认识的开放性，以及教师指导与评价的开放性和多元性。

（4）价值观引导原则

粘连作文综合课教学尽管倡导思想的开放性和多元评价，但也要依据学生的实际，并与社会倡导的价值观相结合。教师必须对学生相机诱导，特别要注意价值观方面的引导，必须倡导正确、健康、积极的价值观。

（5）粘连原则

在教学中遵循粘连原则，即课堂指导要在尊重学生感受、认识的基础上进行。由于学生存在差异，有不同的观点、不同的表达方式，所以教师在指导时就不能将学生的观点、思路引到教师设想的轨迹上来，而应先让学生互动，在了解学生的基础上再进行有针对性的引导。将粘连原则运用到实际教学中，就是教师的教法在学生的学法、认识产生之后才出现，这才是因学论教、缘情而导，才体现出主体性、开放性。

5. 粘连作文综合课教学介绍

(1) 粘连作文综合课的一般程序

粘连作文综合课的一般程序为“实践体验—对话交流—感悟写作—反思总结”。

实践体验。粘连作文综合课教学，离不开学生的实践活动。在粘连作文综合课中，教师会为学生创设一个活动情境，这一情境绝不是教师为学生写作文而创设的特殊的活动情境，而是一种自然情境。在这一情境中，学生自然地展露本色，感受到这情境就是平时的生活，从而自由、放松、尽情地投入，在行动中动情，在忘情中行动。

对话交流。教学中，师生共同活动后，教师将学生带出活动，搭建一个新平台——交流平台，让学生与学生、学生与教师进行交流，互谈感受，从而达到互启、共鸣的效果，使学生在交流中提高认识。

感悟习作。通过真切体验和相互交往使学生的认识升华后，教师引导学生抓住感悟点，追因溯果，使思路清晰起来，以便学生更好地构思表达。另外，在习作前，教师应有针对性地进行指导，以提升学生的写作能力。

反思总结。让学生回忆整个习作过程，认识感悟的过程和教师点拨的作用，使学生在反思中总结作文与做人上的收获。

将粘连作文综合课与粘连作文课相比，可以看出粘连作文综合课是以粘连作文课为基础的，是在它的基础上的提升。二者的主要区别除了目标、内容、手段的综合性和具体的程序不同外，还有就是将学生即兴创境、例话尝试的个体行为和个体展示改为集体入境、集体活动，让学生在交往、合作、对话中，达到互启、共鸣的效果。

(2) 具体课型介绍

其一，游戏活动综合课。教师设计一个在日常生活中常见的游戏活动情境，这个情境能引发学生的不同体验，如有人因此兴奋，有人因此扫兴，让学生入境体验、交流，从而实现心理健康教育、思想品德教育、价值观引导、写作指导等。如儿童节选“三好学生”，这本来是每年都有的事，但学生每次都有不同的心情，教师在教学中可以以此为游戏活动情境。

其二，多学科知识交叉的综合课。教师有意选择不同学科的知识进行训练，让学生在练习中产生大量感受，进而产生写作的欲望，从而达到综合教学效果。如创设统计期末考试成绩的情境，让学生分为几个小组，共同统计本班同学的期末考试成绩，取材自然，没有一点刻意追求的痕迹。让学生进行统计，能训练学生的数学能力；让学生分工合作，能锻炼学生的表达能力、交往能力。

其三，课外实践综合课。课外实践综合课是把不同学科和课外活动结合起来，统一到作文的训练上来的综合课。例如，让学生进行本地文化古迹考查（历史）、本地环境卫生考查（卫生），在考查中收集与处理资料，然后进行数学统计（数学），并写出调查结论（思品、人文），表达过程、感受、结果（作文）。这是学生喜爱的作文课堂，教师可以因地制宜，选择简单的活动，鼓励学生积极参与。

粘连作文综合课的类型很多，在生活中有取之不尽的素材，关键是看教师是否有心去做。另外，值得注意的是，粘连作文综合课一定要遵循粘连原则，正确处理师生关系。

6. 粘连作文综合课教学对教师的素质要求

粘连作文综合课教学的主要思想是尊重学生，视学生为学习的主人，要求因学论教，主张教是从学生外显的思路中粘连出来的，因而对教师的素质要求很高。

（1）教师上课前必须多准备

教师上粘连作文综合课，不是随便备课就可以上的，因为教师在课堂上不仅是一个组织者，还要参与到学生活动中去。这就要求教师必须多准备，要先设想学生可能出现的情况，有准备才能调控课堂，否则教师起不到组织者、引导者、协作者的作用。同时，因为一切活动都是即兴的，这就对教师的素养提出了更高的要求，也意味着教师准备的内容可能大多用不上。

（2）教师要敢于放弃心理期待

粘连作文综合课因学论教，教要针对学生外显的思与行进行，因而教师在备课时会有许多心理期待，即期待学生出现备课时预期的行与思，这样教师就能更好地指导、组织、协调。以前的教学是教师千方百计把学生引向心中期待的局面，而粘连作文综合课则要求教师善于调整自己的思路，敢于放弃心中的期待，根据学生实际缘情诱导，这样才是遵循粘连原则和现代教育理念的做法。

（3）教师要努力提高自己的综合素养

粘连作文课的综合性，必然带来教学的综合性，教学目的、内容一旦显现综合性，就对教师综合素养提出了更高的要求。学生的性格各异，喜好不同，才能不同，教师要参与课堂讨论，就得知识广博、思路畅通，这样才能更好地与学生合作、交流。因此，教师要努力提高自身的素养，以适应新的教学。

（4）教师要善于应变，有一定的教育智慧

综合课具有三大特征，即综合性、注重粘连原则和倡导即兴对话，这就要求教师善于应变，要不断总结、反思自己的课堂教学。即兴的结果是非预期性效果多，这就要求教师善于应变，随学生言而发，顺学生情而诱，视学生品而导，听学生说而点拨。教师要有教育智慧，而教育智慧来自教师的钻研、实践、总结，是逐渐锻炼而成的，这就对教师的敬业、爱心、好学等提出了进一步要求。

第三节　粘连作文教学的目标

一、粘连作文教学重在培养学生的写作意识

许多写作指导书籍提出，要培养学生留心生活、留心周围事物的习惯。语文新课标还提出了“养成留心观察周围事物的习惯，有意识地丰富自己的见闻，珍视个人的独特感受，积累习作素材”的要求。“留心”如果不与行动（即时提笔写）相结合，是永远形不成习惯的，而没有这样的习惯，“珍视”与“积累”就都成了泡影。写作习惯形成的前提，就是有写作意识，即学生是否有写作意识，是决定他们能否留心观察的根本。一个有写

作意识的学生，会反问自己这件事是不是可以写成作文，这个物、这处景是不是能成为写作的对象。有意识就会处处留心，就能自觉地记录自己的生活，处处收集写作素材，记录个人的独特感受。没有写作意识的学生，开心时不会想是否要记录下来，与别人分享；伤心哭泣时也不会提醒自己记录下来，便于将来回忆。他们总是让许多本应刻骨铭心的事，随着时光的流逝而消散，等到有写作任务时，才在那里绞尽脑汁、苦思愁想，最后只会说："生活太平淡了，没东西写"。这便是作文意识薄弱的结果。如果没有教师的特别提醒与指导，大多数学生都是这样的。

有一个学生，她在一年级时就会写短文，二、三年级时作文就写得很不错了，教师常常把她的作文当例文读给学生听。我知道这与她酷爱看电视，从电视中学习并积累了大量的词汇有关。可是，当这个学生升到四年级后，我发觉她对作文的热情大减，作品也少了以前的灵性，更多的是一种原原本本的叙述。读五年级时，她的作文情况更糟了。我开始担心她的写作能力，便要求她常动笔写些作文给我看看。她也答应了，却不见行动，只有在课堂上布置作文时，她才勉强为完成作业而提笔。每次提笔写作文时，她必定要问我"今天写什么"。开始我会给她提示，后来我发现我的提示使她产生了依赖，而一个自己不能发现生活中的作文素材的学生，是不能写好作文的，于是我便决定要她自己发现作文的素材。然而，令我失望的是，没有我的提示，她根本就写不出任何东西。为什么会这样？我知道，这是因为她缺乏写作意识。写作意识，就是在日常生活中，由于某种外部事物的刺激或者自己思想、情感的涌动而产生写作欲望。也就是说，一个人随时随地都可能会产生写作的动机。这个学生缺少写作的意识，将写作当成铺开纸、拿起笔时才做的事，认为在此之前的一切生活都与写作无关，根本就没有意识到哪些事、哪些人可以成为日后的写作内容；对自己产生的各种情感听之任之，从未意识到这样的情感就是促成作文的情感，应当记录下来。正因为她没有写作意识，始终缺乏写作动机，问我"今天写什么"也就成为必然的事情了。

小学生很少自觉产生写作冲动，他们的写作意识十分淡薄，写作动机通常是在任务与压力的作用下产生的。当压力消除、任务完成后，写作动机也就消失了，即使有新的刺激出现，他们也很难产生用作文表达的意识。写作者是否有写作意识，写成的作文的差异是极大的。有写作意识的人，就有敏锐的观察能力、极强的捕捉素材的能力，也会有超出一般的感悟能力。可见，培养学生的写作意识是很重要的，作文教学的目的并不是获得一篇好作品，也不是要学生写出大作，而是培养学生的写作兴趣和阅读兴趣，使他们在日常生活中常常有表达的欲望，有追求自己个性的需要，即人的内在变化是最重要的培养目标。那么，如何培养学生的写作意识呢？

捕捉并维持习作的好心境很重要。写作者作文时会有一个写作的心态，学生写作时也不例外，快乐的心情可能使他们对作文过程有留恋之情和向往之意，这样他们的作文就能写好。长期拥有某种心态就可能转化为心态习惯，一旦习惯形成，便会在日常生活中及时做出反应。当教师发现学生写出好文章时，要及时表扬，让学生体验写作成功的满足感，这样学生就会对这种感觉产生期盼，爱作文之情就会产生，进而会产生、拥有主动表达的心理。有时，当看到一些学生对写某篇作文表现出前所未有的兴趣时，教师也要不失时机地鼓励他们。

学生写作文的过程是否顺利，在很大程度上取决于教师营造的写作氛围。一个轻松快乐的写作环境不仅能促使写作者产生良好的写作心态，而且能帮助写作者酝酿感情、化解难题、畅通思路、提升认识。学生会对情境产生无比依恋之情，教师要时常提醒学生在类似的生活情境中提笔记录或思索作文，强化表达的意识。要是在生活中发现学生有特殊的情绪、情感，教师也要时常提醒学生，让学生及时记下这特别一刻，作为日后写作的素材。

分解作文，改变完整的篇章观念，把作文拆成写情、写意、写思路的形式。生活中偶遇激动之事，可记下瞬间的感动；当思考时猛然醒悟，可记录这一两句的宝贵之悟；当思维活跃时，便记下这特别的思考之路。这样记录方便、简捷，既有记录生活的效果，又有提示怎么写作文的功能，同时因为思考过，脑中已有作文的初稿，提取时不仅快速，而且有再认识的作用，由此写作意识也就在脑中扎下根来。

对于学生而言，有写作意识就是不但不放过生活中的任何可以写作的机会，而且还能创造机会写作文。这首先要求学生做到一个“觉”字，即学生要时常提醒自己，作文在生活的细节中，在不经意处，有“心”就有作文；然后是一个“勤”字，有“心”有“觉”了，就知道勤恳，就能随时、随地、随意、随情记录，就会知道作文素材来自日常生活，来自平时的思考，而不是要写作文了，才开始思考生活中的哪些事可以作为素材；最后是一个“读”字，有了写作之心，就会认识到读书的重要性，多读多看，是写好作文的必由之路。学生能够做到这三个字中的一个，其实就已经有了写作的意识了，教学就算很成功了。

二、粘连作文教学意在让作文课堂更有趣

生活作文近来备受教师和教育研究者的青睐，不少人认为这是作文的回归，是返璞归真，是学生习作的源头活水。的确，作文是生活的写照，也是生活的创造，结合生活，作文就不再是一件难事。现在的作文教学没有了限制又多了创境，降低了要求又多了鼓励，习作没有同生活分离。不就是把生活用文字表达出来吗，现实中怎么会有一些学生觉得写作文是很痛苦的活儿呢？这问题的症结在哪里呢？

在研究生活作文时，我突然有所领悟：这症结就在我们思考生活作文时，忽略了作文生活。其实，写作文的过程就是一段生活，它同样构成人生命中有意义的一部分，写作的过程是一个创造的过程，哪怕是对生活的真实写照，也同样具有创造的意义。我们的教学忽略了这一段历程，没有让学生享受写作过程这一段生活，而把焦点放在了作文上，以为有好素材、好思路、好语言，表达出好的观点和情感，作文教学就成功了；以为找到了“下锅之米”，理清了表达思路，习作就轻松愉快了，就能把学生引上写作之路，而忘了习作主体在写作时的特殊感受。从生活中发现到头脑中运思，再到笔下行文，需要经历一个艰辛的过程。为作文生活过得轻松些，我们需要思考生活作文与作文生活的关系。

1. 生活作文与作文生活的辩证思考

生活作文与作文生活虽只是词序不同，但是有本质的差别。生活作文是以作文为本位，关注焦点在作文，作文是出发点也是最终的归宿。尽管

生活作文的本意是生活酝酿了作文，生活创造了作文，作文是从生活中产生出来的，生活原是作文之本，没有生活就没有作文，但是到了教学中，教师首先看到、想到的是作文，然后才从作文的视角去看生活，为作文而找生活，为作文而设计生活，这样就把作文生活同日常生活剥离开。为作文而过的那种生活是典型、有意义、富有生活哲理的；而日常生活则是一般、平淡、产生不了哲理的，是难以进入作文的生活，这样生活作文便失去了原有的意义。从学生的视角看，生活作文的焦点也在作文，即过某种生活的结果是必然产生出一篇作文来。于是就出现了学生觉得春游好玩，但一想到要写作文就不想去了；学生觉得参观有趣，但一想到要写作文就觉得没劲了。每一项活动（某种生活）后面都加了一把作文枷锁，这样的生活确实累。这实际上就是因为教师的教学观念没有改革，没有明确日常教学该以人为本位还是以书为本位，教学的结果是为了人的成长还是为了完成传授书本知识的任务。因此，生活作文在教师的观念中就成了完成作文教学任务，而忽略了人的成长的生活。

作文生活是以生活为本位，关注的焦点是生活，是从学生的生活（作文生活）出发，又回归到生活中来。其视点不在作品这一结果上，而是关注写作者的写作过程及其在这个过程中的经历与感受，这样作文生活就成为一个动态的过程，成为学生生命中的一段历程，作文生活就与日常生活相通，它们都是生活的一部分。这样，学习主体就成为习作指导中最重要的对象，成为教学的本位。为人的生活而教，为人的成长而教，作文生活便有了斯宾塞的“完满生活”的教学论意义，因而生活的目的不是为了产生一篇篇作文，而是更好、更愉快地生活，让生活的过程更愉快、更富有成长意义。

2. **习作——生命的创造历程**

作文生活强调作文的本位是人的生活，作文不是提笔、铺纸、写出文字这一小段时间的外静内动的过程，而是时间长得多的一段生活，提笔而作只是其中的一部分而已。其实在作文时，我们是在生活，反过来，我们在生活时，同样也可以在作文，只是表达的方式与结果不同。关于这一点，叶圣陶先生也早有论述，他认为作文绝非拿起笔在纸上写出什么那么简单。

作文其实就是对生活的思考与总结，我们在日常生活中关注某事、某物时，就可能已经在构思作文了，只不过是一种内隐的没有形式的作文；当提笔用文字形式，按人们习惯的逻辑表达出来时，便形成了作文。关注作文生活就是从日常生活的源头开始，把自觉的、不自觉的生活思考，用说、写、玩的方式表达出来。这样一来，作文就会成为一种需要，一种分享生活、交流感情、沟通思想的自然方式，习作过程就少了为作文而作文、为作文而生活的痛苦。当思考不是为了完成一项任务，而是为了今后更好地生活时，习作就成为学生为生活需要而进行的自然的交流方式，教学就成为快乐的思考、交流活动。

3. 让作文生活有趣些

把作文过程视为生活，作文过程就延长了，有了更多的内容，提笔而作的过程就成为作文生活的一个环节。作文本身是生活，这生活又属于日常生活的一部分，这样就能让学生因喜欢作文生活而爱上作文。追求“快乐作文”的方法之一是把原先窄化的写作过程扩展为聊作文、演作文、画作文、做作文等，写只是一种方式或是记录的一个阶段，目的在于让学生感到生活就是作文，从而没有刻意写作的烦恼，只有生活的快乐。由此，我认为习作指导可以采用以下方式。

（1）聊作文

聊作文就是把作文当聊天，使写作同日常生活一样轻松愉快，让学生在聊天中完成作文。下面以《我家的一个星期天》的教学片段为例。

（教师在上课铃响之前就进教室，走到学生中间和学生聊天，渐渐将话题引向周末。）

师：星期天你们一家人都做些什么？你感到最快乐的星期天是哪一天？做了什么事？大家聊聊，分享一下。

（学生越聚越多，越说越兴奋，上课铃响了，还不愿散去。教师说，我们继续聊，等一会儿再上课，大家可以自由组合，三三两两围着聊。教室里闹哄哄的，每个学生脸上都洋溢着笑容，聊得很开心、很满足。）

师：该上课了，（急忙走上讲台）上课！同学们好！

生（齐）：老——师——好！

师：同学们，你们刚才聊的是什么？

生：我家的星期天。

生：周末生活。

师：聊得开心吗？为什么？

生：开心，因为可以不用上课。

生：开心，因为忘了上课。

生：开心，因为没有拘束，想说就说，不爱说就不说。

生：开心，因为觉得上课就同下课一样。

师：好啊，不过更让人开心的一点你们还没发觉呢！

（学生好奇地看着教师，期待答案。）

师：你们知道吗？大家在聊天中已经聊出了一篇作文，那就是单元练习中的《我家的一个星期天》。回去告诉父母，你们是怎样完成这篇作文的。假设我是你们的家长，你怎么跟我分享最合适？要求内容生动活泼，语言优美。

生：先写下来，回去再读。

生：趁热打铁，马上写下来，回家后让父母读。

师：好啊，真是好主意。

学生没有纪律的约束，没有学习的压力，在很愉快的聊天中，讲述了内心的故事，在教师的引导下自愿提出“写下来”的诉求。

（2）演（玩）作文

关注作文生活就要求整个写作过程都充满快乐，让“写”这一艰苦的创造性活动因为有童真、童趣的伴随而不再艰苦。在写作过程中，学生最苦于写，最厌烦写。学生好动，教师应让他们主动而开心地动，只有这样，他们才乐于动，才会在活动中积累素材，写作时才会充满快乐。比如，课间学生在走廊上玩各种各样的游戏，不就是很好的写作素材吗？如下案例中这位教师就处理得很好。

师：呀！下课时大家玩得那么开心，老师看了都被吸引了。我最感兴趣的是那个“出拳”的游戏，我很想知道其中的规则，也想同你们一道玩耍，大家教教我怎么玩，行吗？

生（十分开心地）：行！

师：那好，现在全班同学两两组合，大家演示一遍，考考老师的感悟力。

生（十分激动地）：“左一拳，右一拳，动动脑筋收一拳……”

师：我知道了这其中有输赢之分，输者要被罚，是吗？

生：对。

师：我还不会呢，这样吧，请两位同学边演边教，我当一回“学生”，好吧？

生：好！

（学生表演。）

师：果真好玩！现在我和大家一起玩，输的人得再做一个游戏。现在开始自由组合。

（师生都玩起来，有些输的学生玩“两只小蜜蜂”的游戏，有些输的学生表演绕口令……大家又是玩又是演，学生十分开心，完全忘记是在上课。）

师：唉！老师玩得不过瘾，还想回去玩，可大家玩的游戏都不一样，你们能写下来让老师带回去慢慢学吗？有没有困难？

生：没问题，马上就写给你。

师：今天课堂中的气氛和你们的心情都要写，有问题吗？

生：没有问题。

师：太好了！那请吧。

（3）画作文

学生喜欢涂鸦，涂涂画画的过程，实际也是表情达意的过程。在学校里，一些学生喜欢在纸上画一个人物，然后写几句话，一些不爱写作的学生更爱用这种方式来表达自己的想法。这就成为学生写作入门的一个起点。

在作文教学中，给出几个简单的几何图形，让学生组合成新的图形，然后记录组合的过程和图形表达的意思，就是画作文练习。除了这种方式外，我们还可以用画作文的方式让习作能力较弱的学生产生写作的兴趣。比如，可以让学生自由画连环画，并在每一幅画上写出一句与画面内容相关的话，然后在纸上写下连环画的全部意思，再把画传给同桌，让同桌根据图和那句提示语写看图作文。让习作能力强的学生与习作能力弱的学生写同题作文，既能让前者帮助后者，又使活动过程充满乐趣。

（4）做作文

做作文是指实践作文，即先活动后写作文。学生不在教室里，自然本性就会充分显露出来。杜威曾说：“儿童在活动的一瞬间，他们就表现出自己的个性；他们就不再是一个集体，而是变成我们在校外、在家里、在家庭亲属间、在运动场上和在邻居中所熟悉的具有显著特点的人。”

实践的内容与形式很多，只要有心，就能寻找到许多丰富多彩的活动。比如，有一次，我带学生到操场上活动，要求每个人用自己独特的方式轮流着走路，不能重复，看大家能走出多少种姿态。结果，学生不但玩得十分开心，活动后还写出了很有趣的作文。

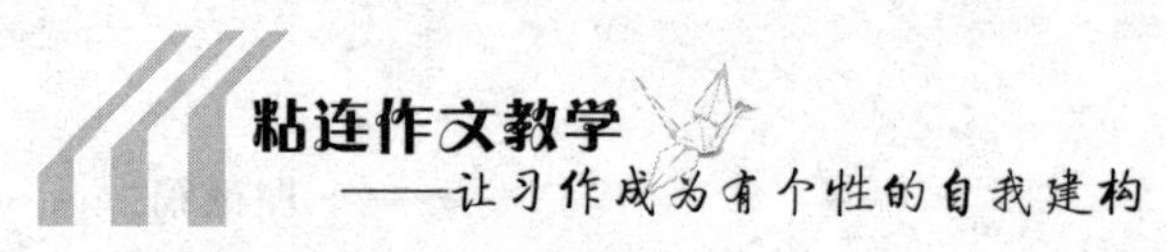

第二章　作文教学课堂理论分析

第一节　作文的诞生与教学

不少教师常常翻阅参考资料，依据教材的要求、提示，亦步亦趋地进行作文教学，很少静下心来好好地思考一下文章是怎么诞生的。一篇文章的诞生需要具备哪些条件，形成文章要经历一个怎样的过程？一些教师从未对此进行过认真细致的思考，甚至根本没有思考。其实，这是怕“磨刀”误了“砍柴工”，是不明智的。在教学实践中，一些教师总是感到作文教学棘手，离开别人提供的参考资料就无法进行。可以这么说，要使作文教学有效，分析作文的诞生过程是前提。一般而言，一篇作文的诞生有以下三种形式。

第一，生活的刺激引起写作主体的注意，写作主体在全身心的投入过程中，由于观察、欣赏或参与其中而产生某种情感，引发思考，产生新的认识或一种特殊的情感体验，于是不断地回味，产生表达的愿望，从而借助语言载体，以自己习惯的或正在追求的表达形式表达出来，由外而内诞生了作文。

第二，写作主体在思维过程中，头脑中突然产生某种思想观点或情感，感到无比兴奋，这促使写作主体去回忆生活，或回顾曾经的阅读经历，从中寻找到契合观点或情感的素材，然后用自己最擅长的表达呈现出来，由内而外诞生了作文。

第三，因为生活需要或工作需要，写作主体并没有因受外部刺激而引发兴奋的情感，也没有因思索而产生新的思想观点，而是接受任务，依据任务要求去回忆、思考，在回忆中找到情感的寄托物或在思索中想出要表达的观点，然后依据要求组织语言，从而诞生作文。

大多数小学生没有主动写作的愿望和习惯，因而上述三种情况中，第二种是极少的，第一种和第三种较为常见，第三种最多。通过简单的分析，我们就可以较清晰地了解大多数学生怕作文的原因了——心中无感情，脑中无观点，没有兴奋心理，产生不了表达的冲动，仅仅以完成任务为驱动，经历的是被动的写作过程，这样学生自然感到心烦或害怕。

从第一种形式看，作文的诞生是生活在先，品尝、回味、思考在后，即先有刺激让学生产生兴奋心理再有学生的构思。小学生的年龄特征决定了他们具有情绪性强、以形象思维为主的特征，他们写思想观点较难，而表达情感、趣味性的感受较容易。因此，作文教学的目的就是努力把第三种形式转化为第一种形式，激发学生的写作动机，这样学生才能投入，真正并持续有效地开动自己的脑筋。由此，我们就可以得到这样一种教学方法：不论课本上出现怎样的作文要求，教师的第一步工作便是把作文要求转化为生活情境，变为第一种作文的产生形式。具体方式有两种。

一是通过谈话交流，唤醒学生原有的生活经历，在回味生活经历中激起学生的情感体验。如课本中的作文题："每个人的心里都有自己喜欢或者崇拜的人，用你的笔介绍一下这个人吧。要通过人物的外貌、动作、语言、神态表现人物的特点，要通过具体事例表现人物的品质。"这样的作文看似范围很宽，可选材料很多，但实际上很难把握。对于这里的"喜欢"与"崇拜"，学生一下子很难在心中产生相应的感情，其头脑中的人物形象也就不鲜明，似有若无，此时谈话引导就相当重要了。此时的教学不能顺教，不能让学生通过人去想事，而要逆教，引导学生通过事想到人，因为情感更容易在具体的事中诞生。我给学生讲了这么一个故事。我小时候很贪吃，有一次妈妈给了我五角钱，我很高兴，把钱藏得很好，也藏了很久，一直舍不得用。有一天，我和几个小伙伴走在放学路上，同伴都买了包子吃，于是我也要了一个包子，一边咬一边伸手摸钱。当我的手伸进口袋时，我呆住了，钱不知哪儿去了，这可怎么办？包子吃了，口袋里又没钱，这下我可急坏了，向几个同伴借钱，他们也都没有。卖包子的人生气了，以为我想白吃他的包子。我尴尬得想哭，多没面子啊。就在我不知如何是好时，一个很熟悉的声音响起："哦！是你啊，我可爱的孩子，老师请客。"说完，他买了很多个包子分给大家，同时把我买包子的钱也付了。从这以后，我非常感激我的语文老师，特别喜欢上他的课。还有一次，他提出一个问题让我回答，我答不上，当时感到脸特别的热。可是，老师说："这个问题很难，答不出来是正常的，老师备课时，这个问题都想了很久很久。"老师又一次化解了我的尴尬，我打心眼里喜欢他、崇敬他。故事讲完后，我问学生："你有没有遇到尴尬时有人帮你化解的情况？"有几个学生兴奋地说了自己的故事。我又问："有没有人因满足了你的愿望而让你喜欢呢？有没有人特别让你佩服呢？"我把话题引向电视和书本中的人，这样人人都有了要说的事和要表达的情。通过这样的交谈，学生都找到了写作素材。引导学生找到可以与同学交流分享的内容，激发他们的表达欲望，学生就会主动下笔作文。

二是创设生活情境。学生在原有的生活中，无法找到相应的经历，这就需要教师创设情境，让学生现场体验，在体验中交流，激起学生的表达冲动。学生有情有悟，写作文时就乐在其中。

需要注意的是，学生的这种写作动力还是来自外部的，是不能长久和持续发挥作用的，要使学生达到第二种形式的主动思考的习作，必须要有内部的动力，而内部的动力来自学生作文成功的喜悦，以及作文过程的创造性给他们带来的快乐感受。在上述的三种作文诞生形式中，有一个共同之处，即学生用自己习惯的或正在追求的表达方式来写作，这实际上就是学生的学养、素养构成的习惯，也是写作的背景。教学的最终目标是让学生的学养、素养不断提升。而要实现这一目标，最好的方式是引发学生的读写兴趣，激发学生的自我成就动机，强有力地推动学生发挥自主性，这样才能让学生主动地思考、创作。

学生能乐于表达自己的见闻和感受，乐于与同学交流思想感情，就进入第二种形式的写作了，教师此时应努力在各种生活情境中，指导学生发现生活的意义，让作文成为学生生活的一部分。

学生走上了写作之路，就有主动和自觉发现生活情趣与意义的能力，常常能悟出一些人所共有的情与理，将"发现"作为写作的动力。

第二节 粘连作文教学重在唤醒学生的生活经验

从作文诞生的过程，我们就会发现，写作之前唤醒学生的生活经验是非常重要的。相应的生活原型被激活了，写作者的写作思路就会畅通，否则，不仅运思受阻，就连素材的选择都可能出现问题。

一位初中一年级学生的母亲对我说："看了自己孩子的作文后，两三天睡不好觉，几天都没有胃口。要是别人看了作文后真以为孩子是那样的人，我们做父母的还怎么见人?"原来，她不是因孩子作文写得没有文采而生气，而是对孩子所写的内容感到十分恼怒。作文题目是《记一件后悔的事》，她孩子写道，星期天与同学到公园玩游戏，玩了一会儿感到无聊，就到公园旁边的小店买东西吃。看到店主正在与别人聊天，没留意他们，他就和同学一起偷窃店里的食品和店主的钱。几个月后，他看到一个小偷被人打得遍体鳞伤，感到很害怕，既庆幸自己当时没被人发现，又后悔自己曾经当了小偷，心里一直很自责。"看了孩子的这篇文章，我心里又急又乱，马上把孩子叫来询问。孩子却若无其事地说，是假的、虚构的，因为没有后悔的事可写，就想出这么一件很值得后悔的事来写了。"她焦急地说："我真是哭笑不得，孩子这样写作文，我不知道该怎样说。我只能警告他，话不能乱说，作文也不能乱写。要是小店的老板真丢了钱，来向你索赔怎么办?你当小偷的污点怎么洗清?"我听了也很感慨，当时最想知道的是她孩子的教师是怎么批改此文的。

人教版语文小学五年级教材中有一个单元的作文要求为写一件后悔的事，为了了解学生的原始状态，我旁听了一节作文课。教师教得很认真，读题、解题、举例，还为学生读了范文。范文写的是，一个孩子因为倔强而引发了父母争吵，他认识到自己的错误后非常后悔。作文课后，80%的学生无法完成作文，原因是没有后悔的事可写。一些学生大声地喊："我从来就没有后悔过。""我做事情从不后悔。""我还不知什么是后悔。"一些完成作文的学生写的大多是因不听话、做错事、忘记完成任务等，被批评、被教育后感到后悔。

我想，这些学生真的都没有后悔过吗？真的从来没做过后悔的事情？于是，我上了一节旨在唤醒学生生活经历的课。一进教室，我就表现出一副后悔的神情，唉声叹气地说：“后悔，真后悔。”学生问：“老师，为什么后悔啊？”“想知道吗？我还真不好意思说呢。”学生的胃口被吊起来，更想知道原因。于是，我用后悔的语气说：“我同学在大城市工作，有一次我去她家做客，她很热情，拿出许多好吃的来招待我。其中有一种水果，我从来没见过，便问那是什么东西。她说是从国外进口的一种水果，很好吃，也很贵，一斤要 50 多元。她还说她的孩子特别爱吃这种水果，买了 3 斤就只剩一点儿了，大家尝尝吧。”我很想尝尝鲜，可是，我看看与我一起去的其他两位同学，他们都没动手，我便也不好意思吃。聊了很久，该告辞了，我们起身准备离开。同学收拾桌子，把那水果扔进了纸篓，说：“就这么一点儿了，孩子去了爷爷家，你们又不吃，放着肯定会坏的，只好先处理了。”我哪里是不吃，是不好意思吃，早知她会这么处理，我一定得尝一尝。因为自己的矜持而没有尝鲜，多可惜啊！我在心里一直这么嘀咕着。虽然这件事已经过去一段时间了，可今天想起来我都还后悔呢。学生听了，说：“都怪你自己太拘束了。”我顺势说：“我在该吃的时候不吃，现在后悔了。不知你们有没有这样的经历？”这时几个学生举起了手，抢着说：“老师，我也有……”他们津津有味地说了自己相似的经历。于是，我进一步问道：“那有没有同学因为在不该吃的时候吃了而感到后悔呢？”这时又有几个学生举手发言。

过了一会儿，我话锋一转：“孩子们，本来我也可以留在大城市工作的，可惜因为胆小……唉！不说了，说来真让人伤心、后悔。”此时学生哪里肯罢休，兴奋地叫喊着：“老师，说吧，我们很想知道。”我又趁机讲述了一件我亲身经历的事。我毕业时，因为成绩好，由定向生转为统配生。人才交流会的上午，我因胆小不敢去面试，下午在一位同学的鼓励下，才去了人才交流会现场。我挤在熟悉的同学中间看他们面试。这时有个校长自言自语地说：“咦，这张纸上怎么有个‘森林学派’？”然后他面对我们说：“谁能解释一下，‘森林学派’跟我们教育有什么关系？”我知道答案，本想告诉他，可是我看看我的同学，他们都当没听到，我也就不说了，只是小声嘀咕了一声："不就是亚里士多德的教育方式吗?"旁边一个同学想了好久，听了我的嘀咕后，举手告诉了校长，没想到校长说："我们学校就要你了。"

"天哪！原来他在考我们，我在该举手时没举手，该说话时没说话，反而提示了别人，所以我只能回乡下教书了，而我的同学留在了城市工作。你们说我有多后悔啊！要是我也在大城市工作，那我也买得起那进口水果了。"学生都为我感到惋惜。于是，我又问学生："那你们有没有因该举手时没举手而后悔的事，有没有因该说时没说而后悔的经历?"此时，又有许多学生兴奋起来……我又顺水推舟，问了许多问题，如有没有因不该说时乱说而后悔的？有没有因该做的事没做或不该做的事反而做了而后悔的？有没有因该买而没买，该玩而没玩，该急而不急而后悔的？学生几乎都有过这些经历，在学生说完后，我又问他们当时是怎么想的，后悔到什么程度，有多长时间等，最后让学生写一件自己后悔的事。

学生受到一种思维定式的限制，在他们的心里，后悔的事就是做错的事，因不可挽回而后悔。学生的这种思维定式需要教师帮助打破。当教师讲到与学生的生活相似的事例时，学生的经历再现，情感也被唤醒，作文思绪就如泉涌了。

怎样唤起学生的经验呢？教师要把自己融入学生之中，从学生的角度思考，同时还要善于把题目要求转化为符合学生生活实际的要求，用自己的生活经验唤起学生相似的生活经验，用自己的情感唤起学生相似的情感，把思想、感情还原成生活实践，然后再引导学生去挖掘，这样才能激发学生的写作意识。

第三节 从作品的构成要素看粘连作文教学理念

作品的构成要素有哪些？从作品的生成看，其构成要素主要有素材、语言、思想感情、思路。

素材多是在创作活动之前积累的，与具体创作主题没有直接的联系，带有不确定性和原始性。素材来自写作者的书本阅读和生活实践。换种方式说，它来自写作者看到的、听到的、亲身经历的和想象的事情。我曾对168个学生进行写作素材来源的问卷调查，结果发现小学生的作文素材主要来源于生活实践，而且主要是亲身经历的事。从调查结论看，丰富学生的生活经历和引导学生进行体悟、提炼，是教师作文教学的主要工作。

学生的语言积累来自日常的交流、书本、媒体等，阅读是丰富学生语言的主要途径。引导学生通过阅读汲取、积累语言，是习作教学的基础工作。然而，单从阅读中积累语言还不够，学生从阅读中积累的大量语言可能处于沉睡状态，还需要教师帮助学生在应用中积累语言，使学生积累的语言处于活跃状态，这样学生在交流使用中就可能产生个性化的语言。

一般而言，思想会生出感情，而感情也会酝酿出思想，思想与感情常常是一体的。对于小学生而言，思想观点是很难自动产生的，他们的想法通常来自具体的生活刺激，而情感容易随事、物、景、境而生，以情引思是小学作文教学的一个规律，这也是小学阶段的作文要求学生以表达自己的真情实感为主的原因。思想意义的产生是需要启发的，它可能因对话交流而产生，可能因阅读而产生，也可能因原有的经验而产生。教师的教学任务是要教给学生一些思考的技巧，通过启发使学生产生顿悟，最终目的在于引导学生主动思考。

思路有摄取思路和表达思路之分。生活素材怎样成为作文素材，写作者怎样从生活中捕捉信息，捕捉到的信息又该怎样加工、提炼，这其中有许多途径，这是摄取思路。已经有了素材和要表达的情感、观点，该选择怎样的路径去表达，就是表达思路。在指导学生怎样表达方面，不少教师做了大量的工作，也具有丰富的经验。但怎样摄取、提炼信息方面，却常常被教师忽略。

从作文的形成过程看，构成作文的四个要素往往是紧密结合在一起的，无论是语言积累还是生活素材积累，或是思想感情积累，它们之间常常有一个融合的过程。首先，写作主体必须对生活素材有感受，能从中产生思想认识，这种认识的形成必须以语言的形式出现，即从生活素材到形成思想必须依托语言。其次，思想观点在表达运思中也必须以语言为中介。最后，作文以语言的形式呈现。可见，四者之间是相互联系的。不过，在小学阶段，语言是基础和关键，写作主体先要掌握承载的语言，才能更好地积累素材、提炼思想、丰富思路。

从作文四要素的关系来看教学，教师的工作便是有计划地指导学生积累语言，在积累语言的同时丰富学生的生活，激发学生的感情，理顺学生的思路。教师可以这样进行教学：

师：同学们，人的面部表情可谓奇妙无比。我让大家收集描写表情的词语，不知大家收集得如何？请汇报一下。

生：微笑、大笑、苦笑、笑哈哈、皮笑肉不笑，笑容可掬……

师：哎呀，怎么全是形容笑的啊？不过也不错，这告诉我们单单与笑有关的词语就丰富无比。谁再来？

生：生气、面无表情、严肃、严厉。

生：目瞪口呆、呆若木鸡、面如土色、喜笑颜开、喜上眉梢、愁眉苦脸、泪流满面、咬牙切齿……

师：哇，好厉害，全是四个字的词语啊！谁再来说说？两个字、三个字的词语都行。

……

师：这么多词，都是用来描写我们的表情的。下面我们就请几个同学来做一些表情，然后大家来描写。

生：我给大家表演“回头一笑”。

（学生背向大家，走两步，回头的同时眨两下眼睛，微微一笑，表演得很滑稽，把大家都逗笑了。）

师：好，刚才这位同学表演得很棒，真是大方、可爱。现在请大家写下来，然后读一读。

生：丁超同学很大方，他走到讲台前，说：“我给大家表演‘回头一笑’。”只见他背朝大家，慢慢向前走，突然一回头，做了个笑脸，还羞答答的，把大家给逗乐了。

生：丁超真是个演员，能大方地在同学们面前表演“回头一笑”。他先面向黑板走了两步，然后猛地一回头，好像看到了喜欢的朋友，眨巴着两眼，嘴角上扬，笑了。他刚开始笑得很害羞，后来又笑得很灿烂，把同学们都逗乐了。

师：写得真好，很仔细。谁再来表演？

（学生纷纷主动表演：一名学生做出受到惊吓后的表情，一名学生哈哈大笑，一名学生做出自高自大、轻蔑的表情，还有一名学生表演得意洋洋、惊慌失措、趾高气扬、呆若木鸡等表情。）

（学生描写。）

师：刚才大家都写了同学们的表演，句式为“人＋表情＋动作＋环境”。现在请大家变换顺序，多个人合起来写，即“多个人＋多种表情＋环境＋动作”，可以自己定句子顺序。

（学生汇报。）

这是语言积累的训练，但在训练的同时，丰富了学生的生活经验和情感。在有句式变化的表达中，学生描写的思路畅通了，写作能力得到了提高。

当然，仅有这样的训练是不够的，习作指导的目的是让学生自己学会积累。而积累的难点是如何从一般的生活中发现作文的素材，也就是我们通常所说的独具慧眼地看待生活，因而从一般生活中发现特殊并提炼主题，就成为学生写作能力培养的重要目标。这就是作文教学中的第一个转化——生活转化为认识。从技术层面看，就是从日常生活中发现和体验趣、乐、理、义等。

第四节　从写作时的心理环境谈粘连作文指导

一、粘连作文教学要旨一：营造写作的心理环境

“胸藏万汇凭吞吐，笔有千钧任翕张。”的确，积累是写作的前提，这是作家创作的高境界要求。小学生的阅读与见识都十分有限，“胸藏”甚少，笔尖艰涩，当冥思苦想而仍无半点头绪时，不少学生便萌生放弃的念头。对于这些学生而言，写作提笔时的心理状态十分重要，这时的心态不

仅决定写作的速度，还影响着写作水平的发挥，因此，营造良好的作文心理环境与现场环境就显得特别重要。

写作的外部环境和学生动笔前的刺激是影响学生写作心理的直接因素。教师在黑板上写出作文要求，在多媒体屏幕上投影出例文，就是写作的外部环境，能让学生心中产生“这是作文课，今天要写作文”的意识。然而，这种意识并不能激起学生的表达欲，即使有些学生能写出作文，也未必就代表他们当下应有的水平，更别说超水平发挥了。因此，习作氛围需要教师精心营造，以激发学生的心理兴奋点。

一般而言，学生习作时的心理兴奋点包括以下几个方面：一是对内容的兴奋；二是内心产生某种新感情的兴奋；三是对某种新方法的兴奋；四是对自己顿悟的兴奋。

1. 对内容的兴奋

如果写作的内容是学生的经历、见闻，学生印象深刻、乐意与人分享，或是学生心里已有内容的全貌，想到具体的内容就有相应的情感产生，学生就会乐于提笔。要让学生对内容兴奋，首先是教师要出好题目，作文题应贴近他们的生活、心理，甚至是他们近期的生活热点。其次是教师创设的情境符合学生的兴趣，活动的形式是学生见所未见、见所乐见或玩所未玩的，以此吸引学生全情投入，使他们对活动过程念念不忘，从而激起他们的表达欲望。

2. 生成新情感的兴奋

学生在生活中经历过许多快乐的事情，也有过许多深刻的教训，还遇到过一些对他们影响很大的人。那事、那人都曾在学生的心中产生强烈的情感，或喜悦，或愤怒，或悲伤，可是由于是短暂瞬间，或是时间已久远，或是多种情感杂糅，原来的那些情感与对应的事都已在记忆中沉睡，学生无法从记忆中提取，导致写作时出现情感空白的情况。这在习作教学中也可以说是一种写作资源的浪费。再现生活，唤醒学生原有的但已沉睡的情感，就成为作文教学的一项重要任务。如教学命题作文《我家的一个星期天》，对于学生来说，很难说情感是满足还是遗憾，是愉快还是无聊，是快乐还是郁闷，不但情感点难以找准，就连能记住而且觉得可以成为作文素材的内容都很少。要写这样的作文，学生就犯愁了，怎么办呢？再现生活片段是一种较好的方法，教师可以让学生在课堂上演一演一家人星期天聚餐或逛商店（公园）的情景等。学生在看或演的过程中会回忆起某个星期天发生的事与自己当时的感情，而一旦情感锁定，又有这种情感相对应的事，写作就不成问题了。

除了再现生活以唤醒学生原有的但已沉睡的情感外，利用当下的生活情境诱发学生的情感，也是一种很好的方法。有一些习作，学生很难从原有的记忆中找到可写的素材，或是学生暂时想不出该如何下笔，这时教师可以创设情境帮助学生习作。课堂里营造的情境常常带有戏剧性色彩，很容易引发学生的写作冲动。如一节习作指导公开课中，教学“外表与内心”，学生理解写作方法不难，但是要用到作文中去，就不容易了，于是我即兴在黑板上写了一个“相”字，让学生依据这一个字，用上现场学的写作技能，进行口头作文。这要求很高，而且又没给学生思索的时间，学生站起来不知说什么好。此时教室里静极了，学生都很紧张，你看我我看你，甚至连听课的教师都紧张了，不知这课要怎样上下去。正当大家为我捏把汗时，我笑了，因为此时此刻就是写“外表与内心”的最好时机。当我说出刚才那样做的原因时，学生都开心地笑了，之后，他们非常成功地写出了作文，因为现场激起的情感让学生不吐不快。

3. 对某种新方法的兴奋

那些对写作有兴趣的学生会注意写作的方法。学生在阅读中自己发现了一种新的表达方法，对它产生好奇，此时教师应趁热打铁，让学生把这种新方法转化为自己的写作技能。大多数学生对一种新的方法难以产生兴奋感，他们的兴奋感来自评价，教师可以通过表扬一个学生来鼓励一批学生。如教师可以在评价某一学生的作文时，对其作文中使用的新方法大加夸奖，指出应用之妙、表达之巧，让被表扬的学生更乐于运用这一方法，让其他学生产生尝试的欲望，在夸奖中使学生对写作产生信心。

4. 对自己顿悟的兴奋

顿悟的兴奋来自对话，教师在对话中敏锐捕捉学生反馈的信息，并及时提炼与肯定，是学生对自己顿悟产生兴奋的前提。虽然有少数的学生不需要教师的强化，能自己对顿悟进行梳理，主动写作文，但对于大多数的学生来说，写作的良好心理需要教师帮助调节，因而教师在与学生对话时保持敏感性十分重要。有些时候，一些学生在对话中会有很精彩的思考和发言，这不仅让教师及学生本人兴奋，也让其他学生佩服不已。此时此刻引导学生把这难得的灵感用作文的方式记录下来，是促进学生写作欲望及提高学生写作水平的灵丹妙药，学生会因来自内心的兴奋与外部的激励，在写作时实现超水平发挥。

二、粘连作文教学要旨二：用心理效应指导作文教学

我们知道，作文是一个人生活的反映，有怎样的生活就会产生怎样的作文。的确，作文是作者学养、素养和修养的综合体现。但如果我们用这个要求去衡量与指导学生，那学生就会对作文望而却步了。语文新课标指出，小学生的作文应主要写自己的生活见闻、感受。可是，以学习为主的生活，每日的内容都大同小异，要在这样的生活中找出点新鲜事来写，对学生而言，写一两篇没问题，但写一个学期、一个学年的作文就有一定困难了。

当学生写作遇到困难时，教师该怎么办呢？心理学家莱斯托夫帮助我们解决了这一习作指导的难题。

如果一系列刺激项目中的某一项有特别之处或被隔离开，它就比不被隔开的情况容易让人注意和记忆，这种现象由心理学家冯·莱斯托夫在实验中得出，因此被称为“莱斯托夫效应”。为什么一个被隔离的项目要比不被隔离的项目容易让人记住呢？按照吉布森的“泛化—分化”理论，这是因为被隔离的项目是醒目的，它与系列中的其他项目很少发生泛化作用。

这一原理告诉我们，日常生活由于内容大体相似，就在学生的心里构成了一个大系列，在这个大系列中，那些鲜活的生活细节，那些生动的特别之处，因被其他内容泛化而没有进入学生的注意选择范围。学生忽略了那些重要的信息，没有在大脑中留下记忆的痕迹，写作文时，搜肠刮肚也无济于事。但是，生活的内容又怎么“隔离”呢？很多教师学习“莱斯托夫效应”后，只知道在处理教学的重点内容与非重点内容上应用，无法迁移到作文教学中。我们可以将“隔离”理解为抽取某一生活细节，置于另

一段生活中。这样，在某一段生活中不可能出现的细节，却在这段生活中出现，这就构成了这一个系列中的“独特”，这一个“独特”就相当于被隔离开了，它因显得特别醒目而被学生注意，引发了学生的思考，进而使学生有新的发现。

比如，握手是见面时的礼节，陌生人初识，朋友初见、再见时一般会有此礼节。正是由于它随处可见，人们习以为常，并且它又是生活情境中的一个细节，所以很难引起学生的注意，也就成不了学生的作文素材，一则很好的作文素材就在不知不觉中溜走了。

但如果我们知道“莱斯托夫效应”，就能让它成为学生思考的重要内容。首先，把握手从生活中隔离出来，让它脱离原来的生活情境，进入课堂这本该没有握手这一环节的情境中，于是握手的特别之处就显现出来了。其次，握手在课堂中出现时，可以把多种生活场景中的握手方式与作用集合在一起，构成握手系列展示，揭示其内涵。最后，让学生借助想象，将课堂中的握手还原于生活，丰富握手的内容，为作文创作服务。

师：上节作文课让同学们写生活中的见闻，很多同学都说生活太单调，生活中的见闻又写了好多次，看到、听到的事情都没有什么特别之处，实在没有什么可写的。怎么办？这节课再写吧！

生：还写啊！真受不了。

师：真这么烦？

生：真写不出了，实在要写就换个题目吧。

师：我并没有出题目啊，题目不是可以自拟吗？

生：还是出个题目好，让我们有个思考的目标，“见闻”太宽泛了，不知写什么？

师：奇怪了，给你们自由你们不要，非要有限制才知道写什么。那好，你们在生活中见过别人握手吗？写握手怎样？

生：这么一件小事，怎么写成作文啊，写 50 个字可以吗？

师：那可不行，至少要写 600 字。

（学生都表示自己写不出来。）

师：同学们别着急，我请几位同学来表演一下，你们就知道怎么写了。

（学生用期待的眼神望着教师。）

师：大家先想想，陌生人第一次见面时是怎样握手的？一对久别的好朋友不期而遇，会怎样握手？朋友有一个月没见了，他们见面时又会怎样握手？上级跟下级握手，会是怎样的呢？请同学们回忆你的所见，然后来表演，想想不同的人在不同的场合会怎样握手。后表演的同学不能重复前面表演过的，最好每个人都表演一次。

（学生回忆、思考。）

师：表演的同学要对自己的表演进行解释、说明，其他同学评判他们表演是不是到位。

生（边表演边说）：我们表演国家领导人出国访问时握手的情形。握手时，双方手不停地上下抖动，而且还面朝大家。

生（边表演边说）：我们表演非常要好的同学毕业十几年后见面时握手的情形。握手时，双方出手的样子很特别，而且有个弧度，一只手和对方的手扣在一起左右摆着，另一只手拍对方的肩膀或是刮对方的鼻子。

（学生纷纷表演，边表演边进行解释、说明。）

师：刚才每个同学都表演了不同含义的握手，现在，老师提一个更高的要求。老师选四组同学再次表演握手，要求看的同学想象他们握手时的心理活动和说的话。请大家看完后表达出来。

[四组学生的表演内容：（1）客人到家里来，父母与客人握手的情形；（2）上级领导到下级单位检查，上下级刚见面时握手的情形；（3）大街上一对久别重逢的好朋友握手的情形；（4）校长与一位获奖的学生握手的情形。]

生：这个客人不是一般的人，而是爸爸单位的领导，爸爸、妈妈对他非常热情。他们心里一定在想，领导难得到我家做一次客，我可要好好招待啊。他们会说："领导光临，蓬荜生辉。快请坐，我给您沏杯茶，削个水果。"

生：妈妈的一个朋友来我家打麻将，爸爸和他握手，心里却在想，你们可真空闲啊，白天上班晚上打麻将，怎么就不在家里看看书呢？爸爸可能会说："你真早啊，我们才放下碗筷呢。你先坐一会儿，我给你沏杯茶。"

生：这是爸爸的同学，从外地到这里来开会，爸爸很热情地与他握手。爸爸可能会想，这么久没见面了，不知道他工作是否顺利，日子过得如何，这回见面了，要挽留他在家里玩几天，逛逛本地的风景名胜。他可能会说："你好！你好！你老兄还这么年轻。请坐！都这么多年了，没一点儿消息，这次你来可要好好玩几天啊！"爸爸一边说，一边松开握着的手，为客人递水果。客人可能会说："你好，彼此彼此，你也一样年轻。瞧，你孩子都这么大了，日子过得真快啊！"

师：很好，不仅想了爸爸会说什么，而且想了客人会说什么。那客人的心理、感情呢？请后面的同学表达时，把这点也补充出来。

（学生兴致盎然地进行表演，十分开心。学生表演后，教师进行总结。）

师（总结）：平日里看到别人握手，算不算生活中的见闻呢？

生（齐）：算！

师：是啊，生活中的许多见闻，都可以成为我们写作的素材，只是大家没注意到，才觉得没什么可写的。要是现在让你写握手，你能写一篇长文吗？

生（齐）：能！

师：那就写出这篇作文吧！

（学生思考之后，开始写作文。）

不少教师在应用"莱斯托夫效应"时，仅仅在板书上下功夫，如把重要的内容用幻灯片呈现出来，或是在板书时用彩色笔加以强调，而没有把这一效应用于作文教学，不知用截取迁移法，把一个重要的生活片段从原来的情境中独立出来，并放置于另一种情境中，突出它的特性，从而激发学生的思考。

三、粘连作文教学要旨三：关注写作过程中的前激活状态

如果写作者长久地关注某种活动，许多的因素就会在脑中处于特别活跃的状态，不仅是接受生活中的形象刺激，就连看到或听到相应的词都会立刻牵动这些要素。即使闭上眼睛休息片刻，闯入思维的也是这些要素。它们自发地参与捕捉、加工新的信息的活动，构成写作者当下最活跃的思

维，这便是写作中的前激活状态。

经常进行写作活动，那些使用频率最高的词句，使用最频繁的思考方式、表达手法，就会处于前激活状态，构成写作者最活跃的写作背景，成为写作者最有吸纳能力的认知结构。可以这么说，这些因素构成的图式决定着写作者的生活认识、审美眼光与思维习惯，以及写作者想象的敏锐性与丰富性。

写作过程中的前激活状态，与写作中的心理定式十分相似，但是二者也有很大的差异。写作中的心理定式一般是以某种原有的心态去应付新的情况，其主要的认知方式是同化，带有很大的受动性，它属于大脑的一种"偷懒"思维。而写作过程中的前激活状态，则是写作者主动利用活跃性因素进行积极的"同化—顺应"的综合过程，此时写作者能运用灵感思维，写出具有个性色彩的作品。一个写作者如果能让自己的写作思维处于前激活状态，那他（她）就会处于最佳写作状态。那么，写作主体怎样才能使自己的思维处于前激活状态呢?

首先，当然是写作主体要勤于动笔，不仅要多写，而且要短时间里连续写，因为这样会产生各种知识、思维、情感、主题。好的东西会重复地呈现于写作者的大脑中，有时某些思考路径会用得过于频繁。为了避免重复，写作者必定要另想策略，于是一些相似的经验不断地被改变，以各种不同的姿态出现，思路间的串联点就增加了；有些知识不断被利用，有些能力与技能也被反复使用，这些被多次应用的东西在头脑中就特别活跃，随时都能被写作者提取、应用。稍有刺激，这些因素便以结构群的方式出现，使写作主体极快地捕捉到有效的信息，注入自己最常引发的情绪，然后去分析、综合，从而使新的生活情境与自己的心境、智慧结合，并生成主题，贮存于大脑中，或流于笔端。

其次，接力续写，即在同一主题下连续写。它可以是像小说一样的故事连续发展，也可以是人物不变、场景不变但故事不同的生活情节，还可以是某一范围内的系列组合。这类作文之间有许多共同因素，它们在不同的章节里反复出现，这样一方面可以提高写作者的表达技能，加深写作者的认识；另一方面又会促使写作者改变表达方式和产生新的感悟。于是这些信息在写作者的大脑中不断被强化，形成优势兴奋灶，使写作者对任何相似的新刺激都十分敏感且试图以此去同化，有时也能从不同的刺激中敏锐地找到别人发现不了的问题。

再次，注意师生间的针对性对话。如果教师长期对学生的个性进行分析，对所指导的学生的优势与不足很清楚，那么与学生对话时便有针对性。教师的这种针对性谈话会给学生一种鼓励，让学生感到惊奇、惊喜，从而使学生情不自禁地提笔创作。当学生有了这种情不自禁的行动后，教师要进一步帮助学生找到较清晰的感悟点，让学生反复琢磨，并与他人分享。在反复的交流中，学生对这些内容的理解就得到巩固、提升，进入思维的前激活状态，具有极强的吸纳新知识的能力。

最后，引导学生展示。当教师发现学生写作中的某些特殊才能后，要在赞赏中让学生明确自己的优势所在，在不同的作文场合中有意提醒，最后让学生达到自觉展示与应用的目的。这时教师就可以创造多种机会，让学生进入各种令人兴奋、紧张的场面去锻炼，学生就会不断反思，从而使自己的思维达到前激活状态，提高自己的习作表达能力。

教师有意识地进行这种训练，“迫使”一些学生的写作思维处于前激活状态，那么，写作就成了一种难以停下来的活动。这样，即使不写作或暂时无法写作，学生也会在头脑中构思，经常能主动地思考怎样写作文，那作文教学也就达到了很高的境界了。

第五节　从写作指导课的效果看粘连作文教学

提起写作指导课的效果，可能许多教师的第一反应就是——拿学生的作文来读一读就知道了。这种用学生在一节课里写出的作文来衡量作文指导课效果的方式，似乎合情合理。但是如果把“写作指导课的效果”改为“作文教学效果”或“作文教学目的”，那许多教师的评价标准就会改变。

为什么会这样呢？这首先是一个习惯性反应，一提起教学效果，便想到最后的学生反馈——作业结果、考试结果，只看最后的结果，把过程全忘了；一提起教学目的，便受课标、教参、教案的制约，总要罗列出许多条条目目，而且尽可能地全面。其次是多年的现实操作都是如此，评课总是多方位的，要求面面俱到；而要检查教学效果时，就是出一张与这节课内容相关的试卷，看学生能考出多少分，学生考出多少分成了学习知识点的反馈，而过程中的其他，此时都已消失得无影无踪。

其实，教学目的与教学效果的关系，在教育学理论中早已说得非常明确了。教学目的是衡量教学效果的准绳，目的有多少，衡量的标准就有多少。我们不能因写作文能现场出作品就忘了过程，不能听了学生朗读作文后，就从学生现场写出的作文的水平来评判教师在这节课里的教学成败。事实上，作文教学同阅读教学一样，阅读能力不是一节课就能提高的，作文能力也不是一节课就能培养的，教师不能只盯着学生写出的作品这一结果，还应当看教学的整个过程。我们听课时更应重视学生在课堂上的状态和师生的关系，并把这些与结果结合起来思考，这样才能较好地衡量课堂教学的效果。比如，我们应该关注：在课堂教与学的过程中，教师是不是体现生命的本真，有真情的自然流露，而不是一反常态——整个教学过程中教师只要一开口就是在演讲，声音变了，表情变了，举止也变了；教师是不是变得特别聪明，学生的一切都在掌控中；教师是不是以部分的学生来替代全体学生，一部分学生尽情、尽兴，一部分学生却像不存在于课堂上似的；教师是否敢于迎接挑战，面对挑战是兴奋还是尴尬，在课堂上是否能与学生共同成长；学生在课堂上是否兴奋，对写作是否感兴趣，交流是否投入，听别人的发言是否专注，在对话中是否有新的认识、新的感悟；学生在经验被唤醒时，是完全还原生活，还是有创造的成分；学生是否喜欢这样的课堂；等等。这些都比单一的结果——作品更为重要。因为作品会随着学生生活与阅读的变化而变化，而生活与阅读的变化，正是随学生的态度、信念、兴趣等的变化而改变的。

我们在教学中经常遇到这样的情形：一些基础较薄弱的学生，在公开课上的表现却让人看不到他们的薄弱之处，他们会在积极的思考状态中，大胆地与教师对话，能从同伴的话里得到很多的启示，产生远超于他们原有水平的感悟，对写作有了感情，对阅读有了兴趣，但到写作文时，由于他们的基础不扎实，习作水平还处在写话型或抄录型状态，他们怎么也没办法把自己的情感表达出来。如果我们仅从作文结果来判断课堂教学效果，那这种课堂是很不尽如人意的。相反，有一些学生基础较好，他们的习作水平较高，而课堂上教师可能没有做任何指导，或指导得很空洞，学生在课堂上疲于应付，对教师的指导毫无兴趣，但到写作文时，他们却能写出不错的作品，听了学生朗读的作文，我们能因此判断这节课的效果很好吗？

记得有次听一位特级教师的课，课堂教学过程可谓引人入胜，学生在课堂上充分地动了脑筋，也动了感情，师生对话有着许多的生成内容，在教师的诱导下，学生的口语表达能力有了明显提高，可是他们最后写出的作文却远远逊色于口语表达。如果从过程来看，这是一节好课，学生迷恋这样的课堂，他们对写作有了新的感觉，有了喜爱的倾向，这节课的效果是很好的。但如果仅从学生一时的作文来看，这节课的效果就不是很好了。无独有偶，我还听过一节教学新秀的课，刚开始课上得很顺，可是不到10分钟就出现了冷场的情况，学生越上越紧张，教师越上越生气、失望，最后上了不到20分钟，教师就不上了，让学生自己想，想好了就提笔写，结果学生却写出了不错的作文。虽然教师依然兴奋不起来，但听课的教师却感到学生的作文水平不一般。你想，这效果能归功于这位执教的新秀吗？

第六节　从作文教学的意义思考粘连作文教学

说起作文教学的意义，可能许多教师都能讲出不少大道理。但是一到具体的教学实践，可能这些大道理就不知不觉地被忘记了。我说这话是有一定依据的。

前不久我上了一节作文课，教学内容是把数学练习与作文感悟相结合。教学过程中，学生做数学题及谈感悟的时间占了20多分钟，于是许多教师就感到纳闷：这到底是数学课还是作文课？课后许多教师对我说，学生做数学题的时间太长了，这哪里是作文课，作文课应当要求学生写作文才是。这些话让我想起了前些年报刊上的讨论话题“作文课到底要不要写作文？不写还能称之为作文课吗？”许多教师听作文课都希望听到学生写出的作文，这其中就有不少人认为，学生写出的作文好，说明指导有效，课是成功的，而如果学生写出的作文很差，即使教师教得再好，也说明指导是失败的。评价一堂作文课教学效果的好与差，要看学生的作品，这似乎很有道理。但是，只要对照一下教师自己说出来的作文教学的意义，就会发现这样做不妥。

作文课的指导，就目前我所听过的作文课来看，主要有两个方面，即平常所说的双重转化：一是生活中的见闻与经历怎么转化为认识，二是个体头脑中的认识怎么转化为笔下的文字。以前，众多教师的作文指导侧重于认识转化为表达方面的指导，即怎么应用阅读中所学的语言、文章结构、写作方法等，把自己的所感、所想表达出来。而现在，从许多教师的公开课看，指导重点已转移到第一重转化上，即生活内容怎么转化为认识感悟。所以，我们常常看到作文课上会有很多的活动，如参观、竞赛、游戏、现场实验、课堂素描等，教师让学生观察或参与这些活动，在活动中体验、认识，有了感受后先说再写。我想提出一个疑问：有些参观可能要半天、一天，有些竞赛、实验需要很长的时间，教师为了让学生“有米下锅”而精心设计这些活动，虽然耗费时间，但这些活动本身是不是就已经构成作文的一个要素了呢？比如，到一个工厂去参观访问，最少要用半天时间，我们是不是也要说，这哪是教作文，明明就是参观嘛？其实，我教学中的数学活动及让学生谈感悟，也是习作的一部分，可是一些教师总认为只有谈及作文的指导时才是上作文课，而忽略了从活动到感悟已在完成写作时的一重转化了。如果能接受为了学生写作文而举办一场拔河比赛是作文课，那么就不应有这样的疑问。

学生是否写出了教师满意的作品，在一定程度上能反映课堂教学的效果，但不是全面的，甚至有时还可以认为完全无法衡量某节课的教学效果。为什么这么说呢？作文是写作者综合能力的体现，是长期积累的结果，一节课能反映出来的很少。有人反过来说，好作文从来就不是教出来的，教是教不出作家来的。这话是有一定道理的。那种立竿见影的作文教学反倒让人觉得不大可信。因此，仅凭学生一时的作品来衡量一节课的教学效果是不正确的。比如，一位教师教一个班的学生，这个班级的学生功底相当好，作文能力极强，教师并没有怎么教，或教师根本教得不好，但学生写出的作品仍然可能很好，这是我们在实践中常遇到的情况。相反，一位教师教学功底很好，也有一定的教学艺术修养，但学生底子薄，就是难以写出好作文，我们也不能因此就说这位教师教学水平太差。例如，一位著名特级教师上了一节作文指导课，可以说教学十分到位，师生互动也很好，教师的口头表达令听课教师"佩服得五体投地"，可是学生的习作却很一般。课后一位特级教师柯孔标评课时就说，学生口头表达能力不错，但写作跟不上，说明平时的写作训练还不够。我们不能因学生的作文而否定这节课的教学，该否定的是过去。我想重复一下作文教学的意义：作文教学不只是为了某一具体的作品，更重要的是通过教学使学生对作文有兴趣，能够主动去思考生活、记录生活；对阅读产生感情，会千方百计地寻找书看，乐在其中，得其所得；对生活有敏锐的观察，能对感动自己的细微事物留心，对奇特的事物进行思考，养成随时记录的习惯。因此，那些能激发学生的表达欲、学习欲、发现欲，能让学生展示自己独特个性的作文课，就是成功的好课，即使学生一时写不出好作文，但是他们有了兴趣，就会有希望。当然，我们也不可能在一节课里激发学生的各种欲望，有一两点就很不错了。总之，我们不要在具体的实践中忽略了教学的真正意义，舍本逐末。

对于作文课中学生要不要写作文，我觉得这没有什么好争论的，因为我们平时的作文课都是两节课连在一起，必然是要写作的。至于作文公开课，大多是一节课，这就得看教师的安排了，可能整节课都在活动、对话，也可能做做、说说、写写，这都没什么。当然，若一上课教师就让学生动笔写，那听课的教师肯定会觉得很无趣。但是，如果教师这样做是从学生的实际情况出发，依然有其合理性。

公开课与日常课的教学意义也是有区别的。日常课中执教者考虑的只有学生，教师可能什么都不讲，而是边巡视边对学生进行个别指导，这样的教学也可能是有效的。但公开课就不能这么上，除了学生外，执教者还要考虑听课教师，必须展示教师与学生之间的磨合过程，让听课教师了解执教者怎样处理教与学的关系，怎样处理学生作文中的双重转化关系等，更要让听课者感受到执教者的教学理念和教学艺术。

第三章 作文教学中的四对问题辨析

第一节 日常生活、典型生活与作文素材

一、日常生活、典型生活与写作的关系

日常生活即平时的生活，每天都大同小异，大部分的时间都是在“重复昨天的故事”，个体对日常生活不会有太多的注意，情感上也不会起太大的波澜。比如，对于“学校—路上—家里”这一较为固定的生活模式，学生已是熟视无睹。

典型生活是相对于日常生活而言的，是个体难得一遇的特殊生活事件，这些事件会让个体兴奋、惊奇、记忆深刻。比如，竞赛、看电影、参观、旅游等就可以算是典型生活。

综观那些优秀作文就不难发现，学生写入作文的材料都属于典型生活的材料，加上许多教师在指导作文时的强调，学生几乎形成了非典型生活不能入作文的心理。学生写作文时的心理指向是寻找典型的生活，这并没有什么不对，只是作文经常要写，而典型生活却不可能经常遇到，经常遇到也就不是典型生活了。这样一来，学生的作文素材就会日渐枯竭，写作文便会成为学生难以完成的课业负担，成为教师教学时感到吃力的一项任务。怎么办呢？许多教师的策略便是创设情境，尽力让学生“过上”各种典型生活。这固然是一个很好的办法，但无法真正解决问题，因为典型生活具有典型性、特殊性、不常有性，所谓“物以稀为贵”。若在整个小学阶段一直采用这样的教学策略，对学生作文能力的发展是不利的。因此，我们有必要明确典型生活与典型材料的关系。

典型生活必然是作文的典型材料，它可以直接成为作文的素材，不需要写作主体有太多的提炼与改造，只需直接记录就是很好的作文。但典型材料未必都得从典型生活中来，日常生活里也蕴藏着许多典型的材料，这就需要写作者有一双善于发现的慧眼，既依赖于写作者平时的阅读、思考，也依赖于教师平时教学中的点拨。教师的习作指导既要为学生创造条件，让学生积累写作素材，又要跳出典型生活的小圈子，引导学生从日常生活中发现作文素材，变“照实写”为“创造写”，这样学生才能受用无穷。

“照实写”是指记录并如实反映生活原味，少有写作主体的主观性内容。学生初学作文最常用的写作手法就是“照实写”，这一方法适用于典型生活的表达。

“创造写”是以生活为原型，作者对生活有了主观的认识，能够围绕自己的认识与独特情感去选择生活原型，在描述中有选择、有跳跃、有轻重、有主观意识，形成来自生活而又高于生活的表达。

营造典型生活情境让学生“照实写”是基础，这有助于培养学生记录、描写的能力；引导学生从日常生活中发现作文素材，并“创造写”是目的，也是学生学习写作的意义。因此，教师怎样引导学生从日常生活中掘取素材就成为教学的重要内容了。

二、在生活中培养学生发现的眼光

典型生活能成为作文的素材是因为它的趣味、意义、情感与思想观点都已直接显现在活动之中，记录下来就很有意思。而日常生活并不是每时每刻都包含了趣味、意义、情思，它们散见于生活之中，而且很多时候是隐藏的，所以需要写作主体有发现的眼光。那么，怎样使学生有发现的眼光呢？

1. 情绪捕捉

小学生很容易受外界刺激的影响，而且他们的每种情绪都来得快且持续的时间短。学生时常有内在的体验，但却常因没有反复体验而在不经意间忽略了这些体验。教师要引导学生主动去回味自己这种情绪的产生与变化的过程，回味的过程就可能成为写作构思的过程。如学生吃饭时有时特别开心，有时却如同受罪一样，当这种情绪产生时，教师可以让学生好好地体验一下，多问几个为什么，这样他们的写作思路可能就形成了，这种习以为常的生活就成了很典型的作文素材了。

2. **细节联想**

日常生活总体上是大同小异的，但从局部看，却是有变化的，有些细节就可能很特殊、很典型。但这么少的内容怎么成为作文素材呢？这就需要借助联想，通过联想把这些细节与那些曾经有体会的典型生活联系起来，使之成为很好的习作材料。于是在写作中就出现许多细节的连缀或是细节与典型生活的联结，也就形成了“创造写”。

3. **片段再现**

学生缺少发现的眼光还与学生的知识、阅历少有关，因此，学生在习作时需要教师的点拨与引导，而片段再现就是一种很好的方法。片段再现就是截取生活片段并让其在课堂上重现，虽然片段来自日常生活，学生早已司空见惯，但在课堂这样的特殊场合再现时，却能使学生发现新奇的东西，激起学生的表达欲望。例如，“问路”是我们生活中常常会遇到的情况，如果教师让学生结合自己的生活经历思考和想象，在课堂上表演问路的过程，那学生就会在不同表演中大受启发，写作也就不成问题了。

4. **采用陌生效应**

采用陌生效应就是利用生活中学生常常遇到却很少引起他们注意的事、物、人，经过稍微改装，引起学生的注意，让学生感到熟悉的事、物、人中竟然还有这样陌生的一面，从而引发学生对熟视无睹的事、物、人进行回忆，产生新的认识、感受，进而将其写入作文。比如，每个学生都有过父母为自己夹菜的经历，这件事学生很熟悉，也是一件小事，引发不了学生的注意。但如果教师布置学生回家吃饭时主动给父母夹菜，此时学生会面对父母惊奇的表情和惊讶的疑问，对于学生来说，熟悉的内容在此刻就会引发很多陌生的感受，这会让他们思考，给他们极大的启迪，作文也会在这样的思考中应运而生。

第二节 复杂化与简约化

作文是追求简约的，原本复杂的内容经过写作者的概括而变得思路清晰、本质特征简单明了，让人一看就懂。当然，这里所谓的“复杂化与简约化”不是指作文内容的复杂化与简约化，而是指作文表达上的复杂化与简约化。

在教学实践中，有教师提出这样的观点：对于不会写作文的学生，要求他们写长文；对于会写作文的学生，则要求他们表达得尽量简洁。这个观点我很赞同。有时写作文要把简单的事情或问题写复杂，有时则要把复杂的事情或问题写简单。在我的作文教学实践中，我称之为复杂表达与简约表达。

复杂表达是思维绕几个圈来表达。“绕几个圈”不是把无关紧要的内容或不相关的内容写进来，即平时所说的“凑字数”，而是不直接描述某事的发展过程，先把这事发生的背景或具体的环境描写出来，起一个烘托作用，同时把自己的所见、所想、所感都结合着写，使简单的内容变得丰富起来，这样就可以把原本几句话能说完的事写成一篇作文。要注意的是，这样说不是啰嗦，而是让事情更加明了、完整，让文章内容更加饱满、丰富。有些学生只会直接叙述，他们写作时总是直白地表达事件的过程。对于这样的学生，教师就应尽量避免其用开门见山法，或直奔中心法，而应该指导他们使用描写法，即对事件的过程不要只写事件发展的单线式过程，而要用多线式如情感线、事件线、思想认识线相结合的表达法，这样写作的内容就变得丰富了。例如，让学生写“过中秋节”的文章，不善表达的学生常常是写和谁在哪里过节，怎么过，把过程记述下来就算表达完了，作文写得很简单。对于这样的学生，教师要引导他们对过节的气氛进行较细致的描述，然后再写自己过节前的准备，插入时间、环境的衬托，在叙事过程中写自己的心思，写人物的语言、举止、表情，将事与情融合在一起，如有联想、想象也可以融入其中，这样就是复杂表达。采用复杂式表达训练一些学生，能使他们思维的发散性得到训练，同时，因为要写的内容多，需要运用大量的词句，这样不用多久学生的作文就会有较大的长进，这对他们以后训练快速构思作文是很有帮助的。

简约表达就是把复杂的东西，去其皮毛，取其精髓，抓住重要的内容来写。这要求写作者有一定的概括能力和分析能力，能够在事件中捕捉准确的信息，进行选择，并且及时概括，从而使一件烦琐的事情，在自己的笔下变得清晰明了又不失深刻。对于作文已写得较好的学生，教师就要这样要求，充分训练学生的分析、领悟、归纳能力。像鲁迅先生的《立论》一文就采用了复杂内容简单化表达的方式，一个小故事既揭示了社会形态，以及人与人之间的虚伪与真实的辩证关系，同时又讲出了“立论”的内涵。

在教学中，简约表达应成为学生写作训练的目的，而复杂表达仅仅是一个过程，是从“不会表达”走向“会表达”的中介，是手段。简约化表达是一种写作本领，一种智力技能，是人分析、概括的思维能力的体现。因此，当学生能把事情写得详细而具体的时候，就要鼓励他们在简约表达上下功夫，写出文章的精、气、神。

第三节　伪圣化与伪智化

我一直以为到21世纪的今天，学生的作文已从伪圣化转向了伪智化，毕竟伪圣是我们那个时代的产物，只在我们那辈人的身上打下了烙印。

一天，与同事聊天，谈及作文教学，竟谈到了现在作文教学中的伪圣之怪状。某地作文竞赛，要求以《狐狸与乌鸦》中狡猾的狐狸骗走乌鸦口里叼着的一块肉的故事为材料，发挥想象写一篇作文，结果一个学生以联系“台湾问题”的议论而夺得桂冠。同事说这是指导教师在考试前孜孜以求的，教师千嘱咐、万交代要把二者联系起来才算好作文。实践证明，果真是“好作文”，获得了一等奖。这一听让我大吃一惊，感到自己脱离教学一线太久，想当然地认为口号式作文不复存在，没想到今天学生作文的伪圣程度与我们那时相比是有过之而无不及。

这不仅让我感到悲哀，更让我感到悲观，如此教出的下一代会有何出息？现在教学战线上的主力军正是我们这一代人，而我们这代人抹不去时代的印记，又把它传授给下一代，这样的代代相传实在太可怕了。我对同事感慨地说："时代把我们引向'伪圣作文'的套路，而现在我们这代教师，却是自个儿主动地逼下一代写'伪圣作文'，特别是评卷教师，还热衷于意识形态，热衷于喊口号，这是对后代的一种道德责任吗？"听着我的感慨，同事大为不屑，认为这种现象司空见惯。我原先看到许多专家、学者在呼吁"作文要写出孩子们的真实情感，不应为喊高调的口号、为立意的高远而逼学生写'八股文'"，本以为这些呼吁实属多余，都什么年代了，还有必要呼吁这个吗？没想到在现在的小学，还有不少教师让学生写"伪圣作文"。孩子小小的年纪，学写作文都可以视为涂鸦，一些教师却要让这样的涂鸦背负民族责任、具有社会的教化作用，真难让人接受。一件生活小事，一篇小孩子的童话、寓言，都要上纲上线，小事情中蕴含大见识，喊上几句口号才算是有价值的习作，而孩子真正想谈点小事、小见识，说点心里话，教师还要对此一一交代："这样写是不行的，一定要加上……"这算什么教师，又算什么教育啊？我想凡是出这种题、说这种文章为好文章的教师、领导都要摸摸自己的心，问一问自己是在教育还是在反教育。

另外，现在的人"望子成龙""望女成凤"，教师也希望自己的才能通过学生得到展示、得到认可，由此导致伪智化现象出现，即把成人成熟的思考，成人的感悟、睿智，强塞给孩子，让小小年纪的学生就聪明如老子、孔子，说出与其年龄不相称的哲理。伪智化实际上同伪圣化一样虚假有害。从培养孩子的自信心上来说，偶尔为之的伪智化，似乎可以让人接受。比如，为提升某个学生的写作兴趣，教师把学生的作文改得面目全非，然后推荐发表于某刊物，让这个学生看到自己作品发表后而产生成就感，进而对写作产生兴趣。这位教师的做法从出发点上看是不错的，但是从教育教学上看，这依然是不可取的。对学生的鼓励可以有多种方法，不一定非要帮他们发表文章。教师的赞赏、在班上朗读或张贴学生的作文等都能提高学生对写作的兴趣与信心。要是教师或学生真的很想发表文章，那也应当指导学生自己修改，而不能由教师代劳。

无论是伪圣化还是伪智化，它们的产生都是有其土壤、阳光、雨露的，我们没有能力彻底改变。但是，所有有思想的教师，都应当在自己力所能及的范围内，多给学生一些帮助。我们没有能力革除它，但我们也不能为名利而培植它。

第四节　游戏作文与作文游戏

一、游戏作文与作文游戏的联系与区别

在许多教师看来，游戏作文与作文游戏是一回事，二者仅仅是在表达上有一个顺序的变化。尽管确实可以这么理解，不过，我还是很愿意把二者分开，为作文教学之树增一枝丫。

游戏作文是把游戏当作文，就是游戏活动之后再写作文，让学生玩得有味，写得开心，写作的内容就是游戏的过程，游戏中融情、趣、智、识等为一体，为学生的写作提供双重转化的一切因素。

作文游戏是把作文当游戏，就是把写作文当游戏来玩。写作文本来是一项艰苦的脑力劳动，但是为避免过于艰难，可以把作文的严肃性削弱，把作文过程用游戏形式来表达，从而缓解大脑的疲劳。

二者的相同之处在于，它们都是教师指导学生写作的形式，过程都是学生喜爱的，学生作文的难度都有所降低。

二者的区别也十分明显。游戏作文是把游戏的活动内容与过程作为写作的内容，参与游戏活动是快乐的，而写作依然辛苦。对于一些语文基本功较弱的学生来说，游戏中尽管玩得开心，但写作依然让人畏惧。作文游戏则是把作文的过程当作游戏来完成，作文本身就是游戏，写作的内容不是游戏的内容，而游戏的内容和过程却是写作。语文功底较弱的学生在活动前对此是有趋避冲突的，既喜欢又害怕。

二、几种不同层次的游戏作文

游戏作文的过程，一般是先玩游戏再写作文，它的基本程序大多为“出示游戏规则—游戏活动—说游戏内容与感受—交流怎么写作文—写作过程—朗读作文—师生一齐修改”。游戏作文的过程大体如此，不过游戏形式却是多种多样的，这里谈谈几种不同层次的游戏作文。

1. 生活再现游戏

生活再现游戏即学生在作文课上玩的游戏是从学生平时玩的游戏中直接移植的，写作的内容就是游戏的过程，一般照实写就可以。如木头人、击鼓传花、跳绳等游戏学生已十分熟悉，百玩不厌，但是它们很难在学生的笔下出现，因为太熟悉，学生对它们不敏感。把这种游戏搬到课堂上，让学生一起再玩，创设一种特殊的氛围，学生可能会有新的感受而能下笔。这种游戏作文要求不高，学生对游戏规则已了如指掌，很容易进入角色，写起作文来也容易。

2. 智力游戏

这种游戏作文既追求智力结果，又要记录游戏过程。如猜谜、成语接龙、道听途说、对对联等游戏。游戏活动有一定的挑战性，动脑过程会让学生有很大的收获，也能让学生有较多的感悟。作文的内容可以是记录游戏全程，也可以是对智力题目的重点描述与剖析，描写有详有略。

3. 探究游戏

在这种游戏作文形式中，游戏的过程是对未知的探究或是对设想的验证，作文的内容可以是对过程的记述，也可以是对探究的设想与对操作结果的认识等，如探究“开水养金鱼”“莫比乌斯圈”“烧不破的纸”等。这一游戏作文形式适合有一定知识基础的学生。

4. 试探性游戏

试探性游戏即通过游戏来观察学生的各种行为、智力水平和人际关系处理能力，是一种能让人顿悟的认知游戏。如在公开课上，让学生向专家或听课教师讨教，试探学生的胆量；让学生不用手穿衣，试探学生是否有合作的意识；等等。其习作内容不一定就是游戏内容，可推广联想实际生

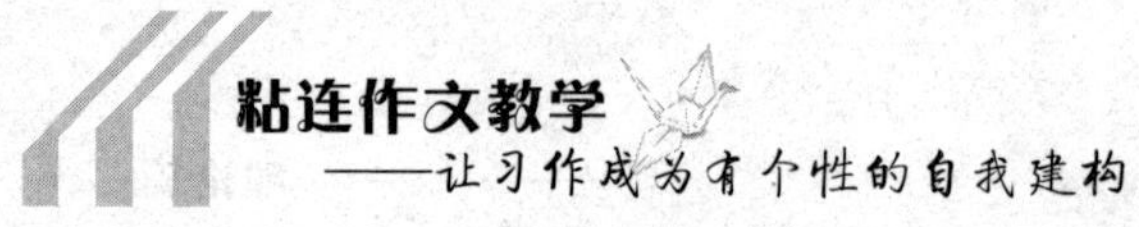

活。这一游戏作文形式适合高年级的学生采用。

游戏作文的好处是，客观现实、心理感受、语言文字都在玩的过程中同时产生，构成一个整体，能把学生的兴趣、情感转化成强烈的表达欲。由于游戏活动是大家亲眼所见的，有一个真实性的前提，这能为学生描写的正确性、真实性打下基础，也对培养学生的表达能力有着很大的帮助。

三、作文游戏概述

作文游戏是把游戏与作文融为一体，写作的过程就是游戏的过程，写作结束，游戏也结束。不过作文游戏还有一个“弦外之音”，就是作文结束后，还可以作文，即向游戏作文转化。它的一般程序是“谈活动规则—开展作文游戏活动—师生评判作文—谈感受与收获—总结或再次作文”。作文游戏的形式也非常多，但很难分出层次。如要求学生围绕一个主题接力写作文，每人写一段，后者的思路要与前者的思路衔接，构成一篇合作性文章，然后由一人朗读，大家谈感受并赏析。对此，学生会很感兴趣，同时也有怎样写才不会脱离整体思路的压力，特别是对于平日里写作能力较弱的学生来说，更是如此。

另外，还可以让学生进行作文对话，也就是让学生自己扮演两个或多个角色，在一起谈论作文，可以是平时写作的感受对话，可以是对作文的看法和认识的对话，还可以想象成与教师、父母、学长或陌生人对话，只要是大家一起聊作文就符合要求。所有的对话内容都由学生自己想，可以是一个人写，也可以是一个小组讨论写。学生对此也是十分感兴趣的。

作文游戏的好处是，游戏过程在很多时候都是大家一起经历的，在共同思考的过程中，表达的结果能给学生很大的刺激。因为在同一游戏过程中，学生能感受到同伴对同一主题的不同思路，能在写作的当下或者写作的现场就产生对比感悟，同学的奇特思路会给他们带来更多的思考，进而激发起许多令他们自己也震惊的思维结果。这便是写作过程中的生成，是学生思维的提升，这不仅对培养学生的发散性思维有很大的帮助，同时也能培养学生的合作精神。

第四章　作文教学中的几大困惑分析

第一节　课型模式的困惑分析

许多教师总想找到一种一劳永逸的作文课堂教学模式，所以常常会问什么样的作文课是最好的。其实，单独看一节作文课，课型没有好不好之分。因为对于学生来说，每一节课都是一种经历，都是以后习作的素材，因此，作文课型应当是“百花齐放”的，让学生用心体悟每一种类型的课，构成其生活的“一角”，今后回顾时，或感动或反省或依恋或品出新味，对学生来说都是一种收获。

不知什么原因，也不知道什么时候，有些教师对某些习作指导课发出了质疑。如作文指导课上，教师对写作方法指导得十分细致，指导学生怎样开头，怎么过渡，怎么结尾等；或是教师读范文，让学生模仿着写。对这样的课，许多教师认为太过死板，束缚了学生，这样教学对学生写作是十分有害的，简直就是扼杀学生的创造力。但如果教学中只是分析一下作文题，给学生的写作指出一个方向，就不再有更多的指导，一些教师又认为如果这样教学要教师干什么。要是游戏作文，活动时间稍长一点，又忌讳游戏时间太长，只玩而不教学，认为放开后收不回来，作文课不像作文课。听起来确实让人感到这些课毛病不少，真该引起教师的注意。其实，这是割裂课堂教学的看法，把一节课单一地列出来看待，缺少整体的辨别眼光。

作文课的类型同学生的作文一样，应当是丰富多彩的，无论什么课型，只要它针对学生当下的特点和当时的需要，就没有什么可忌讳的。比如，学生写作底子太薄，自己独立完成作文有很大的困难，就连记录活动过程都有一定的困难，那么就可以让他们仿写，或是教师手把手地教他们怎么定题，怎么选材，怎么开头、结尾。作文教学，尤其是小学生的习作指导，要注重的是过程，而不是某一篇具体的作品。从整个过程看，作文课上教学一些怎样开头、结尾的写作知识或是让学生模仿一些文章来写，可能有些机械化，但在作文起步阶段，有的学生就需要这种方法引导，这样反而能引起他们的写作兴趣，增强他们的写作信心。当学生对写作有了兴趣，作文水平有了提高，能自己分析、选取生活素材时，他们原来掌握的怎么开头、过渡、结尾等写作知识就有可能转化为能力，被他们恰当地用于具体的作文之中，昨天仿照的句子，可能今天因为有了感悟而突然变得鲜活起来。因此，从长远看，从整个小学阶段看，各种作文课型都是可以存在的，都是可以为学生打下习作的基础的。教师最要忌讳的是认为某种课型好，一用就是几年。某种课型即使再好，用多了也不利于学生的发展。如游戏教学，从作文入门就开始运用，一直到毕业都是在写游戏，虽然游戏的内容变了，作文课堂也一直能吸引学生，但是一直都这么教和这么写，学生可能就会觉得只有这种活动才典型和有意义，才可以写，其他的内容都不新鲜、不典型，学生对日常生活的感受就会钝化，联想生活的思维就会变得迟钝。因此，作文课还是需要多样化的。

我曾不屑于那种经过精心准备，花费大量人力、物力而设计的情境作文课（为上一节课，要五六个教师准备一个月之久），认为这是脱离日常生活的教学，是教师为学生能写作文而设计的作文生活，是一种本末倒置的教学，这会让学生认为只有这种特殊的生活写起来才有意思，从而造成学生作文素材的人为枯竭化。但后来我仔细一想，这种为作文而生活的课型，不妨也可以试一试，只要不一以贯之，又何尝不可呢？不是也有作家为了作品而去体验某种生活吗？虽然这两者之间有所差异，但相似点还是有的。再说那种典型的生活，对学生来说，也是一种宝贵的经历，情动过、心动过、思也动过的活动，对写作而言又有什么坏处呢？

因此，作文教学不应有太多的顾忌，教师大可放胆去做，依据学生的当下需求，创造各种各样的教学指导课，给学生留下难忘的记忆。

第二节 “我手写我心”的实践困惑分析

一位教师受电视节目启发，给学生出了一个作文题——《假如我当家》。学生基本上是写自己怎么样把家持好，让父母赞扬，让长辈安逸舒心，只有一个学生写“我要让父母像仆人一样，听我使唤，小心翼翼地侍候我”。教师一看吓了一跳，怎么会有这样的孩子？教师觉得这个学生的作文立意有误，责令他重写，学生不愿意，教师就只好坐在他身边一边做他的思想工作，一边说作文要怎么写才行，还帮助他修改。后来，学生把作文主题改为“父母工作非常辛苦，持家不易，我主动分担家务，当了一天的小主人，得到父母的夸奖”。

这事被另外一位教师知道了，他感到非常纳闷，觉得这是当前学生作文中存在的一大问题，这种作文立意不高甚至有误的现象在自己的班上也常有。作文是写学生自己想写的还是写教师想要的？这位教师认为，刚开始，教师出题让学生自由写，学生表达的是自己的真情实感，是学生自己想写的，而后来修改的作文，则是教师要学生写的，写出的是教师的情感与认识，而不是学生的真情实感，所以“我手写我心”在现实教育中是有条件的，稍有不慎就可能行之有误。于是，他对“我手写我心”产生了困惑。

其实，仔细想想并非如此。首先，这一作文题是一个假设性题目，贴近学生生活，学生每天都能看到父母是怎么当家的，但是不贴近学生的心理与情感，学生未必能真正体会到父母持家的不易与艰辛，加上题目有想象性，这就使作文要求与学生真实的心理有一定的距离。当然，并不是所有的学生都有这样的距离感，这跟学生的家庭教育与生活环境息息相关。所以这个学生在文中流露出的情感未必就是他真正的感情，这里面有一个当下的心态因素，它与长期逐步形成的相对稳定的情感是有差异的。学生可能早上或昨天在家里正好受到父母的惩罚，或这个家庭可能不太和睦，导致学生产生一种暂时性的不满情绪，并把这种情绪宣泄出来，可教师误认为那是一种相对稳定的情感，是“我手写我心”的真情流露。另外，题目中的“假如”二字，会让学生立刻想到这是想象性的作文，可以是不真实的，学生为了别具一格，反其道而行之，于是写出了这样的作文。

退一步说，这个学生写出的作文流露的是他的真情实感，是“我手写我心”，这种情感是有问题的，这时更需要教师帮助和引导。不能认为“真”就是好，这是作文价值和作文教学价值的导向问题。但是引导的方式绝不应像那位教师一样，帮助学生修改，把自己的观点强加给学生，而是要了解这个学生为什么会有这样的想法，是什么原因造成他与父母之间的关系如此不和谐，在了解真实原因的基础上，再引导他在家里观察与体验父母的生活，切切实实地“当几回家”，真正地体验父母当家之不易。这是一个过程，是生活的延续、叠加，而不是纸上的那个结论。

第三节　作文指导开端的困惑分析

关于作文教学应从内容入手还是从形式入手，不少学者都曾经热烈讨论过。从讨论的结果来看，从内容入手占上风。其实，这个结果并不能让所有人信服。从粘连教学的理念思考，需要借用德育原理中的一个概念——多端性。我认为，指导学生习作的入口可以是多端的，也就是说，指导学生习作可以有多种开端。文章是由内容和形式构成的，内容包括文章的思想、感情、具体的材料，形式包括文章的体裁、结构、语言等。习作指导可以有多种开端，也就是说指导学生习作既可以从内容入手，即从思想、感情、具体的材料入手；也可以从形式入手，即从语言、结构、文章写作技法入手；甚至还可以从内容与形式同时入手。

一、从内容入手的正确性与局限性

从作品的构成看，任何一部作品都是由内容和形式构成的。辩证唯物主义认为，在内容与形式中，内容是矛盾的主要方面，内容决定形式。从习作主体运思的心理流程看，任何一篇作品的形成，都必然经历这样的过程：习作主体先有某种观点或感情需要表达，然后去寻找一定的形式，通过语言负载而形成作品；或者是习作主体在生活实践中发现了一些事物、现象，想要把它们记载下来（即先有材料，产生感情，再想表达），然后去寻找相应的形式，有取舍地表达出来，从而构成作品。由此可见，习作主体的习作过程必须是先有内容而后有形式，内容决定形式。从这两个角度来看，习作指导必然要先解决写什么的问题，再解决怎么写的问题，即从内容入手。然而，习作过程并不完全等同于习作指导过程，习作指导重在“指导”上，有其灵活性。一般而言，习作指导以唤起习作主体的经验为开端，而唤起经验，可以是唤起习作主体的思想经验、情感经验，也可以是唤起习作主体的写作技法经验、语言使用经验等。当教师唤起的是学生的思想、情感经验时，就是以内容为开端；若某种生活现象正展现于眼前或学生的某种情感正处于兴奋状态，而亟需指导者给予怎么表达的指导，那么教师就应从唤起某种技法或语言使用经验入手，这就是以形式为开端。从习作指导的任务看，指导是习作运思流程的全程性指导，在学生习作的全程中，各个环节都有可能存在问题，当选材不成问题而症结在表达上时，指导就应当从表达这一环节开始，也就是从形式入手。因此，指导习作是具有多种开端的。这也是粘连教学“依学出教”思想的体现。

二、从读写结合看作文指导的多端性

读与写的密切关系，使得读写结合成为习作者写好作文的必经之路，也成为习作指导的主要方法，甚至可称之为习作教学的指导思想。从读中学写的内容有很多，有作者的语言，有字、词、句、段、篇的构成规律，有作者的思想感情，特别是作者对生活的认识、感受等，这些都可以成为指导学生习作的内容。比如，学习了一篇文章，教师引导学生概括文章的中心，领会作者的感情，了解中心是怎样提炼出来的，这种情感是怎样萌发的。为了让学生习后有感，读中学写，教师可以列举相似的生活现象，也可以让学生分析文章，从中提炼出某种观点，萌生某种感情，而后表达出来，这就是以内容为开端的习作指导。另外，由于语文阅读教学通常是从形式到内容再到形式的，是一种重形式的教学，所以指导写作时，特别是从读学写，也应注重形式，因为从读学写往往要用“仿”的方法，是一个“仿”的过程。“仿”的时候，一般是仿形式，而极少仿内容，因为个人的感悟、感受具有个性化特点，是难以模仿的，而且也没有模仿的意义和必要。模仿别人的内容就等于抄袭，或说是“为文而造情”了。因此，从读学写，更多的是仿形式，即借助别人的表达方式、途径来抒发自己的感情，表达自己的思想，这符合认识、写作的规律。在读写结合的过程中，学习作者所用的因果句式、总分结构、直抒胸臆的表达法等各种写作方法来表达自己的思想感情，这是以形式为开端。还有些教学内容比较难，如抓住事物的主要特征来写，教师指导习作时，一般要采用提供材料与讲解技法相结合的方式进行，这就是以内容与形式并行的方式为开端。因此，从读写结合上看，指导学生作文的方式是多样化的。

三、从写作心理态势的破立看作文指导的多端性

任何写作主体有了一定的写作经验后，写作前都会产生一定的写作意识，即以某种定式、模式去认识与表达，这被称为写作的心理态势。有了这一心理，只要相似的生活现象一出现，必然纳入个体已有的认识中，形成相似的材料和观点，并用同一表达方式抒发出来。如学生学习了记叙文四要素后，在相当长的时间里，写记事文章时，开头必是交代事情发生的时间、地点、人物和事件。这种写作心理态势的产生，有利的一面在于能使写作主体在运思流程上畅通，不利的一面就是难以达到更高水平。这种心理态势的破立需要教师加以指导，如果教师以创境提供素材为开端，引导学生分析材料，从中提炼出比原来更深刻、更新的思想，就是从内容入手的指导；如果教师以单项的写作技法训练去破原来的作品构成模式，如用开门见山法、直奔中心法去破四要素开头法，则是从形式入手的习作指导；如果学完课文，教师发现文章结构有篇末点题的特点，并从这里入手，提供素材，训练学生，则是从形式与内容的结合入手。因此，从学生写作心理态势的破立进程看，指导学生写作也是有多种开端的。

四、从实践经验看作文指导的多端性

指导学生写作有多种开端，在教学实践中，已经有了许多成功的经验。著名特级教师贾志敏老师就曾谈到过生活作文与训练作文的不同，他认为生活作文是一种从内容入手的作文，而训练作文则不必非要从内容入手，它也可以从形式入手。在他成功的作文教学中，如以某个词为中心词，扩展为一个句子，再以这一句为中心句，扩展为一段话，然后以这一段为中心段，扩展为一篇作文的习作指导，就是从语言和篇章结构入手的习作指导；而他创设“扶老人过马路”的情境，让学生在情境中表达的习作指导，就是从内容入手的习作指导。著名特级教师丁有宽老师用“读写结合50法”训练学生，其中的每一种方法都是从技法入手的，如“以点带面”“主从结构”的段法，“开门见山”“提出问题”的开头法，“篇末点题”“展示未来”的结尾法等，这些都是从形式入手的。从学生的实际看，学习写作主要难在三个方面：一是对生活无感，没有可写的材料、思想和感情；二是无法表达动情的生活事例，没有能使自己满意的运思方法；三是有动情、有感想，也有思路，但苦于语言贫乏，语言表达能力差，导致无从落笔。针对学生的习作之难，指导习作自然需要多种开端。

综上所述，指导学生习作不能只限于从内容入手，教师的任务不是自己写作而是指导学生写作，指导应根据学生的具体情况而定，是具有多端性的。如果一味地从内容入手进行作文教学，不仅会限制教师的教学思路，而且会阻碍学生对生活材料的选择能力的发展和认识生活的能力的提高。

第四节　可教与不可教的困惑分析

作文是心智的产物，它不是像照片那样如实而刻板地反映生活，而是外界生活与个体内心体验的混合物。外界事物丰富多彩，在纷繁复杂的事物中，在同时同境中，为什么只有某些事物被写作者关注，而另外一些事物却被忽视了，这就是写作主体心智的差异导致的。作文因外而内（由外

界刺激而引发个体内心的表达欲）或由内而外（因为个体不断地思考，在调节重组内部知识结构的过程中，有了新的发现、创造而引发表达欲）的形成过程中有哪些是可以教的，而哪些是不可教的呢？关于作文的环节与要素，存在着可教和不可教的区别。一般认为，知识、技能、方法都是可教的，而智慧、情感、欲望却是不可教的。在学生学写作文的这段时间里，教师的指导是相当重要的。

正如苏格拉底的“产婆术”所描述的，学生原有的天分有时是需要一个“产婆”来帮助催生的，教师的教除了传授知识技能外，还有一个重要的任务，那就是挖掘、唤醒学生的原始天分。其实，“教育”一词早就告诉我们，教师的努力有“教”和“育”两种功能，凡能教的则教，凡不可教的则用“育”——培育、启发、唤醒、激发，这是教师的责任之一。

在作文指导中，可教的是各种写作的知识，如关于语言积累、写作思路、文章章法等知识。知识反复应用于实践就可能形成技能。不可教的是学生先天的语感、对生活的感悟、内心的情感与表达的欲望等。

可教的知识总是有方法可循的，它可以进行分门别类、条分缕析，如审题、选材、立意、布局、选词造句等，也可以按技能方法进行教学，如拨云见日法、脱胎换骨法等，教师可以通过讲解、分析、试用、体会等方式使学生掌握。

不可教的深层性内容，则无法通过讲解、分析、试用等方法来教，而要靠启迪、诱发、唤醒来使学生有所体会，教学中只能通过综合性的方式缓慢地进行，如运用范例性教学、情境性启迪、激荡式诱发、延时性反刍等方式。

范例性教学。瓦·根舍因在其“范例性教学法”中提出了范例性的教学阶段。在实践中我体会到，他提出的范例性“个”的阶段与范例性“类”的阶段，对启迪学生的智慧很有帮助。在教学中，我们展示的作品本身有时对学生的启发不大，但倘若把作者创作作品的过程也展现给学生，学生就可能会被创作的故事吸引，对作者获得灵感的过程有所感悟。在“个”的基础上，教师寻找归纳出“一类”的相似作者创作作品的故事，则在这个“类”的熏陶中，学生就可能获得认识生活、感悟生活的启迪，智慧之门就可能被撞击开。

情境性启迪是使学生身心沉浸于情境中，有所识、有所感，只是这种认识与感悟较为浅显，但辅之以教师的体验与生成性的讲解与对话，则学生就可能有幡然醒悟的智慧觉醒或是豁然开朗的情感唤醒。

激荡式诱发。由于个人的生活经历不同，对同样的事会有不同的理解、体验。大家同时叙述表达，相互激发，就可能会产生一些新的思维火花，曾经一直沉睡着的某种情感或某种潜能可能会被唤醒，从而产生认识上的飞跃。

延时性反刍。各种信息的撞击有时撞不开学生的思维之门，但是这些信息却被贮存于脑海中，在其他情境中可能由于某种诱因而突然被唤醒，也可能在放松的时候，回味、咀嚼着这些有趣的内容，在某一瞬间这些内容与其他内容猛然碰撞而生成新的感悟，即灵光闪现，从而使自己的习作水平跃上一个新台阶。

第五节　有意思与有意义的困惑分析

有人说，教作文首先要教做人。也有人说，教作文更要教做人。这话有一定的道理，但这其中还是有许多微妙的关系要认真区分，否则会影响教师对作文的教学。在小学作文教学中，这种教作文与教做人一致的观点被广泛认同，但许多教师的理解却是把做人与思想、与作文内容的意义相联系，认为思想意义、社会意义是作文要求的核心，所以教学时也就特别强调立意，有意义成为作文的首要因素。

教作文与教做人的关系应当从文风上来理解，而不能从作文的立意、社会的作用上要求。在20世纪七八十年代，总是要求写有意义的事、高尚的人，到90年代，写新风尚的作文要求仍然不少，在教师是非有意义的事例不举例，在学生是非有意义的事例不入作文，因而学生作文的开头、结尾都比较高调，似乎不补上那么一两句口号，文章就少了灵魂。到了21世纪，作文已不再有这样的要求，翻开新课标，便会看到所有的作文要求都是从写作者出发的，充分关注写作主体的年龄特征、心理特点，重视写作主体的心理感受。然而，在实际的教学中，不少教师依然把“有意义”作为作文教学的最主要要求，给学生的写作制造了人为的障碍。“有意义”扼住了学生写作的热情，把学生推向惧怕与厌烦写作文的处境。其实，在作文教学中应当淡化“有意义”，强化作文的“有意思”才是。对于小学生而言，他们的习作完全是一种练笔，是一种培养兴趣的活动，没有必要要求他们用作文去赞颂社会或鞭挞社会，或用作文去教化他人，学生没有这样的能力，也没有这样的义务。作文教学更多的是要引导学生去表达自己的喜乐哀愁，表达他们认为有意思的内容。

作家曹文轩就曾专门谈到中学生作文既要写一些有意义的东西，也要写一些有意思的东西，他特别主张学生多写一些有意思的东西。这种观点是十分有道理的。有意思的内容，不仅贴近学生的生活，而且贴近学生的心灵。对于小学生来说，发现有意义的东西难，而发现有意思的东西则很容易。我们再从学生的主导活动上看，小学生的主导活动基本上是趣味型的活动，以各种各样的游戏为主。写有意思的内容是其生活的直接描绘，学生可以顺手拈来；写有意义的活动基本上需要教师组织，写作之前还需要教师提示。如学生大都爱玩扑克、各种各样的卡片游戏及电脑游戏，这种活动对学生来说没有多大的意义，但他们却觉得非常有意思；小学生都乐于折纸飞机并不断地往空中扔，这也没什么现实意义，但是他们就是投入，乐在其中；孩子们在大街上看到大人们吵架，既害怕又爱看，他们也会觉得很有意思，把它当作重大的新闻告诉同学。学生写这些文章有真情实感，他们不仅会写得很有意思，而且能写出其中的一些道理来。然而在教师看来，这其中有个价值的判断问题，他们会依据所谓的“健康”“积极性”标准而将这些有意思的、学生能写出真情实感的东西，都“扫出”作文的大门之外。

其实，学生写这些只是在表达自己曾经历过的生活而已。我们要鼓励学生真实而生动地表达生活，并写出内心的情感，写出活动有意思的方面，同时也要教育学生对有意思的活动要有选择性地玩，不可沉溺其中。这样不仅能使学生的写作表达能力得到训练，也有一定的教育效果。

许多教师抱怨学生的作文是拼凑的，是编出来的。为什么会这样呢？其中很大一部分原因就是教师要求写出有意义的内容，而学生确实想不出来，或是受教师作文评价标准的长期影响，学生为了顺应教师的要求而不得不假想出一个事例来，这样教作文反而与教做人背道而驰了。其实，关注作文的意义也束缚了教师的作文教学，让教师倍感作文指导之难。相反，指导学生写有意思的内容，是给教师解开不必要的束缚，教师在教学中举例时也可以信手拈来，因为教师生活中有意思的内容也是多于有意义的内容的，教师体会到了其中的“意思”，说起来就会有真情、有实感。人们在生活中几乎离不开笑，为什么笑，因为喜、乐，因为有意思。有意思的内容就在我们的生活中，每天都有的东西，写起来就容易多了。

第六节　乘兴游戏与败兴作文的困惑分析

我们在实践中经常发现这样的现象——乘兴游戏，败兴作文。一听要做游戏，学生都“一蹦三尺高”，一听要写作文，学生又一个个蔫了；在游戏过程中，学生兴奋至极、忘乎所以，提笔作文时却愁眉苦脸、情绪不佳。甚至有些学生在做游戏前会问是否要写作文，如果要写作宁可不玩游戏。为什么会出现“乘兴游戏，败兴作文”的情况呢？

游戏是玩的，作文是写的。玩是大家都喜欢的事，写则是辛苦累人的事，趋乐避苦是人的本能。再说，游戏里承载着多少故事，灌注了人们多少的情思？人对游戏的向往可谓是沉醉、痴迷。游戏是人精神活动的组成部分，它几乎与人类同时诞生。智者席勒说：“只有当人充分是人的时候，他才游戏；只有当人游戏的时候，他才完全是人。”可见，游戏不仅伴随着个人的成长，而且伴随着人类的成长，游戏在人类生活中起着举足轻重的作用。

众多教师都深谙游戏的重要性、特效性，常常用游戏来吸引学生的注意力，用游戏来激发学生学习的内动力。当前的习作教学公开课中，先营造游戏情境后写作文已成为一种普遍现象，所谓的“游戏作文”之名也应运而生。可是，由于缺少对游戏作文的深入分析，教学中常常出现“乘兴游戏，败兴作文”的局面。

造成“乘兴游戏，败兴习作”的原因可能是游戏内容的选择不当、游戏过程的失调，以及学生写作时的心态不佳引起的。我们的游戏作文指导如何避免这种情况呢?

一、选好游戏活动，掌控情绪的涨落度

“游戏疯狂，作文气亡”是游戏作文课堂中常见的问题，就是在习作教学公开课上，我们也会看到：学生游戏时是那样的生龙活虎，一个个情绪高涨、全情投入，让我们感受到儿童的可爱、灵动、稚气；可是到写作时，面貌却“焕然一新”，从学生的表情、状态上，我们就能一眼看穿那种无奈之情，那种无助似“气亡”之神，学生情绪瞬间的涨落度几乎会让为师者“气亡”。要改变这种情况，需要教师进行有效调控。

1. 慎重选配游戏的“时”与“空”

游戏作文的重点在作文上，游戏是为写作服务的。游戏的作用虽然多，如激发学生的写作动机，唤醒学生的写作情感，提供给学生观察的事件和写作的素材等，但它们的目的都在“写”上，游戏只是手段。因此，教师在选取游戏内容时要注意“时”与“空”的问题。这里的“时”，不是指时机，即什么时候该游戏，什么时候该写作文，而是指时长，即游戏过程的长短；“空”指空间，即游戏活动是在室内还是室外，是在讲台上还是在学生的座位上进行。一般来说，时间充裕的话可以在室外进行游戏，如果是半节课活动，半节课写作，那到室外就不合适了。时间不允许的情况下，应该尽量在室内游戏，游戏内容宜短而有亮点，让学生一眼就看出游戏活动的重要环节。另外，参与游戏的人数，是人人演，玩中求乐，还是找学生代表表演，观赏中求乐，这都要慎重考虑。“时”“空”控制得好，能较好地调节学生的游戏兴奋点，学生的情绪不至于涨落太大，就不会导致学生静不下来或是没有兴奋感就写作文。

2. 注意调节游戏中的情感兴奋度

游戏是令人快乐的，游戏能让学生精神振奋，但是如果教师调控不好，

学生就容易出现亢奋的情况。我们看到赛课游戏作文，课堂上学生因游戏竞争而鼓掌，为竞赛胜负而呐喊，为在游戏中获胜而全情投入，因注意力过于集中而忘记了要观察、要思考游戏中出现的现象，甚至忘记了过程，只专注于结果。等到写作文时，学生的情还在游戏中，思维总也收不回来，这样自然写不出好文章；或是好不容易调整过来，心中却只有结局没有过程，也下不了笔。这就是没有调节好游戏带出的情绪。一般而言，时间短、空间小（参加人数少）的游戏，不宜强调竞赛的胜负，甚至应该不玩竞赛游戏，应当玩些理性的、思考型的游戏，把学生的关注导向游戏的过程，导向默察静观，强调游戏的理趣；而对于那些时间长、空间广的游戏，教师则可以尽力煽情，让学生玩得尽兴。

二、提高写作过程的快乐指数

写作是一项艰苦的劳动，用学生的话说，写作要写很多字，所以很累、很烦，加上写不好会被教师批评、同学嘲笑，写作文怎么会有快乐可言呢？是啊，学生一旦陷入这种处境，也就难以有快乐可言了。因此，写作指导要把学生从这种境地解放出来，要理智地提高学生写作过程的快乐指数。那么，我们该怎么帮学生转变写作的心态呢？

1. 改革先玩后记录式写作

先做游戏而后记录是游戏作文的基本程序，没玩游戏就没有写作的素材，但先玩后记易让学生有“吃剩饭”的感觉。游戏之兴已经过去，再回味就未必有原先的那种感受了，加上一些学生的语文基础不是很好，这样学生写作就成问题了。改革写游戏的内容，不是指记录已玩过的活动，而是学生写作本身就是游戏，学生在写作过程中，自己先沉浸在游戏中，边写边笑，写的过程就是玩的过程。

改革写游戏的内容能使学生有创造性的成功感，能充分发挥学生的想象力，这些就能给学生带来很大的快乐。另外，写游戏作文，主要以游戏活动的过程为内容，以各种动作为辅助构成，每一个环节的内容都是一种刺激，这样不仅写出的内容有极大的吸引力，而且在写的过程中，学生还可以边写边做动作，感受游戏的乐趣。

2. **玩此写彼，增强新鲜感**

许多教师在指导学生写作时，都是玩什么游戏，就让学生记录什么游戏，作文成为游戏的产品，这样当然会影响学生的写作心态。因此，玩此写此，往往会导致学生“乘兴游戏，败兴作文”。如果教师采用另一种方式——玩此写彼，就能避免学生“吃剩饭”。玩眼下的游戏，写作时却不写刚玩过的游戏，而写由这个游戏引发的其他联想。这样的写作指导，不仅可以让学生对写作有新鲜感，而且可以使他们写出的内容更加丰富多彩。如表演哑剧《洗澡》，如果让学生记录同学表演哑剧的过程，那作文过程就如同嚼蜡。如果在写作中，教师引导学生由此及彼联想开去，写洗澡引出的笑话，童年时洗澡引发的故事，或是在剧场看到的艺术家表演的哑剧，那效果就大不相同了，学生的兴致会很高，写作的过程会充满快乐。学生是喜欢新鲜的，是需要有大量的新刺激的，不断地更新内容才能满足他们的好奇心。因此，教师的教学不可拘泥于形式，丰富多样的内容与形式才能满足学生的心理需求；满足好奇，追求新鲜刺激才能让学生感到写作的快乐。

3. **获取写作的外报偿**

写作过程带来的良好刺激固然好，但是，对于还需要教师和家长监督的学生而言，这样的刺激还是不够的，还需要有来自写作结果的刺激，即要提高学生的写作快乐指数，需要教师给学生带去一定量的额外报偿。在班级里朗读学生的作文，将学生的作文粘贴在墙上，帮助学生将作文发表在刊物上等都能激发学生的学习兴趣，至少，最起码要有口头表扬，这样的刺激能激起他们的写作欲望。一个教师要是能巧妙地利用各种途径对一个学生的写作进行充分的肯定，那么，这个学生必会在一定的时间内做出自我印象管理，向教师表扬的方向努力。这既是学生写作的动力，也是学生写作追求的目标。一个教师想要学生有可持续的写作热情，一定要不吝啬夸奖，要用各种不同的方式让学生体验到自己写作过程、写作结果的价值。

三、将游戏与作文整合为一体

游戏作文分步玩是最容易引发学生“乘兴游戏，败兴作文”的教学形式。学生在玩的时候是很难静心观察的，游戏过程中是没有多少学生会留心游戏之外的东西的，他们全身心沉浸在“玩”中，哪里会管场面如何、过程怎么衔接。到写作时，学生不是还在想游戏的刺激，就是已经忘记了过程的要点，提笔时当然就皱眉了。游戏和作文分开进行是很不科学的。习作指导最好要把游戏与习作杂糅在一起，玩中有写，写中有玩，这样玩即是写，写也是玩，效果就大不一样了。所以，提高学生作文的快乐指数可以采用游戏与习作杂糅一体、滚动式递进的方式，玩玩写写，步步提升，这样学生就不会玩时开心、写时伤心了。如在玩“品尝酸甜”的游戏时，教师可以在讲台上放三瓶不同口味的水，让几个学生上台品尝，其他学生则先观察，然后写作文。如果是分步玩，即先请三个学生品尝，要求他们品尝之后做出各种表情，然后要求其他同学观察他们的表情，最后全班写作文，这就没多大意思了，学生提笔时当然是很“败兴”的。如果杂糅着玩，即先猜测第一个同学会是什么表情，写出来，然后请第一个同学上台品尝，进行验证；请第二个同学上台品尝并做出表情，要求大家观察，看谁写得最好；将第一次猜测写与第二次观察写进行比较，看谁猜得对，接着进行第三次的猜测描写。这样训练，学生不但不会扫兴，而且玩得开心、写得舒心，写作能力也会在比较中得到提高。

第五章　粘连作文教学目的的理论思考

第一节　作文教学目标的转移与教学对象的失落

从教育角度审视教学，作文教学目标在一定程度上是与教育目标一致的，具体到每一堂课中，当然会有所变化，但培养人和将人放在第一位，这些教育根本是不容改变的。然而，实际教学中却发生了很大的偏差，更糟糕的是，对于这种情况，却没多少人反思、反省。

人就是这么奇怪，越是陌生的事物越想探索它，越是司空见惯的东西越无视它。我们天天写教案，最先写的就是教学目的、教学目标，却没有多少教师追问一下：我们作文教学的目的真是这样的吗？

我们通常制订的作文教学的目的有哪些？长期从事语文教学研究的学者崔峦从整体着眼，认为作文教学的目的是指导学生正确地运用祖国的语言文字，使学生具有初步的写作能力，同时学习做人，开发智力，培养良好的语言习惯。一般教师制订的课堂教学目标可能有这些：通过习作指导培养学生文从字顺地表达自己的思想感情；通过训练提高学生的写作能力，或者是让学生通过本单元的作文练习学会写作知识，掌握写作技能，培养认真修改的习惯；等等。下面举两个例子来说明。

例 1：

在《记一件小事》的习作指导课上，教师确立了这样的教学目标：(1) 通过辨析日常生活中的小事，提高学生认识事物和分析事物的能力，加强德育渗透；(2) 了解写一件小事要选材真实，内容具体，能够体现文章的中心；(3) 培养学生认真观察、独立构思和准确表达的能力。

例 2：

在《童年的故事》习作指导课上，教师确立了这样的教学目标：

（1）学习“确立一个写作中心、学会围绕中心选材”的写作知识；（2）通过听、说、看、读，增强学生写作的自信心，让学生有话可说、有事可写，养成良好的写作习惯；（3）感悟童年生活的点点滴滴，通过与人分享童年往事，培养珍视童年、热爱生活的情感。

我们可以看到，这些教学目标都是从“人”出发，都是以培养人为目的的。可是，这里面却潜伏着极大的不足——除去空泛的口号目标，如学习做人、开发智力、德育渗透、培养良好的写作习惯等之外，最为突出的就是帮助学生积累写作知识、学习写作技能与方法。这些本应当服务于“人”的内容，写在目标里就很容易突显出来，成为独立于“人”的目标，于是就出现了：学生因为作文里没有应用某写作知识、没有学会某一写作技能而被批评，作文得不到高分；学生为习得某一写作知识、掌握某一表达技巧而苦不堪言地重复训练；教师因为学生没有掌握某一知识、技能而批评或惩罚学生，甚至讲评时公开“刺”学生。人与知识、技能的位置转换了，培养人已不再是目的，掌握写作知识与技能成为教学的目的。

作文教学目标同阅读教学目标是一样的，应该体现在整个语文教学过程中，我们应以语文感染、熏陶、影响学生，而不能机械地在每一堂课都讲解知识点、能力点、写作技能点。由此我们可以认为，一些教研员、领导把学生的作品收去，以此来检验教师教学的效果是不科学的。这种以学生现场作文来衡量教师的习作指导成功与否的方式不具有说服力。一堂课，尤其是小学作文课中，学生的写作结果——作品，并不重要，重要的是学生的写作状态，这种状态有时却是通过作品无法看到的。

我们要追问——小学作文教学的目的到底是什么？在我看来，整个小学阶段作文教学的目的都应该是，激发学生的写作热情，培养学生的写作意识和写好作文的责任感。这里面需要弄清楚几个问题。

第一，为什么是要培养学生对写作的感情而不是提高学生的写作知识与技能呢？

感情是内在的，而写作知识与技能是外在的，人既然是作文教学培养的对象，作文教学自然就要关注人的内在的东西。再说，作文教学只是引导应用，而应用是要以情感的主动性为前提的，即想用、乐意用，这种主动性缘自学生的内在动力——情感。写作知识再好，写作技能再易学会，主体没有学习愿望，不去实践，也很难写出一篇优秀的作文。而一旦主体有写作的情感，即使知识与技能再难学，主体经过持之以恒的努力，也能学会。因此，在我看来，作文课应能让学生觉得作文有趣、有意思，让学生产生想要再上或多上这样的作文课的愿望。也许课后学生交上来的作文乱七八糟，但这样的作文课，要比课堂沉闷，学生因害怕教师而不得不静坐写作，而实际上却再也不想上这样的课的教学，要好得多。尽管学生交上来的作文都不错，要求的知识点都掌握了，但没有可持续发展潜力的课就不是好课。写作文毕竟不是一时或一段时间里的事，它伴随着学生的成长全程，我们必须重视激发学生内在的动力，促进学生的可持续发展。

一些教师之所以会把教学目的转移到课本上的知识点及技法上，而让教学的对象失落，一个很重要的原因就是考评的作用。任何一个教师只要狠抓知识点，强化技能训练，学生的作文看起来就会好很多。在评比与大家的议论中，一些教师就自然地把原本关注学生的教学转移到关注课本知识了。而学生的热情是很难通过试卷测试出来的，且热情的产生是缓慢的，写作热情的激发与维持是一项长期的工作，没有立竿见影的效果，而且对教师的要求很高，这也是教师会把教学目的转移的一个原因。

第二，为什么是要激发学生的写作热情而不是培养学生的写作兴趣呢？

在作文教学中，很多人都提到了兴趣的重要性。的确，兴趣在写作中是很重要的。但之所以提“热情”而不提“兴趣”，在我看来，热情是兴趣的升级，兴趣是“登堂”，热情才是“入室”。兴趣是感情的前奏，具有不稳定的性质，容易转移，小学生的兴趣更是这样，而热情能促使一个人执着追求。比如，一个有下棋兴趣的孩子，爱与别人下棋，可是，这个孩子跟高手过招后输得很惨，他就会受挫，可能不再爱下棋了。而有热情的人就不同了，热情在兴趣之上，几乎达到痴迷的程度，有热情就会越挫越勇，就如阿诚《棋王》中的王一生一样，那种为下棋而找对手的热情是任何失败都无法浇灭的，可谓热情促成执着。当一个学生的习作热情被教师激发到这种程度时，这个学生的作文水平自然能提高。

第三，为什么要培养学生的写作意识？

写好一篇作文不是一件难事，尽管有些学生很不会写作，但是如果教师花上一个月的时间去辅导，让学生写出一篇像样的文章也不是不可能的。但是，为了这样一篇文章而弄得学生非常痛苦，意义有多大呢？课堂作文教学的目标不是让学生写出一篇好作文，而是让学生在教师的指导下产生写作的热情，进而产生写作的意识，能自主地观察生活、感受生活，自觉地积累素材，主动地提笔练习，这才是作文教学的最终目的。

只有学生自己产生了写作的意识，才能做到留心观察周围的生活。没有这个前提，培养学生留心观察生活、留心观察周围的事物，都只是一厢情愿的美好愿望。一个对作文没有感觉、害怕写作的学生，怎么可能留心观察并记录周围的生活，就算留心了，学生也很难想到要写作文。而作文水平、作文能力能否得到提升，要看学生是不是有了自主习作的欲望。在生活中开心了、难过了，便想到要写作文；在生活中看到、听到新鲜事，会想到写作文；在阅读中兴奋了、冲动了、痛苦了、震撼了，会想到赶快提笔写作，培养学生这样的意识才是我们作文教学的重要目标。

学生时常感到没有什么事可写，一个重要的原因就是没有写作的意识，面对众多的生活素材，学生没有意识到要记录，而到要写作文时，却想不出该写什么。所以，培养学生的写作意识，就是在激发学生写作欲望的基础上，使学生养成记录的习惯，养成思考的习惯，养成留心生活、敏锐观察的习惯。主动阅读、主动探究生活，同时勤于动笔，作文就会成为学生生活的一部分，这样学生就不会等到教师布置、家长下令才写作文。

第四，为什么要培养学生写作的责任感？

教师常常在作文教学中喊口号，教学生区分作文的真实与虚假，对学生进行所谓的诚实教育，这其实是作文教学目的转移与对象失落的结果。因为学生没有写作的热情，没有自觉写作的意识，而教师又要学生学习某一作文知识或运用某一写作技法，在完成作业或考试的压力下，学生不得不弄虚作假。

而培养学生的写作热情，使学生产生自主、自觉写作的意识，他们写自己的生活和自己的感受都写不完，何必要去虚拟呢？至于社会公德、生活道义，对于小学生而言，在作文中无须去宣扬与光大。他们还小，没有这个义务，习作仅仅是他们表达自己情趣的一种方式而已。即使他们在认识上有偏颇，那也是可以理解的。我们的习作教学培养人的真正目的在于培养学生的责任感，让他们学会对自己负责，对自己的文字负责。而这种责任最初就体现在对自己作文的修改上，即自己写的文章不能没有表达清楚就交给别人，得自己认真看一看，有没有错字会让人误解，有没有表达会让人误读等，自己修改好了再上交。所以培养人，在作文教学中，最主要的就是培养学生的修改习惯。

有此作文教学目的的思考，我们就可以进一步追问：小学习作课到底要教什么？小学习作教学不是要教学生写一篇篇作文，不是要教学写作的知识与技法，也不是要进行德育渗透，而是要让学生在有写作兴趣的基础上产生写作的热情，培养学生写作的意识，使他们意识到，自己写的东西一定要认真检查，不要出差错或造成不必要的误解。从这些内容出发，我们的课堂习作指导就会有另一种面貌了。

第二节　写作动力来自写好文章之外的目的

如果学生写作的目的就是为了能写好每一篇作文，以得到教师或同学的赞扬，那么这个学生就写不好作文。如果作文教学的目的就是通过一次次的指导，让学生获得写作的技能，提高写作能力，那么，这在实际教学中永远达不到目的，学生也难以掌握那些写作技巧。

要想让学生对写作过程本身感兴趣，或是用写好文章的结果来激发学生的写作动力，效果都是微乎其微的。因为没有什么可以胜过学生对“玩”的兴趣。实际教学中，许多教师用游戏作文法，通过玩游戏来激发学生的写作热情，可结果往往是学生玩时乐哈哈，提笔写作时就脑袋耷拉。写作的内部动力正是学生提高写作能力的最重要因素，也就成为教师习作教学首先要研究的问题。

如果我们把目标锁定在写作之中，那学生的写作能力是难以提高的。

在写作之外，还有我们习作教学的目的，那些表面看来是附属的目的，实际上才是激发学生写作动力的有效因素。那么，在指导学生写好作文，提高学生的写作能力之外，作文教学还有什么目的呢？换句话说，学生写作的内部动力来自哪里呢？

一、写作动力因素之一：发表

虽说学生的写作只是练笔，发表并不是他们写作的最终目的，但是，发表却是任何人写作的重要内部动力。习作发表应当成为教师习作指导的重要目的。

习作发表给人带来的写作动力是极大的。叶圣陶先生曾说，写作缘于发表的欲望，胸中有了积蓄，想要发表，觉得说不能达其意，便要写作。由于发表功能的扩大，发表已不仅是让别人看到，更是一种成绩，对于作者而言，那是一种荣耀。学生的作品一旦发表，给他们带来的精神鼓舞是极大的，这能促使他们再接再厉，写作热情高涨，想让其停笔不写都难。不要说学生，许多教师都因为偶然发表了一篇文章，而激起强大的写作动力。

尽管学生的作文正式发表的机会很小，但是教师应当尽力去做这件事，要重视学生的作文发表，将其纳入备课的内容，想方设法地为学生作文发表寻找机会。同时，由于学生还处于练笔阶段，他们对发表的要求不高，而教师又有着相对的资源，完全可以降低发表层次，把发表的形式设置得多种多样，让学生能从中获得写作的成就感，激发自觉写作的热情。如办校刊、班刊，把学生的作文在小范围内发表，也能激起学生的写作欲望。

二、写作动力因素之二：分享

分享是另一种形式的发表，但发表不能取代分享。发表后的分享，同样能激起写作主体极大的写作动力。

我们作文课上现有的分享仅限于作文讲评，讲评过程基本以教师的权威评价为中心，并且在讲评中主要是讲得失和讲写作结果——评出作品的优良层次，几乎没有分享的趣味。学生不能从自己的写作成果及写作过程中获得满足，这样就很难有再次写作的冲动。因此，教师要把写作分享作为习作教学的一项重要内容。让一个学生口述他发现的新闻，和让他口述写过的新闻，所带来的结果差异是极大的。分享写过的内容时，分享者更乐意、更自豪，也更能获得分享的快乐。让一个学生给大家分享他看过或听过，却没有仔细想过、写过的事，他就会没有那么自信，甚至会胆怯，一个人在没有心理安全的氛围里是很难得到享受的，所以写作之后的分享有着特别的意义。当然，分享不能仅仅是分享结果，更应该分享写作过程中的故事和思维冲突等内容。作品形成过程背后的故事很有吸引力，也是趣味很浓的内容，分享这些内容，学生会感到有成就感，从而产生写作的动力。

三、写作动力因素之三：解决生活实际问题

写作本身是很有用、很有意义的活动，可是，我们的作文教学却不能让学生感受到这一意义，实用写作仅仅限制在应用文上，有时就连应用文的写作也变成课堂里的“虚戏”，学生无法体验到写作的实际作用，这无疑削弱了学生对写作的兴趣。如果作文只是为了写给一个人看，当成作业上交，那作文就会是极大的负担，会让学生感到极其厌烦。

学生感受不到作文的实用性，在很大程度上是教师的原因导致的。教师把作文当作业布置，学生是很难有写作动力可言的。如果教师能把写作与解决生活实际问题结合起来，那效果就大不一样了。那么，作文可以解决哪些生活问题呢？

1. 解决积蓄与遗忘问题

写作素材要在生活与阅读中积累。有时候，一些动人的事物刺激了我们的感官，让我们开心、动情，我们就会很想将其珍藏起来或与他人分享，如果没有写作的意识或习惯，我们就只能将这些素材贮藏于记忆中，可是，新鲜的刺激有时会接二连三地到来，新的刺激会取代旧的刺激，时间久了就会被遗忘。比如，我们外出旅游，看到许多新鲜事物，很想与朋友或亲人分享，可是这得等到旅游结束才可以。如果没有及时记录，仅仅是拍些照片，那回去后的叙述可就大打折扣了。如果每次有事物让自己心动时，

就及时写下来，那叙述起来便会生动很多，能够重现当时旅游的情形。这就是因为写作解决了遗忘的问题。要是以后需要相应的写作素材，记录的内容更是最好的回忆寻查处。此外，写总结、计划、报道、申请、读后感等，都是记录生活内容的好方法。教师在作文教学中唤醒学生的生活记忆及其原有的感情，能让学生感受到生活积累的作用。

2. **解决交往问题**

书写交往有着口语交往达不到的效果，写作的作用之一就是交往。但是，由于教师不设置这样的教学情境，学生感受不到写作的交往功能，对写作的认识当然不深，怕写也在情理之中。在教学中，如果教师能经常创设写作交往的情境，学生写作就会有对象、有目标，就能体验到写作的好处。比如，教师有事，要请其他教师代课，这本来是学校教务处的事，但是，如果把这一问题交给学生，让学生写邀请书，请某位教师来上课，那学生就会觉得自己不是在写作文，而是在解决生活中的实际问题，写作的心态就会大不一样。听自己邀请来的教师上课，学生的感受必定不一样。如果原教师要求学生向其汇报，则学生写作文只当是要向教师汇报而不是完成作文作业，其写作的心态也大不一样。当教师听了学生的汇报后，说："你们请来的老师课上得这么好，你们是不是要有所表示，写一封感谢信?"又一篇作文出现，可学生并不把它当成作文而是当作必要的礼节。对于这样的生活作文，学生的写作动力是极大的。作文成了很有用的交往工具，学生的习作认识就会提高。

3. **解决助兴问题**

作文是可以助兴、助乐的。助兴就是在与人交往中，因为会作文，常常可以营造气氛，让大家兴致更高。助乐是指助人为乐。写作不仅能解决自己的实际问题，有时还能帮助别人解决生活问题，那就是助人为乐了。比如，帮助别人写一段产品说明，或是帮助别人写一则广告等，既让别人受益，也使自己得到锻炼；让学生之间互助写请假条、倡议书、申请书、书信等都是很好的助乐习作训练；有时候，同学之间有了误会，发生了矛盾，写作抒情是非常好的沟通方法。让学生写这些内容，他们不觉得是在完成作业，而是觉得写作文是生活的一个组成部分。

4. **解决才能展示问题**

写作达到一定的水平后，就会成为一种才能。学生在这个时候已不愁写了，还会想方设法地写，特别是在一些大家各显神通的场合，更是会把自己的独特思维在大家面前很有文采地展示出来。这时候，教师的任务就是想方设法地为学生寻找展示的机会，让学生每次写作都能得到大家的认可，在这样的氛围中，学生会对写作欲罢不能，就如同玩游戏入了迷一样，写作就成为学生的习惯了。

第三节　粘连作文教学中的观察是觉察

不少教师都有这样的经历：带领学生到某地去观察，学生回来后依然写不出什么东西；让学生细心观察上学或放学路上所发生的事情，学生依然说什么都没有发生；放一个实物在讲台上，一些学生依然写不出什么内容。于是，教师就说按顺序一部分一部分地观察，学生的观察结果却仍然没有好到哪儿去。为什么呢？问题不在学生，而是教师把“观察”理解为仔细地察看了。其实，观察没那么简单，观察不是对外界事物或现象的反射，不是如同照相一样，看到什么就记录什么，而是心理对外界的感应，是主体认知结构积极建构的过程。所以，把“观察”理解为仔细地考查，对教学更有意义，或是可以用心理学上的概念——观察是人从现实中获得感性认识的主动积极的活动形式，是人们学习知识、认识世界的门户，也是一切创造的开端。科学研究、艺术创造和教育教学等都离不开细致、敏锐的观察。有这样的理解，教学就会有另一番景象。为什么呢？请看课例。

一位语文教师为指导学生写观察日记，便带着学生到学校附近去观察居民古宅。这位教师十分细心，从门口就开始指导：“同学们，我们最先看到的是古老房子的门，这门很宽，门雕很漂亮，上面的花像什么？”“现在我们进入下厅，下厅左右各有一扇门，两边的木板壁上都有窗户，窗户上雕着各种各样的窗花。大家看看，这些窗花像什么？”“现在我们看到的是正厅，正厅前有一个很大的天堑，天堑里有什么？正厅里摆了一张长长的桌子，这叫喜桌。喜桌上摆放了什么？”“从正厅进入后厅又有一个小天堑，小天堑的砖墙上刻了四个字‘得清如许’。”然后，教师带着学生从后门出来。结果学生回校写作文的情况如何呢？平时会写作文的学生写得细致些，不仅能写出看到的，还能写出大家欢乐的场面，写出天气和路上的情景；平时不怎么会写作的学生就只写出教师指导看的内容，加上教师提示的一些内容；而平时怕写作的学生，写出的就只有教师让他们看的东西。很明显，这位语文教师的观察指导就是引导、提示学生有顺序地、仔细地察看，把看到的记录下来。可以这么说，这样的观察仅仅是仔细地看，并不是真正意义上的观察。

再看另外一位有粘连教学观的教师是怎么指导学生观察的。

在实地观察前，教师说：“同学们，过几天老师带你们去观察古民居，为保证大家观有所得，现在老师帮助大家找来有关古民居的介绍文章，大家先了解古代房子为什么会有几进，天堑有什么作用和意义，各种砖雕和窗花都有什么象征意义。”经过一节课的阅读和交流后，实践观察开始了。在古民居里，教师没有说话，只有学生叽叽喳喳。一直到后厅时，教师突然发现“得清如许”四个字，就对学生说：“大家看看，这面墙壁有什么特别之处？”学生说有四个字。教师又说：“这四个字似曾相识啊！”学生说是朱熹《观书有感》中的半句诗。教师紧接着说：“那还有半句是什么？这句诗是什么意思？同学们，这叫‘藏头诗’，是古人用来勉励后代努力学习而刻的。现在老师给同学们提一个问题，大家慢慢思考——为什么这句‘藏头诗’刻在这个位置，而不刻在别处呢？”

就这样，师生一起完成了一次观察活动。结果怎样呢？学生写作时，不仅写得详细，而且想象丰富，原先的阅读起到了很大作用，学生根据“藏头诗”展开的想象也很奇特。古人常用“藏头诗”测试孩子是否从小就背诗文，是不是能因这半句而背出全诗，是不是能看到这四个字就知道作者、诗名。如果自己的孩子早就知道这些，那么这四个字的作用就是勉励，即诗的意义——为有源头活水来。源头活水，对于读书人指的是什么？为什么刻在这一处呢？这是内厅小天堑，是每天起床后洗脸的地方，让孩子每天一起床就面对这四个字，便是让孩子牢记“惜时、勤学”之意，有着日日警醒的作用。

很显然，第一种观察是反射式的记录，是仔细地察看，而第二种观察则是积极的建构。这种积极的建构就是当今的建构主义者所主张的：世界是客观存在的，但是对于世界的理解却是由每个人自己决定的。我们是以自己的经验为基础来建构事实，或者说是在解释事实，我们每个人的经验世界是用我们自己的头脑创建的，由于我们的经验不同以及每个人对经验的感受不同，于是我们对外部世界的理解便也迥异。所以建构主义者更关注如何以原有的经验、心理结构和信念为基础来建构知识。他们强调学习的主动性、社会性和情境性，对教学提出了许多新的见解。由此我们也可以说，观察不仅仅是仔细地察看，更是外在生活的刺激与内在知识结构的感应、碰撞，是个体重新建构经验世界的过程。这也可以理解为“考查”，即用一定的标准去衡量。在这里，“一定的标准”可以解释为观察者内心的参照系，即其已有的知识经验。

这样我们就可以解释为什么学生尽管到了实地观察，或实物就在眼前，可总是看不到什么，觉得没有什么可写了。原因就是观察者没有相关的背景知识。上例中，第一位教师看到的只是字，而第二位教师看到的不仅是诗，而且还有教子文化。同样，第一位教师无论是对于窗花还是砖雕，都有许多东西没能看到，这就如同学生平时观察中的视而不见一样。没有相应的知识，怎么会有观察发现呢？人的知觉是有选择性的，同样一件事，有的人看到的是正面，有的人看到的是反面，即使他们关注对象之外的内容很突出地存在着，他们同样也看不到。在实际教学中，不少教师在指导学生观察时也存在着不少误区。

其一，不知道为什么入目的却不一定能入心。明明让学生看了，学生却说没有看到，即使教师指出要学生看什么，学生当时也确实看了，可是所见未必就能进入心中，过目即失。

其二，试图指导学生按照一定的方法进行观察。实际上，观察是很难指导的，也可以说，观察是无法指导的，并不是你让学生看什么，学生就真的看到了什么。不过，观察不能指导，却可以提示与启发。为了让学生观察时能有所得，教师可以在观察之前，引导学生了解相应的知识，提供观察的背景资料，因为“只有知道了的东西才能更好地感觉它”。同时，在观察的过程中，教师可以对观察对象的某些特征进行分析和讲解，这样可以吸引学生的注意力。启发则是通过介绍别人的观察经验或教师把自己的观察经历告诉学生，让学生从中得到启迪，进而提高观察效果。

其三，教师平时只会思考观察有些什么方法。一般来说，在引导学生观察时，教师说得最多的是按一定的顺序观察，即顺序法，还有就是多种感官并用，如运用视觉、听觉、嗅觉、触觉等来观察。一些教师可能还会教授主次法、重点观察法、方位法等。其实，一到现场，这些方法就可能都被学生遗忘。教师更需要思考的是存留于学生心中能真正起作用的——学生当下的内在兴趣，或是他们当下的任务、目的，以及最原始的已在大脑中觉醒的已知经验。

观察其实是观察者用已知去同化未知的过程，在这个过程中，新的发现及无法同化的内容，就要通过记忆，在识记的基础上慢慢消化，从而使自己的认知结构得以改进，培养更敏锐的观察能力。因此，观察其实是觉察，即内心先觉醒而后心灵敏感，让感官去捕捉相应的信息，从而获得一种新的认识。

实践篇

要激发学生的写作热情，培养学生的写作意识，帮助学生提升写作能力，仅仅研究作文教学理论是不够的，还应该注重教学实践。而在当前的作文教学实践中，广大语文教师亟需找到一些系统的、科学的、有梯度的作文教学方式，以更好地开展作文教学，提高教学效果。本部分结合粘连作文教学的理论，选取若干教学实例，从写句起步，由段到篇，有助于循序渐进地指导学生在作文训练中拾级而上。

第六章　写句起步，句段粘连

第一节　一字开花，词句粘连

“笔（比）说故事”作文教学设计

设计意图

教学小学三年级的学生，重点还在引导学生理解和掌握词句上，但也应着手进行习作的入门教学。为让学生有一个平稳的过渡，不至于因要突然接受一项新的学习内容而产生畏难心理，同时也为了让学生一开始写作文就好像读儿歌一样顺畅，一触就爱，我设计了口述系列习作指导，让学生在组词、造句、比说故事中完成习作。在这个过程中，只要教师不说穿，学生根本就不知道自己是在写作文。

教学目标

1. 看到实物会组词、造句，达到在生活实际中会应用所学语言并积累语言的目的。

2. 让学生在口述中不知不觉地完成习作练习，培养学生对习作的兴趣。

3. 通过口述作文，完成从词句到片段的过渡。

教学重难点

1. 看到实物会组词、造句，达到在生活实际中会应用所学语言并积累语言的目的。

2. 让学生在口述中不知不觉地完成习作练习，培养学生对习作的兴趣。

教学时间

一课时

教学过程

一、组词说句

（教师拿出粉笔，在黑板上板书，设计一个圆形填空图，然后请学生在括号里填上适当的量词，不能重复。学生按照教师的要求去做。）

一（根）

一（支）　　（捆）一

一（盒）　　笔　　（截）一

一（箱）　　（排）一

一（打）

师：在这些答案中，老师觉得有两个答案很奇怪。“一截笔”，怎么会用“截”呢？请用一句话解释。还有就是这个“打”字，它是量词吗？请一位同学来解释，并用“一打笔”说一句话。其他同学也请根据自己填上的量词各写一句话。

（一名学生回答，其他学生写话。）

师：现在请你在“笔”前用上动词，做出这个动作，并用你配上的动词说一句话。比如，老师让我们提笔写句子。

（学生按要求活动。）

握

用　　拿

划　　笔　　甩

提　　搁

玩

二、把笔说“细”

师：（出示笔）请同学们细看这支笔，然后告诉大家这是一支怎样的笔。之后，请你用上其他的数量词来说，比如，可以说说这是一捆怎样的笔。

（学生回答。）

师：现在增加难度，请大家用“这是一支……的笔，我用这支笔……”这样的句型来说。可以变换句子，把你填的量词和动词都用上。

（学生按照教师的要求思考并回答。）

三、拓展练习

师：请你从自己的笔盒中拿出笔来，把你的笔介绍给大家。

（学生按照教师的要求活动、思考并回答。）

四、说笔的故事

师：这支笔就是你的同伴，从买来到现在，在这个过程中一定会有一些小故事，请讲讲你买笔、用笔、甩笔、丢笔……中发生的小故事。为了说得更好，可以先写后说。

（学生活动。）

五、笔（比）说故事

师：刚才是大家说自己与笔之间的故事。现在请大家把自己当成手中的笔，来比一比讲故事，看谁的故事最动人，看谁讲得最好听，可以先写后说。

（学生活动。）

六、师生评价

师：先请同学们评价发言同学的表达，然后老师再进行评价与指导，开始阶段可以一个一个来。请记下老师的一些评价语，添加到你的习作后面。比如，可以写上自己发言之后老师是怎么评价的或某位同学听了自己的发言后说了些什么，再写上自己的认识；或者可以写自己听了老师或同学的评价后有什么想法。

（学生活动。）

“书（述）说趣味”作文教学设计

设计意图

入门阶段，学生对习作的兴趣是很不稳定的，学生在课堂上可能激情四射，可是一离开课堂就什么都忘记了，写作的热情当然也随之冷却。因此，对学生的写作兴趣，还是需要重复、循环激发的，以巩固其对习作的热情，由课堂的好玩迁移到写作过程的快乐，使学生在心中先产生作文课堂有趣的想法，再逐步把学生引向写作的快乐之路上。

教学目标

1. 看到实物会组词、造句，达到在生活实际中会应用所学语言并积累语言的目的。

2. 让学生在口述中不知不觉地完成习作练习，培养学生对习作的兴趣。

3. 通过口述作文，完成从词句到片段的过渡。

教学重难点

1. 看到实物会组词、造句，达到在生活实际中会应用所学语言并积累语言的目的。

2. 让学生在口述中不知不觉地完成习作练习，培养学生对习作的兴趣。

教学时间

一课时

教学过程

一、数量词填空及说话训练

师：（出示书本）请同学们想一想，“书”应该跟什么数量词搭配呢？

（学生回答，如一本书、一册书、一套书、一页书、一堆书等。）

师：请自选一个数量词和“书”搭配，然后说一句话。

（学生进行说话练习。）

二、动词搭配及说话训练

师：刚才练习时，不少同学都用上了动词，让它们和“书”交朋友。现在请大家填上动词，和“书”搭配，看谁填得最多。

（学生的回答：买书、用书、看书、读书、写书、偷书、撕书、订书、画书、收书、卖书、赠书、授书、说书、背书、包书……）

师：请选择一组词来说话。比如，可以说“我在家里看语文书，觉得不好看，就拿起一本绘本书津津有味地读起来。”请每人写三句话，然后读给同学听。

（学生按照教师的要求活动。）

三、围绕词组进行说话训练

师：老师给出了几个词，请大家围绕这几个词，展开联想和想象，说一段话。

（教师给出“撕书”“卖书”“赠书”“扛书”等词语，先进行示范，然后要求学生开展说话练习。）

师：下面老师以“撕书”为主题进行示范。我是一个书呆子，每次遇到好书就一定会想方设法地拿来读。小时候，我有一次读到一本侦探小说，看得十分入迷，以至于妈妈叫我做作业我都没有听到，结果把她给惹火了，她气冲冲地上前要没收我的书，我可不干，就和妈妈抢起来。妈妈真的动怒了，抢过我的书后，竟然把书给撕了。

（教师示范后，学生先思考，然后进行说话训练。）

四、拓展延伸，激发兴趣

师：谁能说说你看过的最有趣的书？

（学生进行说话训练。）

五、书（述）说趣味

师：现在请大家用自述的方式，把自己想象为一本书，给同学介绍一本你认为最有趣的书。

（全体学生思考，等学生想好后，教师请几名学生站起来介绍。）

“树（诉）说故事”作文教学设计

设计意图

经过一段时间的训练，学生的语言表达能力有所提高，心中基本上有了词句粘连的基本模式，教师此时可以提高要求，进行拓展训练，写法迁移，由物入景，如让学生写雾、写露、写山、写水等。这里以写树为例，说明如何提高学生的表达能力。

教学目标

1. 看到实物会组词、造句，达到在生活实际中会应用所学语言并积累语言的目的。

2. 让学生在口述中不知不觉地完成习作练习，培养学生对习作的兴趣。

3. 通过口述作文来完成从词句到片段的过渡。

教学重难点

1. 看到实物会组词、造句，达到在生活实际中会应用所学语言并积累语言的目的。

2. 让学生在口述中不知不觉地完成习作练习，培养学生对习作的兴趣。

教学时间

一课时

教学过程

一、数量词填空及说话训练

师：（板书“树”字）请大家想一想，有什么数量词能和“树”搭配，然后说一说。

（学生的回答：一棵树、一株树、一排树、一列树、一种树、一类树等。）

二、动词搭配及说话训练

师：请大家填上动词，搭配好后说一句话。

（学生的回答：种树、栽树、砍树、摇树、爬树、踹树、扶树、护树等。）

1. 用一个动词进行说话训练。

师：请大家用一个动词说一句话。比如，春天里，同学们一起到郊外种树。

（学生按要求进行说话训练。）

2. 用两个连续的动词进行说话训练。

师：请大家用两个连续的动词说一句话。比如，春天是植树的好季节，同学们一起来到郊外种树，小明挖坑，小丽扶树，小东培土，我浇水。

（学生按要求进行说话训练。）

3. 树（诉）说故事。

师：请大家把自己想象成树，用自述的形式说一句话。比如，有些人总是践踏我，他们把我砍倒，再把我拖到太阳下暴晒。

（学生按要求进行说话训练。）

三、拓展训练，提升能力

1. 描写一棵茂盛的大树。

2. 校园里一定有不少树，请你选择一棵最喜欢或最熟悉的来写，可以写你在树下的活动，也可以写某些同学是怎么欺负树的。

3. 假设你是操场上的一棵常常被小朋友摇晃的小树，请你诉说一个小朋友不友好的小故事。

（学生在教师的引导下进行练习，然后合作交流、相互评价。）

四、课堂总结

师：树与我们人类息息相关，地球上没有了树，人类也会面临灭绝，是树给我们输送氧气，是树净化了我们的空气，是树为我们挡风……我们要爱护树，不能去摇、砍、踹……如果你这么做了，如果树会说话，它们就会像今天一些同学所说的那样提出抗议，树的痛苦会刺痛我们的心……

“一（衣）心一意”作文教学设计

设计意图

扩大“物面”，把学生的视野从学习用具引向日常生活中的事物，让学生发现生活中的事物都是可以成为习作素材的，关键在于自己有没有用心去发现。教师循序渐进地进行引导，让学生在不知不觉中完成习作练习，使学生在说说、写写、玩玩、比比等活动中感受到习作是一个有趣的过程。因为在以前的练习中，我经常让学生述说过去的故事，所以本次练习就从另一个角度来写，让学生转变思维，认识到习作的空间是非常开阔的。

教学目标

1. 先看具体的实物，然后想抽象的事物，锻炼学生的口语表达能力。

2. 通过习作练习，培养学生对习作的兴趣。

3. 通过想象述说，对学生的思想品质进行有效教育。

教学重难点

1. 先看具体的实物，然后想抽象的事物，锻炼学生的口语表达能力。

2. 通过习作练习，培养学生对习作的兴趣。

教学时间

一课时

教学过程

一、看衣组词

1. 教师要求学生先认真思考，然后说说能与“衣服”搭配的数量词。

例如：一（件、排、堆、打、箱、包、车、批、地……）衣服

2. 教师要求学生用一两组词说一句话。

二、组词成句

1. 教师要求学生用上动词来和“衣服”搭配。

例如：（穿、试、脱、洗、晒、挂、买、卖、装、扯、看、拿……）衣服

2. 教师要求学生把自己组的词拓展成一句话，然后说给大家听，要注意把过程说具体。

三、拓展练习

教师要求学生看着自己的衣服，描述样式、颜色等。

四、我会设计

教师要求学生说说自己想设计什么样的衣服。

五、一（衣）心一意

师：说说自己想把这件设计好的衣服送给谁？为什么？

总结：我们有时可以不把写作文当作完成一项任务，而将其当作是回答自己心里提出的问题，把连续的问题答出来连在一起，就成了一篇作文。可见，写作文也不难，会说话、会有顺序地回答问题，就会写作文了。不光是这样，写作过程中还可以游戏，可以比赛，是很有趣的。

第二节　细节着眼，能力晋级

“头部动作描写”作文教学设计

设计意图

习作起步教学要从学生熟悉的事物开始，激发学生的学习兴趣，激起学生的求知欲。表面的“我”是学生最熟悉的，学生每天都在认识自己，让学生从观察自己入手进行习作练习，能有效减轻学生的心理负担，使学生觉得作文不难写，进而对习作产生亲切感，培养习作热情和学习的积极性。

教学目标

1. 通过习作练习，学生能理解并积累四字词语，丰富词汇，提高语言表达能力。

2. 通过课堂互动，学生能运用四字词语描述自己看到的现象，抒写自己心里的想法。

3. 使学生觉得写作是一件很快乐的事，在学生心中种下爱习作的种子。

教学重难点

在游戏互动和交流中激发学生的求知欲。

教学时间

一课时

教学过程

一、激趣导入，引起学生的注意

1. 请大家伸出右手，摸摸自己的头，问一问自己“我的头在脖子上吗?”“它灵活吗?”

2. 同桌互动。

摸摸同桌的头，并说：“它灵活吗？请举例说明。”

同桌回答。句式：

① 我的头很灵活，因为____________有一次____________。

② 我的头不是很灵活，因为____________有一次____________。

二、做游戏，进一步引发学生的好奇心

1. 记录动作。

师：请考考你的同桌，让他（她）做头部运动，一边做一边说出所做的是什么动作。比如，可以说“大家请看，我要做头部运动了，这个动作叫________，动作要点是________________。”

（学生按要求活动。）

师：想想你能否做得比他（她）多，请你做做他（她）没能做出的动作。

（学生思考并做动作。）

2. 汇报结果，评价动作是否灵活。

师：请大家根据刚才的活动情况，评价一下别人的动作是否灵活，可以用上“某某同学的头灵活，因为……”这样的句型。

（学生按要求活动。）

3. 教师做动作，学生说词语，使熟悉的动作变陌生，激发思考。

动作一：一边读诗一边摇头，同时踱步。

动作二：一手摸头，身体转动，做出要摔倒的样子。

比较：为什么你就想不到做这样的动作呢？

三、拓展延伸，进行说话训练

1. 让学生说说自己知道哪些描写头部动作的四字词语或成语。

2. 教师用课件出示这些词语：摇头晃脑、缩头缩脑、点头哈腰、垂头丧气、晕头转向、仰天长叹、昂首阔步、翘首以盼、抱头鼠窜、左顾右盼。

3. 教师让学生选一个词语，表演出来，并描述表演内容。

4. 学生背诵这些词语，然后根据某一个词语表演动作，让其他同学猜。

四、想象情境，串词成戏

教学形式可以有这样几种：一是先演后写，二是先写后演，三是师演生写。

五、连句成段

（提高要求，培养学生的表达能力。）

“面部表情描写”作文教学设计

设计意图

人的面部表情相当丰富，学生看到、体验到的也不少，可是，学生笔下的表情却很单调。原因不是学生不会观察，看不到这些表情，而是学生的词汇太贫乏，描述不出这些表情。学生能做出或自然展现某一表情，却无法认识或描述这种表情，所以，我们有必要进行这一练习，帮助学生梳理、认识这些表情，进而让学生更好地去感受它。

教学目标

1. 认识常见的表情，赋予表情符号意义，把形象表情与抽象词语粘连起来，让学生感受抽象词语里潜藏的意义。

2. 通过练习，达到积累与学会应用表情词的目的。

3. 通过练习过程，体验表达的快乐。

教学重难点

让表情词的字符与意义相连，帮助学生积累积极词汇，感受练习过程的快乐。

教学时间

一课时

教学过程

一、做表情

1. 人有哪些表情？你能在现场做出几种表情吗？每做一种都要用词表达出来。

2. 说说你已经知道的描写表情的词语。先写后说，看谁积累得最多。

二、说表情词语比赛

1. 说四字表情词语比赛。

师：刚才大家说的词语中有两个字的，也有五个字的，现在我们专门说四字词语，看谁知道得多。

2. 教师出示词语，学生朗读。

形容喜悦的词语：满面春风、满面笑容、喜笑颜开、和颜悦色、笑脸相迎。

形容受到惊吓的词语：面如土色、面无血色、大惊失色、色若死灰。

形容丑恶、难看的词语：青面獠牙、面目可憎、油头粉面、面目狰狞、囚首垢面。

形容忧愁、难过的词语：面有难色、愁云满面、愁眉不展、怅然若失、黯然神伤。

形容害羞的词语：含情脉脉、低眉垂眼、面红耳热、羞羞答答。

形容冷淡的词语：面无表情、冷若冰霜、冷面相待、冷眉冷眼。

形容生气的词语：恼羞成怒、怒形于色、怒气冲天、疾言厉色。

形容镇静的词语：面不改色、表情如常、神色自若。

3. 每组选一个词写一句话。

例如：小华面不改色地对着大家发言。

4. 在你造的句子中，选择一个你认为最好的句子，进行重新加工，把句子写长，写出具体的情境。

例如：小华经常发言，锻炼了自己的胆量。今天在全校师生大会上发言时，他仍然面不改色，从从容容地发表自己的观点，就像平时在班级里发言一样，真让我佩服。

三、用三个或三个以上描写不同表情的词语写一个场景

1. 想象表情变化的场景，然后写下来。

例1：我们大惊失色，千呼万唤，那风筝越来越小，倏地便没了踪影。

例2：我们都哭了，在田野里四处寻找，找了半个下午，还是没有踪影。我们垂头丧气地坐在田埂上，一抬头，看见远远的水面上半沉半浮着一个巨大的木轮，不停地转着，将水扬起来，半圈儿水在闪着白光。那里是我们村的水磨坊。

2. 请读一读你写的场景，让同桌表演，然后观察他（她）是否表演得对。

四、合作表演，然后写片段

1. 协商用哪些词表演一个什么场面。

2. 合作表演，突出表情的变化。

3. 练笔，写出现场大家的表情。

五、强化练习

回去观察一家人在某一时刻的表情，并写下来，读给父母听。

“上肢动作描写”作文教学设计

设计意图

每个人每天都在用手干活，手是人体中最灵活的部分，如果我们不去观察和思考，就会对这熟悉的身体部位熟视无睹，当然也就失去了习作练习的良好素材。所以，让学生观察手，写一写，能使学生对手的认识得到提升，同时也能让学生感受到身边有许多作文素材。

教学目标

1. 让学生通过观察与描写进一步感受手的灵活与重要，从而更加爱护自己的手。

2. 让学生通过游戏活动感受习作过程的快乐，提高对习作的兴趣。

3. 让学生通过写作练习积累词汇，会运用常见的与手有关的成语。

教学重难点

帮助学生积累词汇，会运用常见的与手有关的成语。

教学时间

一课时

教学过程

一、初试身手

1. 让学生仔细观察自己的手，然后写一写。

2. 全班学生交流，找出大家描写中的共同点。

3. 引导学生配上动作，更加生动地进行描写。

二、写出手的动作

1. 读句子，尝试描写手的动态。

师：现在我们一起来读几个句子，看看怎么写手的动态。

(1) 他挥舞着修长的手臂，看上去是那样的有力。

(2) 他纤细的手指灵巧地翻动着纸牌。

(3) 我用手拍干净身上的灰尘，抬起头来狠狠地瞪了他一眼。

(4) 我倒了一盆温水，先用毛巾湿湿脸，再打上香皂，使劲地上下抓呀、搓呀，不一会儿就满脸香皂沫了。

(5) 我双手抓住树枝，两脚向上一蹬，像只小猴子，攀了上去。

(6) 我找来一块布，在它的边上剪了一个口子，一手抓住一边，用力一撕，"吱"的一声撕开了。

2. 请做一个动作，然后写一个句子。

3. 请写一个句子，在这个句子里至少要用上两个描写动作的词语。

三、说一说与手部动作有关的四字词语

1. 教师要求学生说一说与手部动作有关的四字词语。

学生的回答：抓耳挠腮、眼明手快、眼疾手快、手舞足蹈、抱头痛哭、笨手笨脚、手忙脚乱、举手投足、拳打脚踢、七手八脚、蹑手蹑脚、捶胸顿足。

2. 先表演这些动作，然后说说这些词语的意思。

四、一起做动作

1. 做动作：不用手，带着一个同学的书包，走10米远。

2. 从四字词语中任选3个写一个场景，然后表演出来。

五、观察情境，认识手，描写手

教师表演一个读书并打蚊子的场景，让学生观察后进行描写。

教师的动作：夜晚伸手不见五指—摸火柴点蜡烛—拿起书翻着看—赶耳边的蚊子—打蚊子—捏住蚊子—弹掉蚊子。

六、连句成段

教师引导学生进行写作训练。

“下肢动作描写”作文教学设计

设计意图

人身体的每一部分都是练习写作的良好素材，如果教师不挖掘、不提示，学生可能永远都不会注意到，就连许多动作与词之间的联系，学生也会因为缺少关注而无法将它们匹配联系，所以学生看到动作却没有反应，看到词语却想不到形象，这样一脱节，写作当然就困难了。如果教师有意识地进行这项训练，那学生的习作意识就会增强，观察能力也会提高。进行这样的习作指导，学生不仅能学到相关知识，更能培养写作意识。

教学目标

1. 通过练习，丰富学生的动作词汇，使学生建立词与形象之间的联系，并学习应用。

2. 培养学生的写作选材意识，提高学生的写作兴趣。

3. 引导学生学习用四字词语形象地表达下肢动作。

教学重难点

1. 培养学生的写作选材意识，提高学生的写作兴趣。

2. 引导学生学习用四字词语形象地表达下肢动作。

教学时间

一课时

教学过程

一、一起玩游戏，词与形搭配

1. 教师带领学生一起做下肢运动，每做一个动作，都把这个动作名称说出来。做了蹲、跳、勾、抬、跑、摇、抖、踢、揣、踮十个动作后，请学生单独做动作，看谁还能想出新的动作。主要看学生的思路是否会局限在一个字的动作上。

2. 学生表演，教师评价。

二、动脑思考，写出四字词语

1. 教师要求学生在练习本上写出表示下肢动作的四字词语，比赛谁写得又快又多。

学生写出的词语：一瘸一拐、连蹦带跳、飞檐走壁、健步如飞、大步流星、上蹿下跳、步履蹒跚、拔腿就跑、东奔西窜。

2. 教师要求学生选一个词造一个句子。

3. 教师要求学生选两个或两个以上的词写一个长句。

三、发挥想象，进行情境表演

1. 小组分别讨论表演内容，然后请一个小组来表演，大家观看后进行评价。

2. 要求全班学生描写表演内容。

四、描写生活场景

请回忆同学们在操场上的活动情景，然后选择一个场景写下来，重点突出对同学们下肢运动的描写。

五、连句成段

教师引导学生进行写作训练。

“躯体动作描写”作文教学设计

设计意图

生活中到处都是写作的好素材，可是小学生经常发现不了。教师应该创设情境，让学生发现找作文素材并不难，刚开始写作时可以写自己拥有的素材。因为词语同事物的一一对应关系，就说明许多词语其实并不抽象，我们把它们还原后就会出现很有意思的场面。小学生作文最好的素材就是有意思的内容。所以，进行“躯体动作描写”写作训练，学生易于理解，写起作文来就容易了，这样的练习有助于提高学生的写作兴趣。

教学目标

1. 通过写作培养学生的写作兴趣，让学生在写作中学写作，在实践操作中培养兴趣。

2. 在写作中丰富学生的词汇，把积累词语与应用词语统一于写作过程中。

3. 让学生体会写作技能提高后的愉悦，进而更有信心地投入到写作活动中去。

教学重难点

1. 在写作中丰富学生的词汇，把积累词语与应用词语统一于写作过程中。

2. 让学生体会写作技能提高后的愉悦，进而更有信心地投入到写作活动中去。

教学时间

一课时

教学过程

一、词汇积累大比拼

师：请同学们用一分钟时间写出有关身体动作的四字词语，看哪一组的同学写得多，多者获胜。（如东倒西歪、前俯后仰等）

二、表演动作并说出四字词语

师：请选择一个词语，把词语的意思用身体动作表演出来，同时说出这个词语。（如摇头晃脑、左右开弓等）

三、用句子表达身体动作

教师表演一个或几个动作，请学生用描写法表达，在句子中要有相应的四字词语，如同造句一样，句子优美者取胜。

例如：老师一反常态，不知道在寻找什么人，只见他一路上东张西望，而且还蹑手蹑脚地走，似乎害怕被别人发现，他是在与我们开玩笑，还是想发现班上最认真读书的同学？看着他滑稽的动作，我忍不住笑了。

四、写脚本，对比表演

师：请你也详细地写一段话让同学表演，然后做出评价，评价后再自己表演，看是写得好还是演得好。

五、接力表演，然后写作

请一组同学上台表演，每个人头脑中都准备好3～4个描写动作的成语，构思好动作。第一个同学先表演，演完后，第二个同学接着演，要求能够衔接得上。共六位同学接力表演，每个人在表演中要把自己想的成语配合动作边演边说出来。表演完之后，大家根据表演的剧情想象，写出作文。

六、连句成段

教师引导学生进行写作训练。

第七章　由段到篇，逐步提升

第一节　移情于物，情感粘连

“石头、沙子和瓶子”作文教学设计

教学要求

可用石头、沙子和瓶子合做一个游戏，也可以只用其中一种做游戏，还可以不做游戏而把它们想象成有感情、会说话的事物。

设计意图

石头、沙子和瓶子，都是孩子们司空见惯的东西，他们曾经在这些东西上花了不少时间，如垒房子、筑沙雕、对瓶吹气等，通常边玩边自言自语，十分兴奋，似乎这些东西都是他们的玩伴。将这些凝聚着他们情感的事物移到课堂上来，别有一番情趣，不仅能唤醒他们的童年记忆，还能激发他们的表达欲望。

教学过程

一、基础训练

1. 词语准备。

写出形容石头、沙子和瓶子的颜色、外形等的词语或短语，如红棕、浅黄、淡绿、雪白、透明、晶莹、金黄、扁平、硕大、金灿灿、绿莹莹、多棱角、颗粒状、不规则、圆柱形、鹅卵石、长条形、凹凸不平、奇形怪状、棱角分明、厚薄不均、粗细各异、细如粉末、怪石嶙峋、方方正正、纹路清晰、黑白相间、又黑又丑、色泽光亮等。

2. 句式训练。

(1) 每位学生介绍自己带来的石头、沙子或瓶子，也可以说其他的。

句式：形状（颜色）十对象十环境。描写的顺序可以改变。例如：

① 细细的白沙装在一个棕色的玻璃瓶里。

② 我手中抓着五颗不同颜色和形状的小石头。

③ 雨花石上的纹路真奇特，不同的纹路有不同的颜色，有的纹路像沙滩，有的纹路像小动物，还有的纹路像花朵，真漂亮，浸在水里，看上去更鲜艳、更美了。

(2) 每位学生用手中的对象做个动作，然后用语言表达出来，或者运用想象，说一句话。例如：

① 我拧开瓶盖，倾斜瓶身，细细的白沙就倒了出来，如水柱一样形成沙条，桌子上便有了一个小沙堆。

② 五颗小白石被握在我手中，我的手指一挪动，小白石便发出摩擦声，看着雨花石上的精灵图案，我真想问问它是怎么形成的，形成多少年了。

二、游戏表演

思路一：举办雨花石展。

思路二：开展“捡石子”游戏。

思路三：创编大石头与小石子的故事。

思路四：模拟沙滩嬉戏。

三、写作指导及练习

1. 教师引导学生描述游戏的过程。例如：

今天，我带了一瓶沙子和三只小沙猪（蚁狮），约了两个同学一起比赛“找沙猪”。我把瓶盖拧开，告诉其他两个同学：“这里面有三只小沙猪，看谁最先找到。”说完，我倒出沙子，玻璃板上立刻有了一大堆沙，沙中有几个小精灵。小沙猪很有趣，它躲进沙中时，身子是旋转着进去的，因而在沙堆中会有个漩涡，这凹陷的小漩涡就是沙猪的家。因为我有经验，所以最先找到藏在沙堆中的小沙猪。之后，我告诉其他两个同学怎样找到小沙猪。看到小沙猪，他们开始时有点怕，不敢抓，后来就爱不释手了。小沙猪如绿豆般大小，身子很扁，形状像乌龟，而且全身没有骨头，都是肥墩墩的肉。它有很多脚，脚又细又短，很能旋转，非常可爱。比赛开始了，小沙猪在沙中转了几圈就不见了，只留下一个小凹窝。于是，我们用食指顺着小凹窝旋转着找，口里念道："小沙猪，小窝窝，请你出来看一看。"还没念完就找到了，可好玩了。

2. 学生习作。

"竹、木"作文教学设计

教学要求

用竹棍或木棒做游戏，发挥想象，写一篇作文。

设计意图

孩子们拿着一根根竹棍、木棒，就像是拿着枪、扛着炮，他们沉浸其中，其乐融融。极富幻想的孩子们，让竹、木富有了人性，竹会唱歌，木会说话。我们不能让这神奇的童话世界随着孩子们年龄的增长而消失，而要让它成为美好的回忆，赋予它更深刻的内涵和更精彩的程序，使之随孩子们的成长而变得有价值。鉴于此，我设计了这一训练，不仅是为了让学生回忆美好的童年生活，还为了促进学生的成长。

教学过程

一、基础训练

1. 词语准备。

写出形容竹、木的形与色等的词语或短语，如长条、细长、高大、伞形、滚圆、亮泽、白嫩、笔直、青色、蛋清、黄绿、棕红、绿油油、光溜溜、长长短短、四四方方、头粗尾细、粗细均匀、杯口大小、枝叶茂密、枝繁叶茂、参天大树、粗枝大叶、树干粗壮、节节凸起、色泽油亮等。

2. 句式训练。

(1) 用一句话描述竹或木。句式：形（色）＋竹（木）＋环境（或感觉）。描述的顺序可以改变。例如：

① 这根长长的木棍是我用来练武术的。

② 这截细长的竹子是我送给老师做教鞭的。

③ 那截木桩很粗，木桩上的年轮不是很明显，树心是棕红色的，往外逐渐变淡，树皮下呈白色。

(2) 用竹或木做动作，然后用语言表达出来。例如：

① 一根小木棒在我手中有节奏地挥舞着，我正在指挥乐团演奏。

② 我把小木棒往地上一插，说："这是一棵小树，我要培育它成为参天大树。"

③ 我把一根四十厘米长、粗细均匀的小竹棍递给老师，说："这是我送给你的教鞭。"

二、游戏表演

思路一：以木棒当枪，表演扛枪、刺杀、打靶等动作。

思路二：用两块短短的竹片当快板，边打快板边念顺口溜。

思路三：使用竹木工艺玩具来做游戏。

三、写作指导及练习

1. 教师引导学生描述游戏的过程。例如：

今天我玩了"水接力"游戏。玩具比较复杂，是在一个倒"T"字形木架上装了五个小竹筒。这些竹筒被依次固定在宽约五厘米的木板上，每个竹筒都可以活动，筒身略有倾斜。竹筒没有装水时开口朝上，慢慢往竹筒中倒水，筒口会逐渐倾斜，水满后，竹筒翻转将水倒出，恢复到原来的位置。而水正好倒在另一个竹筒里，就这样一个接一个地一直往下倒，直到第五个竹筒中的水倒在固定不动的倒"T"字形木架底端的水槽里。这个游戏可好玩了，不仅可以听到水"哗哗"地倒入另一个竹筒的声音，还可以看到水被接力，从上到下倾流的过程。

2. 学生写作。

"瓜果集会"作文教学设计

教学要求

引导学生把自己的感情迁移到瓜果上，让瓜果会说、会动，重点要写出自己的想象，表达出自己的情感。

设计意图

瓜果对孩子们的吸引力极大，孩子们总觉得吃不够，特别想吃时总会浮想联翩，即便是吃饱了，眼睛还是舍不得离开。对于这种特殊的感情，一来孩子不会在意，二来孩子会因有贪吃之嫌而羞于记忆和开口，因而导致这宝贵的写作资源被遗忘了。唤醒孩子们的这一感情，并引导他们将它表达出来，是很有意义的，因为体验过，他们表达起来也会快速、自然。

教学过程

一、基础训练

1. 词语准备。

写出描写瓜果颜色、形状、口感等的词语或短语，如硕大、饱满、翠绿、通红、白嫩、香甜、美味、可口、苦涩、酸涩、甘美、甜滋滋、酸溜溜、脆生生、水淋淋、亮晶晶、黑黝黝、又圆又大、累累硕果、细皮嫩肉、汁水甘甜、香味扑鼻、果香诱人、酸中带甜、水分十足、汁水欲滴等。

2. 句式训练。

每人画一种水果，然后说一句话。例如：

① 这是一个又大又圆的西瓜。

② 这是一串成熟的葡萄，一个个葡萄黑中透亮，胀鼓鼓的，散发出诱人的香味。

③ 这是一串黄黄的桂圆，剥去桂圆的皮，只见桂肉水淋淋的，香甜的汁水往外溢。

二、游戏表演

思路一：表演吃水果时很陶醉的样子。

思路二：把自己想象成水果，表演小朋友是怎样贪婪地吃“我”的。

思路三：瓜果集会与孩子们聚会。

三、写作指导及练习

1. 教师引导学生把自己想象成水果，然后进行写话训练。

例一：我是一个圆圆的西瓜，皮肤黑绿发亮，体积不大但心很红，汁水丰富且含糖量高，人们都称我为“美人瓜”。一天，我在集市上被一个小朋友选中了。听他妈妈说，中午有客人，让我招待他们。这个小朋友特别喜欢我，抱着我不肯放，妈妈只好让他抱我回家。一路上，他又是摸又是闻，把我翻来覆去地玩了一遍又一遍。看他馋得流口水的样子，我便想成全他，于是趁他不注意，从他手上滚到了地上，把身子给摔裂了。小朋友的妈妈生气地训斥了他，可他红着脸不做声，只一个劲儿地盯着我看。妈妈的声音一停，他便迫不及待拾起我大口大口地吃起来，那狼吞虎咽的样子真好笑。小朋友吃了一大块后，沾着满脸满身红红的汁水，回家去了，我算是先招待这个“小客人”了。

例二：我是金黄金黄的香蕉，一个小朋友把我拿在手里已经很久了，他不停地闻一闻、握一握，把我拿在手上翻来翻去。我想他肯定是生怕一下吃完了，就再也没有了。玩了半天，他终于把我撕了个小口，露出一小截嫩肉，他又闻了闻，才把我塞进嘴里吸着，舍不得咬，像是怕我疼了似的，只是像吸冰棒一样让我一点点地变小。几分钟后，他才把皮又往下撕一截，然后小口小口地吃着，每咬一点都会慢慢品尝一番。看来我太合他的口味了，他想吃又怕一下子就没了，所以慢慢品尝，以便长时间地拥有满足感。小朋友如此爱惜我，真让我兴奋不已，我真希望自己立刻变大变长，让他多尝一会儿。

2. 学生写作。

“风、雷、雨”作文教学设计

教学要求

回忆风、雷、雨到来时的情形或游戏时自己模仿风、雷、雨的情形，然后描述过程与感受。

设计意图

对风、雷、雨的外形特征，孩子们有独特的感受，但这种感受往往在提笔习作时消失殆尽。然而，我们在生活中并不少见这样的情景：孩子解开扣子，张开双臂，一边跑一边喊：“‘呼呼’风来了；‘轰隆隆’打雷啦，雷公来啦。”或是双手猛地左右一拉，说：“‘啪’，闪电来也。”或是抱着身子、闭着眼睛大叫：“风真大，好冷呀!”或是捂着耳朵抱头鼠窜，说：“吓死我啦!”在课堂上再现这些生活场景会显得别有情趣，让孩子们根据它们写作文则能令孩子们情顿开、情更浓。

教学过程

一、基础训练

1. 词语准备。

写出描写风、雷、雨的词语或短语，如呼呼、沙沙、叮咚、滴答、呼噜噜、哗啦啦、轰隆隆、淅淅沥沥、电闪雷鸣、狂风暴雨、雷声大作、震天动地、震耳欲聋、地动山摇、闷雷滚动、风雨交加、雨雾迷蒙、牛毛细雨、细雨沙沙、噼里啪啦、丝丝细雨、倾盆大雨、雨幕、雨帘、晶莹闪亮、密密斜织、北风呼啸、微风细雨、风号怒吼、凉风习习、风吹草动、呼啸而过、春风拂面等。

2. 句式训练。

句式：形＋物＋声＋环境（或感觉）。顺序可以变换。例如：

① 豆大的雨点“噼里啪啦”地打在伞面上，伞骨末端立刻流下一串串水珠。

② 天上突然闪出一条光亮的倒“Y”线，接着雷声震耳向前滚动。

③ 开始小草点头，接着小树摇头，后来大树歪身，“哗哗”的响声停不住。

二、游戏表演

思路一：表演捂着耳朵躲到爸妈怀里的情景。

思路二：表演迎着风跑步的情景。

思路三：表演下大雨时躲雨的情景。

三、写作指导及练习

1. 教师引导学生描述下雨时躲雨的情形。例如：

天气闷热，我们三个小朋友到河边大树下纳凉。中午时分，天气突变，吹来阵阵凉风。大人开心地笑了，小朋友也欢呼雀跃起来。不一会儿，天空变暗，乌云密布，“滴答、滴答”地落下稀疏的雨点儿。我们挽起袖子，抬起头，让雨点儿落到脸上、手臂上，还大叫着：“真凉快，舒爽极了。”过了一会儿，雨点越来越密，大家开始到处逃散，我们抱着头往屋檐下跑去，一边嘻嘻哈哈，一边希望雨大点。到了屋檐下，你看我，我看你，大家脸上、头上都是水，衣服也湿了。忽然雷声轰鸣，震天动地，吓得我们三个“啊”地大叫着抱成一团，不敢看那耀眼的闪电。

2. 学生写作。

“卖（买）小动物”作文教学设计

教学要求

模仿卖或买小动物的过程，写出自己对小动物的特别感受。

设计意图

许多孩子在大街上看到有人卖小动物时，总会停留，痴痴地看，甚至俯身去逗小动物，喜爱之情显而易见。很多时候，孩子们还会模仿卖小动物的情形，那种惟妙惟肖的模仿实在令人称绝。如此精彩的经历，不去提及则会被他们逐渐淡忘，确实可惜，故创设这样的游戏情境，一来重新燃起学生心中的相关感情，二来也给学生再一次创造的机会，让学生把这段美好的生活记忆留下来，成为永久的回忆，同时也使学生积累习作的素材并得到表达上的训练。

教学过程

一、基础训练

1. 词语准备。

（1）写出形容小动物在笼中的表现，或被控制时的活动姿势等的词语或短语，如静立、呆坐、闭眼、趴着、呆视、缩头、侧躺、呆呆站立、一动不动、闭目养神、东张西望、左顾右盼、原地打转、活蹦乱跳、左冲右突、单脚独立、侧头俯卧等。

（2）写出描写小动物外形的词语或短语，如黄头白颈、洁白如雪、灰黄相间、黑嘴白眉、周身花斑、羽翅丰满等。

2. 句式训练。

（1）句式：环境＋动物＋外表＋动作。例如：

① 笼子里的小鸽子羽毛洁白如雪，它昂着头，东张西望，很机灵。

② 那只脖子上套着链子的小狗，全身乌黑，看上去很凶，可它却懒洋洋地趴在地上，吐出红红的舌头。

(2) 说一句表达自己喜爱小动物的话。例如：

① 这只小狗真机灵，我可喜欢啦。

② 我最喜欢那只全身长满赤色羽毛的大鸽子，它显得很机灵。

(3) 说一句推销小动物的话。例如：

① 别看它身子小，但它可机灵了，一夜能逮好几只老鼠，买这只猫包你不亏。

② 别看小白鼠现在一副懒洋洋的样子，它寻起食物来可机灵了，东蹿西跳，让你看不够，买它就是买开心。

二、游戏表演

卖鸽子：对鸽子说告别话—买卖对话—卖完后独白。

买小狗：路上看到有人卖小狗—因喜爱而舍不得走—吵着要父母买—跟小狗谈话—买完后很高兴。

卖小猪：与小猪对话—买卖对话—因舍不得卖而背小猪回去—矛盾的心情。

三、写作指导及练习

1. 教师引导学生描述卖小猪的过程。例如：

小主人走到猪圈前，对猪说："小猪小猪快吃饱，今天可有几个兄弟(妹)要离开这个大家庭了，你们好好告别吧!"一只小猪很坏，霸槽、独吃，小主人说道："唉，我刚才还不知道要选谁去卖呢，现在倒有了，你这调皮的'小霸王'，还有那个最能吃的'小胖子'，今天就卖你们这两个家伙!"小猪吃完了，小主人便把"小霸王"和"小胖子"抓到两个小竹笼里，很吃力地挑到集市上去。一到集市上，便大叫："卖小猪，卖小猪啦!"两只小猪在竹笼里团团转，这儿拱拱，那儿踢踢，很不安分，好像很不愿意被囚禁。小主人说："小猪小猪别调皮，今天把你们卖了，我也有点舍不得，可是你们长大了，我总得卖呀。"说着摸摸小猪，很亲热地又说："若卖给熟人，我会去看你们的；若卖给陌生人，那你们就自己学乖吧。"这时，来了一个买猪人，他边看边说："这小猪真胖，嘴短，肯定用不了一年时间，就能长到三四百斤，我买了。""你太有眼光了，一下就挑中了它们，我可是把两只最好的拿来卖的。""谁说我买两只了，我只买这只胖的，那只看上去很凶，我不要。”“好好，你太厉害了，看来是养猪老手。”过了很久，太阳都快下山了，只卖了一只小猪，另一只没卖出去，小主人只好背着它回家了。

2. 学生写作。

“为小动物造窝”作文教学设计

教学要求

学生先准备材料模拟给小动物造窝，然后进行习作训练。要求写出所造的窝的样子，并写出让小动物住进“新房”的话。

设计意图

喜欢小动物的孩子，都喜欢看大人是怎样给小动物造窝的。尽管自己不会造窝，但孩子们的模仿能力很强，也有些孩子曾经为小动物造过窝，如给小鸟、小狗做窝等，只是不经提醒而记不起来。这是很好的表达真情实感的素材。

教学过程

一、基础训练

1. 词语准备。

写出形容窝、描写造窝动作的词语或短语，以及表达自己喜爱动物的词语或短语，如方形、圆形、塔形、椭圆、弧形、圆柱形、单色、杂色、粗糙、平顶、秃顶、凹窝、弧槽、拱门、栅栏、扇形窗、透光屋顶、人字形顶、精致美观、粗糙简陋、通体透明、栅栏密布、黑瓦黄墙、细心编织、随意搭建、任意选材、精心布置、一砖一瓦、小巧玲珑等。

2. 句式训练。

(1) 用一句话来介绍自己想造的房子的样子。

① 我想造一幢塔形小屋给猫住，让猫爬上爬下，发挥它的特长。

② 我要造一座多层的房子让蚕住，满足大小不同的蚕的需要。

③ 我要用铁丝围一个圆柱形拱顶鸟笼，让鸟既看得到外界又飞不出去。

(2) 说一句让小动物住进你造的房子的话。

① 小鸟宝贝，你可以不用再被绑住脚了，可以住进这透亮的窝了。

② 小鸟儿，我用芦苇为你造了一个温暖的窝，冬天你可以钻进这温暖的窝里享受，不会被冻了。

③ 小狗狗，在这院子的一角，我已经钉了木板，铺了稻草，冬天你就在里面享受吧，又安全，又暖和。

二、游戏表演

学生拿出自己准备的材料，单独或和同学合作造动物的小窝，可边做边自言自语，造好后进行游戏表演。

思路一：先学“砌墙”，造猪圈，然后请小猪入圈。

思路二：用纸盒钻孔，试造蚕窝。

思路三：在一个大竹筒上钻孔造蜂房。

三、写作指导及练习

1. 教师引导学生描述游戏的过程。例如：

这是一个绿色的大竹筒，它代表蜂房。我在竹筒上钻出许多圆圆的小孔，这是给蜜蜂进出的大门。

小蜜蜂在花丛中采蜜（几名学生表演蜜蜂采蜜的情形），我把蜂房摆放到蜜蜂最多的地方，叫道：“小蜜蜂，小蜜蜂，快进我为你们造的房子里呀，这里面可舒适了。”过了一会儿，果然来了一只蜜蜂（学生饰），他在房子四周飞来飞去，看了又看，说：“这房子很特别，像是为我们造的，外表挺好看的，不知道里面如何，我得进去瞧瞧。”说着便钻了进去。过了一会儿，他飞出来说：“OK，就选这个地方住吧。”果然，第二天便飞来了一群蜜蜂（学生饰）。一天又一天，一月又一月，蜜蜂们在此过了一年，很满意。可是有一天，一个经常来这散步的人（学生饰）竟切走了好大一块蜂糖，并开心地说：“太好了，这可真是纯天然食品，我可以美美地享用一个月了。”蜜蜂们发现自己的劳动成果被人拿走了，非常伤心，忍气吞声地又过了两个月，当春暖花开时就飞走了。“唉！再也吃不到这美味了。”那人叹气道。

2. 学生写作。

“带小动物散步”作文教学设计

教学要求

假设学生有一只玩具狗和一只玩具鸟，请他们做一个带小动物去散步的游戏，然后把游戏过程写下来。

设计意图

孩子们常常羡慕别人带着活泼可爱的小狗在野外游玩，也想有一天自己能带着美丽可爱的小动物一起忘情地玩耍。有的孩子已实践过、满足过，而有的孩子只能看一看、仿一仿。一些孩子经常围着提着笼子卖小鸟的小贩，自己也渴望能拥有一只，因而许久不舍离去，那神态着实令人感动。孩子们心中有这种感情，为什么不让他们抒发出来呢？因而，我设计了这一堂课，让孩子们抒心中之情，一吐之快。

教学过程

一、基础训练

1. 词语准备。

写出描写动物散步及自己动作的词语或短语，如晃悠、抖动、蹦跳、鸣叫、站立、抓脸、蹲坐、侧头、摇摆、小跑、颤悠悠、伸懒腰、急转身、直打转、兜圈子、跳上跳下、突然直立、摇头摆尾、扑扑羽翅、叫声婉转、走走停停、挣脱链条、边叫边追、回头凝视、热情狂跳等。

2. 句式训练。

(1) 对小鸟或小狗说句亲热的话，或说句训斥的话。

① 可爱的小生灵，请清清你的嗓子，叫几声吧!

② 干吗死气沉沉的，跳一跳。

③ 小宝贝，快过来，让我抱抱你，省得你走累了。

④ 喂，别乱跑，快过来，否则揍你。

(2) 写一句形容散步时的心情的句子。

① 瞧，出来散散心多好啊，让你看看大自然的美景。

② 唉，和你散步，可把我累坏了，不过也让我乐在其中。

二、游戏表演

思路一：用链条拴着小狗在大街上散步。

思路二：两人各提一个鸟笼在公园里散步。

思路三：提着鸟笼带着小狗散步。

三、写作指导及练习

1. 教师引导学生描述带小动物散步的情形。例如：

傍晚，我提起鸟笼，唤来哈巴狗，散步去了。一路上，哈巴狗在我身前身后，又嗅又跳，忙个不停。看到它那调皮的样子，我故意不理睬它，只把鸟笼举到眼前，对着里面的麻雀说话："小雀雀，别乱跳了，我们散步去。到了有树的地方，我一定让你在树下玩个够。你能叫几声听听吗？"说着抖抖笼子。麻雀左跳右跳，扑扇着翅膀想飞。小狗见我跟麻雀这样亲热，可气坏了，仰头盯着麻雀跳呀跳，还不时"汪、汪"地叫几声。走着走着，小狗突然不见了。我左看右看，前看后看，发现小狗生气不走了，坐在路上看着我和麻雀。于是我唤了它几声，小狗便猛地窜到我身边。到了一棵树下，我把鸟笼挂在树枝上，抱起小狗说："今天怎么了，是不是嫉妒了？"一边说一边理理它的毛，并轻轻抚摸它的头，小狗高兴得直摇尾巴。这时麻雀叫了一声，似乎想引起我的注意。我又丢下小狗，逗麻雀。后来我灵机一动，就把麻雀和小狗放在了一起，想看看小狗有何举动。果然跟我预想的一样，小狗直盯着笼内的麻雀，嗅嗅跳跳，还把嘴凑到笼边咬铁丝，吓得麻雀直躲闪，并不停地叫着。

2. 学生写作。

"给小动物看病"作文教学设计

教学要求

表演给小动物看病的情形，然后写作文，要注意写出给小动物看病的过程。

设计意图

孩子一般都很有同情心，当小动物生病时，孩子会因对小动物的喜爱而感到特别伤心。许多孩子都有过给小动物看病的经历。因为孩子的想象力和模仿能力很强，即使有些孩子没有见过小动物生病，也能想象出当时的画面。孩子在游戏中模仿给小动物看病，把人的情感迁移到小动物身上，并陶醉其中。这种童真童趣十分可贵，教师应该唤醒它，并引导学生将它写下来。

教学过程

一、基础训练

1. 词语准备。

写出描写小动物生病时的情态以及表达自己心情的词语或短语，如安静、痴呆、发抖、呻吟、虚弱、干瘦、脱毛、难过、焦急、求助、安抚、不忍、伤心、可怜、懒洋洋、惨兮兮、翻白眼、痛苦万分、百般无奈、无精打采、毫无生气、动作迟缓、目光呆滞、死气沉沉、没有声息、不吃不喝、口吐白沫、手脚不灵、无法站直、不能动弹等。

2. 句式训练。

（1）写一句描写小动物生病情况的句子。例如：

① 小狗好几天没吃东西了，只一个劲儿地闷睡。

② 小鸟总垂着头，眯着眼，有时还全身发抖。

③ 小鱼总浮到水面上来，还常常翻白眼。

（2）说一句表达同情的话，说一句爱抚或安慰的话。例如：

① 怪可怜的，真不知怎么办好。

② 小兔坚持住，我马上给你找医生来。

③ 你可别让我担心了，快吃点吧。你忍一忍，我会想办法让你好起来的。

④ 还难受吗？我真为你担心。

⑤ 没事儿，过几天你又会像以前一样活泼可爱了。

（3）说一句带有动作的话。例如：

① 我抱起生病的鸽子往兽医站跑去。

② 我请来当医生的叔叔为小狗打针。

二、游戏表演

思路一：发现小狗病了，带它去看兽医。

思路二：给玩具熊看病。

思路三：一名学生饰小兔，另一名学生饰医生给小兔看病。

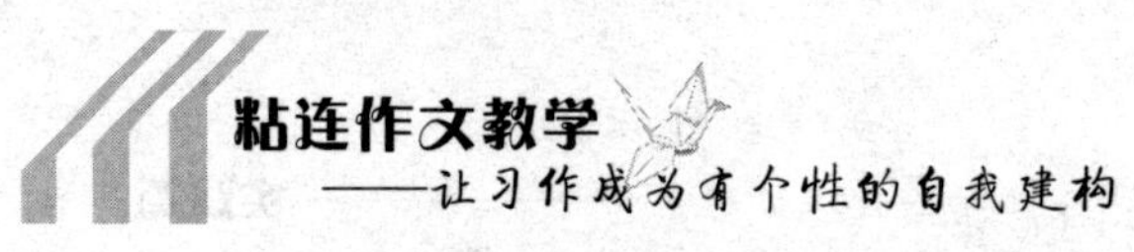

三、写作指导及练习

1. 教师引导学生描述游戏的过程。例如：

蹦蹦跳跳、活泼可爱的小白兔（学生饰）肚子疼，整天躺在窝里不想动，有时半夜还发出呻吟声。小主人（学生饰）发现了，来到兔窝前伸手摸摸小白兔说："一定是生病了，怪不得看不到你活蹦乱跳的身影。"他一边摸摸小白兔，一边说道："小白兔，你哪里不舒服呀，要不要紧？来，多吃些食物就有力气了。"到了中午，小主人发现小白兔还在昏头昏脑地大睡，食物一点儿也没吃，有些着急了，赶忙说："你坚持住，我去叫医生来，你一定会好的。"小白兔只抬了一下眼皮，什么表示都没有，又昏睡了。小主人说："我叔叔是兽医，我去请他来。"医生（学生饰）来了，他穿上白大褂，仔细检查一番后对小主人说："小白兔得了肠炎，正在发烧，要打针。"小白兔好像听懂了医生的话，知道要给它打针似的，拼命往窝里躲。小主人一听要给小白兔打针，吓了一跳，心想：还好，要打针的不是我。小主人急忙说："小白兔，不要怕打针，就跟蚂蚁咬一样，不疼的。打了针，病就会好的，你就可以到处跑了。打完针，我给你送好吃的。"扮演医生的学生拿了根教鞭当针，小主人看见后说："我的妈呀，这么粗的针，谁受得了呀，没病都会吓死，更何况已经生病了呢！"医生才不听这些，对着小白兔就刺，小白兔一下昏了过去，小主人见后也昏过去了。医生一看，一下昏倒两个，也四肢一软昏过去了。

2. 学生写作。

第二节　日常情景再现，场景粘连

"晨练"作文教学设计

教学要求

描写晨练的场面，引导学生注意留心观察生活，学习用合适的词语描写看到的情景，并积累相关词语。

设计意图

早上，学生在上学的路上经常能见到晨练的人。尽管经常见到，但晨练却很少引起学生的表达冲动。在他们的眼里，晨练没什么好写的，而且意义不大，所以不少人都对此熟视无睹。其实，晨练不仅是动作与环境描写的典型素材，也会给学生带来一些生活感悟。鉴于此，我选择了这一题材来引导学生练笔。

教学过程

一、基础训练

1. 词语准备。

写出与晨练有关的词语或短语，如伸展、舒展、慢跑、抓握、蹦跳、压腿、弯腰、旋转、健步如飞、忽上忽下、左右开弓、伸臂弯腰、引体向上、轻快摆动、气喘吁吁、身轻如燕、轻松自如、大汗淋漓、脸红气粗、刚柔相济等。

2. 句式训练。

(1) 教师描述句子，学生猜词语。

① 一位笑盈盈的老太太，听着音乐，脚步敏捷，双手拿着扇子，忽上忽下，忽前忽后，忽左忽右，姿势优美，动作娴熟。原来她是在________。

② 一个青年双手前后积极摆动，身子一高一低，步子很大，步伐交替也很快，路边的房屋、树木都从他眼前向后移，他的脸上、额头上都渗出了汗珠，嘴里还喘着粗气。原来他是在________。

③ 他的动作缓慢，好像在牵拉一根线，每做一个动作都很费力，每完成一个动作都要费很长的时间，但看上去很优美。只见他时而双手好像抱了个沉重的球，时而又好像用双手推开一扇沉重的门，马步、弓步、并步交替变换，每变一个动作，身子都跟着缓慢移动。他两眼紧盯着双手，生怕手中的东西掉了似的。原来他是在________。

(2) 教师说动作，学生描述句子。

教师说出的动作有这些：扭秧歌、做早操、压腿、打羽毛球、跳绳、慢跑、转呼啦圈。

二、游戏表演

教师出题，学生根据要求先表演，然后进行口头表达。

三、写作指导及练习

1. 教师引导学生描写晨练的场景。

思路一：自己晨练。可以按照“起床—预备—锻炼—开始一天的生活”的顺序来说。

思路二：看别人晨练。可以按照“早起读书—看到周围人晨练—自己也边读边练”的顺序来说。

思路三：相约到公园晨练。可以按照“一路上的所见、所闻和心情—公园见闻—和同学晨练”的顺序来说。

范例：

我早晨睁开眼睛，伸了个懒腰，看看时间还早，转身正准备继续睡，突然想起要和同学到公园练跳舞，于是急忙起床洗漱。因为有点晚了，我一出门便一路小跑起来。嘿，真是不来不知道，来了吓一跳，路上真热闹啊！跑步的人真多，老人慢跑，青年跑得较快。不一会儿，我就到了公园。公园里真是晨练的好地方，这边有人打球，那边有人跳舞，左边有人做操，右边有人舞剑，五花八门。虽然项目多，可并没有互相干扰，大家各做各的，人人都练得十分投入。这时同学们也到了，我们选在一棵大树下练跳舞。教练是班长，她的舞姿可美了，有荷花玉立——双手相贴，手掌呈半弧状，宛如荷花，举过头顶，仰头看手，双脚脚尖顶地，踏着碎步，颤颤巍巍，宛如轻风刁过一般；有小荷露尖——双手紧握，伸食指，相并成尖状，先蹲下，然后两手慢慢从胸前向上伸展，伸过头顶冒出尖儿。我们练得很开心，很有收获。

2. 学生写作。

“待客”作文教学设计

教学要求

写出待客的过程及自己从中获得的认识，培养学生认真观察生活的习惯，使学生懂得如何招待客人。

设计意图

这是提醒学生留心观察生活的又一项活动。孩子们经常见到父母招待客人的场面，却没有几个人留心过、感叹过，大多数人对此都熟视无睹。一个个多么好的热爱生活、留心生活、表现生活的机会就在无意识中流失了。通过本次的训练，不仅可以启发学生热爱生活、留心生活，还有助于学生良好品德的形成。虽然以前我曾指导学生写过有关“做客”的作文，但待客与做客不同，这不仅体现在主动与被动上，而且人物的心理、行为等也不同，甚至意义也不同，所以有必要对此进行专项训练。

教学过程

一、基础训练

1. 词语准备。

写出与待客有关的词语或短语，如热情、客气、连忙、迎接、问候、和蔼、微笑、倒水、竭诚服务、热情款待、嘘寒问暖、再三挽留、笑脸相迎、关怀备至、彬彬有礼、细心周到、热情洋溢、甜言蜜语、有礼有节、忙前忙后、行礼相送、恭恭敬敬等。

2. 句式训练。

句型：人＋动作＋对象＋表情＋语言。

① 我打开门一看，原来是老师，我急忙笑着说道：“老师快请进，您这儿坐”。

② 我远远看到同桌，便招手示意，笑着说：“欢迎到我家做客”。

③ 我一进门就看到对门的阿姨坐在沙发上，便很有礼貌地说道：“阿姨好，我给您沏茶去。”

④ 我刚到家门口就看到久别的表弟，便高兴地边跳边喊：“表弟你好，什么时候到的？”说着便和表弟拥抱在一起。

二、游戏表演

1. 教师描述，学生猜来做客的人是谁。

① 我打开门一看，连忙笑着做了个邀请的动作，并有礼貌地说：“请进，您先坐一会儿，我给爸爸打电话。”（爸爸的朋友来做客）

② 我打开门一看，没有好气地说：“原来是你呀，进来吧！”（自己不

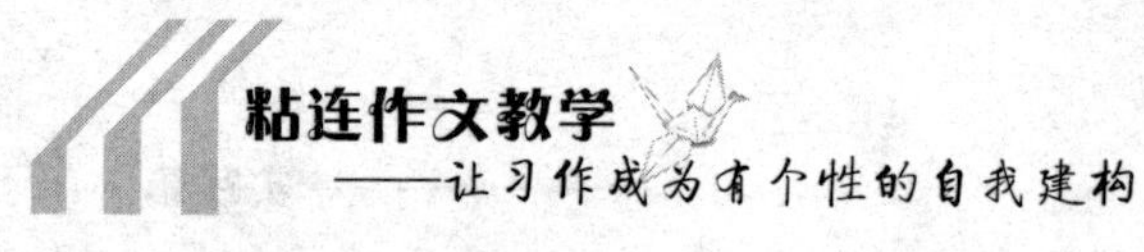

喜欢的人来做客）

③ 我打开门一看，不禁叫道：“啊！”接着两人拥抱在一起，欢跳着。（许久未见的朋友来做客）

2. 一名学生表演，其他学生猜来做客的人是谁。

① 我打开门，看到门外的人，我大吃一惊，不由得跳了起来。进门后，我把好玩的都搬了出来。（好朋友来做客）

② 我打开门，把门外的人请进来后羞涩地说：“您快请坐。”之后便把爸妈叫来，自己也规矩地坐在旁边。（老师来做客）

3. 学生合作表演。

思路一：接待老师。

思路二：接待陌生客人。

思路三：接待爸爸的同事。

思路四：接待自己的同学。

三、写作指导及练习

1. 教师引导学生描述待客的情形。例如：

星期天，我在家闲着没事，便打开电视看起《西游记》来。我刚看十来分钟，就听到有人敲门。我正看得入迷，真不想去开门，便装作没听到。门外敲了五六遍，我心里骂道：“真吵，看个电视都不能安心。”我很不情愿地站了起来，这时，我听到说话声：“有人吗？”这声音好熟，可我就是想不起来是谁，不过还是没好气地去开门。一打开门，我大吃一惊，伸了一下舌头，然后急忙鞠了一个躬，说道：“老师好！快请进。”我赶忙给老师搬椅子，然后一边倒茶，一边叫出里屋的爸爸和厨房里的妈妈。我毕恭毕敬地端茶，拿水果，并热情而略带羞涩地说：“老师请吃水果。”不一会儿，父母都来了，老师和父母交谈起来，我便老老实实地坐在一边，大气不敢出，心里想：真是巧，刚看电视就被老师撞见，要是今天预习功课，那老师一到家就会夸我了。我一边想一边听，有机会赶忙插了一句：“老师，您请吃水果。”

2. 学生写作。

“做家务”作文教学设计

教学要求

写出做家务的原因、经过和感受，其中过程和感受是本次训练的重点。

设计意图

做家务是许多学生爱写的作文素材，因为大家都有过做家务的体验，而且印象深刻。但学生写做家务的作文更多的是写做家务的过程和意义，至于做家务的动机与体验，学生是很少提及的。本次设计的“做家务”作文训练，主要目的在于调动学生的情感，通过表演将实际过程“戏化”，进而增添趣味性，唤起学生的情感体验，培养学生“为父母分担家务”“帮大人忙”和“讲卫生”的习惯。

教学过程

一、基础训练

1. 词语准备。

写出与做家务有关的词语或短语，如擦洗、拖地、洗涮、收拾、整理、帮忙、带动、辛苦、劳累、酸痛、舒筋健骨、晕头转向、爬上爬下、忙忙碌碌、一尘不染、大汗淋漓、忙里忙外、不可开交、瞻前顾后、腰酸背痛、辛勤劳作、干干净净、窗明几净、整整齐齐、动作麻利、干净利索等。

2. 句式训练。

句型一：人＋劳动时间＋感受。

句型二：环境＋人＋动作＋结果。

① 我洗了一个小时的衣服，手都软了，腿也酸了。

② 妈妈干了一天的家务，到了晚上直喊腰酸。

③ 我双手高高地举着，不一会儿就觉得酸软无比了，干活真辛苦啊！

④ 我走进厨房，看到有一大堆碗要洗，有些不情愿，不过还是倒了热水，挤了些洗洁精，一个一个地擦洗着。半个小时后，终于洗完了，一个个洁净的碗闪着亮光，我开心极了。

⑤ 窗户玻璃可脏了，我拿来椅子，小心地爬上去，认真地擦洗着，经过两三次的爬上爬下，窗户玻璃变得又干净又明亮了。

⑥ 我走到河边，看见妈妈和几位阿姨在洗被子和衣服，她们一会儿搓，一会儿漂洗，一会儿还用洗衣棒捶打，动作娴熟，不一会儿就洗完了。

二、游戏表演

1. 教师描述动作，学生猜是在干什么。

① 拿着扫帚，一边扫一边后退，扫完了，手也酸了。这是在干什么？（扫地）

② 把长而软的东西放入盆里，倒些白色的粉沫，揉搓一会儿，洗好后，赶忙放水冲洗。这是在干什么？（洗衣服）

③ 双手握拖把，一推一拉，偶尔提起抖一抖。这是在干什么？（拖地）

④ 吃饭后来到厨房，开水龙头，挤洗洁精，擦洗东西。这是在干什么？（洗碗）

⑤ 蹲蹲站站，双手又叠又抱，排排摆摆。这是在干什么？（整理房间）

2. 一名学生做动作，其他学生描述。

动作一：擦玻璃（柜台玻璃）。

描述内容：只见小华拿着喷水器，往柜台玻璃上喷着，然后拿来抹布，一个劲儿地擦洗，接着拎了一桶水，又擦了一遍，最后找来一块干布，将水擦干。

动作二：拖地板。

描述内容：小英先把地上的赃物扫到一起，用簸箕装好，然后找来拖把和桶，拧开水，把拖把放进装了大半桶水的桶里，上下搅了几下，便挽起袖子拧干拖把，拿着拖把来到大厅的一个角落，两脚一前一后站立，摆开阵势开始拖地。拖到大厅中间时，她又横拖，边拖边退，一会儿就把大厅的地板拖干净了。

动作三：洗衣服。

描述内容：小娟把脏衣服装进桶里，拎到河边。到河边后，她先把衣服一件件从桶里拿出来，放在水里浸湿，再把衣服拎起来放到一块大石头上，一件件地涂肥皂，用刷子刷，然后又把刷完的衣服泡到桶里，一件件地搓，之后在河里荡荡搓搓，直到看到水变清为止。

3. 学生合作表演。

思路一：看别人做家务。

思路二：自己做家务。

三、写作指导及练习

1. 教师引导学生描述做家务的情形。例如：

星期天，我在家里做作业，妈妈说趁今天有空打扫一下家里的卫生。我说："妈妈，让我帮你吧！"妈妈说："你还是做作业吧，不要越帮越忙。"于是我便埋头做作业了。妈妈在房间里收拾着，过了很久，她出来说："总算把几个房间收拾好了。"这时我作业做完了，就剩日记了。看到妈妈在打扫客厅，我想正好就写观察日记吧。只见妈妈先把地板打扫干净，然后提了一桶水，拿着抹布来到窗前，擦起窗户来，她先擦玻璃，再擦边框。之后，妈妈又开始擦家具。不一会儿，妈妈额头上就渗出了汗珠，动作也慢了下来，没有先前那样风风火火了。我想妈妈一定是累了，急忙倒了一杯茶递给她，说："妈，喝口水吧。"妈妈冲我一笑，接过杯子，一口气就喝完了，并说："很快了，马上就好。"又是一盏茶的工夫，家具就全被妈妈擦干净了。最后是拖地，妈妈不断地换水洗拖把，地很快就被拖干净了。妈妈对我说："你可别动了，先坐一会儿，等地干了再走。"说着擦了一下汗。我想，这下妈妈可以好好地休息了，谁知妈妈又在厨房忙开了，因为又到了做午饭的时间。吃完午饭，爸爸帮忙洗碗，我想这下妈妈总可以休息了吧。可是妈妈忙得出了一身汗又得洗澡，洗完澡又要洗衣服。唉，妈妈可真累啊！

2. 学生习作。

"拔牙"作文教学设计

教学要求

表演拔牙时的情景，完成表演之后，写出拔牙的经过及当时的心理活动。

设计意图

很多孩子都会经历拔牙，这一特殊的经历，总能让孩子们记忆犹新，但并不是所有的孩子都能将这一经历写出来。这说明一些孩子还没意识到或者认识到经历可以作为写作素材。在课堂上再现这一情境，不仅能激起学生原有的情感，帮助其回忆事件，还能使学生在这种集体氛围中产生新的体验，进而产生写作的兴趣。这样不仅能让学生淋漓尽致地表达感情，还能提升学生的想象力。

教学过程

一、基础训练

1. 词语准备。

写出描写拔牙场面以及表达心理感受的词语或短语，如害怕、恐惧、夹紧、猛拉、张口、恐慌、疼痛、毛骨悚然、硬着头皮、牙齿松动、满口是血、用力一拔、疼痛无比、担惊受怕、心里发慌、不敢正视、全身发麻、全身发抖、动作迅速、四肢瘫软等。

2. 句式训练。

(1) 扮演牙医，然后说一句话。

① 牙疼不是病，痛起来要你命，牙痛要尽早治。

② 不能动，嘴张大，轻轻一拔就没事了。

③ 不是蛀牙，是牙周炎，开盒药服用就没事了。

④ 牙齿卫生没搞好，刷牙方法不对，每次刷牙至少要刷三分钟。

(2) 扮演牙疼者，然后说一句话。

① 医生，我的牙很痛，帮我拔掉好吗?

② 疼死我了，我不拔，要不给我打点麻药。

③ 医生，我牙疼，帮我看看是不是有蛀牙了。

(3) 表演一个拔牙动作，然后说一句话。

① 医生打开盒盖，取出一把钳子，拿在手中，开开合合地试用了一下。

② 钳住蛀牙猛地用力一拔，牙就拔出来了。

③ 医生摸了摸牙齿说:“这颗牙还不能拔，先观察一段时间再说。”

二、游戏表演

思路一：拔乳牙。

思路二：拔额外牙。

思路三：拔牙根。

三、写作指导及练习

1. 教师引导学生描述游戏的过程。例如：

最近，小明（学生饰）的门牙前又长了一颗牙，这颗牙越长越长，开始往外暴，大家都觉得难看极了。小明也不敢笑了，总是紧闭着嘴，笑时总是抿嘴而笑，实在忍不住了，就用手捂着嘴笑。憋了几天，他实在忍不住了，便跟妈妈一起去牙科看医生。牙医（学生饰）让小明张开嘴，看了看说："这颗牙还不能拔，现在拔了会伤到已长出的新牙，到时候就丑一辈子了。"小明听了很难过，拔也难看，不拔也难看，还得留着。又过了半个月，小明又到牙科找医生，牙医检查了一下说："可以拔了。"说着拿出一把大牙钳，小明一见吓坏了，一脸恐惧道："这么大的钳子，那不是要疼死我，我不拔了。"牙医说："现在不拔，你会后悔的。张开嘴一下就解决了。"小明捂着嘴，叫道："疼，我不拔了。"牙医柔声说道："不拔以后会很丑的，拔就疼这么一下，以后牙齿长出来就好看了。"牙医让小明张开嘴，然后用钳子钳住这颗额外牙，两手用力，故意咬牙，还不时地弯腰伸腿，故意折腾，小明大叫，又叫不出来，惹得大家哈哈大笑。

2. 每人写完一个游戏片段后，再写一段生活中真实发生的拔牙故事，中间用上过渡句。比如，可以用上"大家可别笑，这样的事情我真经历过，现在想起来还觉得有点怕。"这个句子。

3. 学生写作。

"买零食"作文教学设计

教学要求

表演买零食、吃零食的情形之后，联系自己的生活经历写一篇作文，应注意情境营造和心理描写。

设计意图

买零食和吃零食是孩子们喜欢做的事情，用弗洛伊德的理论说，孩子正处于口腔期和触摸期，因而吃是所有孩子向往的事情。虽然孩子们非常热衷于吃，但因为买零食的时间短，孩子们的注意力又放在吃食物上，所以孩子们很少写吃零食的内容。其实，这种让孩子们身心投入、全情钟爱，有助于他们表达真情实感的素材是最好的习作内容，因此，把这一内容搬到课堂并加以放大、突出，孩子们能马上醒悟，会心一笑，进而激情满怀地提笔而作，不仅能写出食物的味美、贪吃心理和享受情怀，还能写出自己的感悟，并重新认识生活中的这一现象。

教学过程

一、基础训练

1. 词语准备。

写出形容零食味道的词语，以及描写吃零食的动作和心理的词语或短语，如尝鲜、品尝、香甜、酸辣、鲜辣、甜美、可口、甘甜、鲜嫩、柔韧、坚硬、黏稠、松软、脆生生、飘香、麻口、香酥、酥脆、大饱口福、冰凉解渴、心满意足、馨香回溢、胃口大开、狼吞虎咽、细细品尝等。

2. 句式训练。

(1) 为最爱吃的零食美言一句。

① 又好吃又好玩的泡泡糖。

② 百吃不腻的巧克力。

③ 嗑瓜子，好吃美容双丰收。

(2) 做一个吃零食的动作，让别人猜自己吃的是什么零食，然后写一句话。

① 撕开袋口，从袋子里取出一片片的食物，一边嚼，一边不断往嘴里送。(吃薯片)

② 从口袋里取出一粒，双手一掰，倒出果实，手指捏捏搓搓，吹口气，然后把果实放入口中嚼。(吃花生)

③ 剥掉外面的包装纸，放入口中，吸一口，还不停地用舌头舔舔嘴唇。(吃冰棍)

二、游戏表演

思路一：大家买同一种零食，比赛谁吃得快。

思路二：吃冰棒与喝冷饮。

思路三：吃桃子。

三、写作指导及练习

1. 教师引导学生描述买水果的情形。例如：

早上，小伟和妈妈上街买水果。小伟说要吃李子，妈妈却说李子不好，还是桃子好，桃子营养成分丰富，又不会吃坏肚子，于是便买了三斤大桃子。小伟馋极了，伸手抓了一个就要咬，幸好妈妈眼疾手快，一把抓住小伟的手说："不能吃，要先洗净再吃。"小伟咽了一下口水，把桃子放回塑料袋里。到了家里，妈妈把桃子洗干净，小伟迫不及待地挑了一个又大又红的桃子，津津有味地吃起来，很快就吃完了一个桃子。小伟觉得不过瘾，又挑了一个又硬又绿的桃子，因为他想尝尝另一种味道。一口下去，小伟就觉得舌头难受，仔细一看，原来是妈妈忘记洗这个桃子了，皮上还有毛。他只好抓住桃子搓呀搓，结果还是搓不干净。于是，他只好先去洗了再吃，尽管很麻烦，可小伟却说："真够味，真好吃。"

2. 请联系生活，说一说你在生活中有没有类似的经历，如果有，请你在这段话之后再补上一段，如果没有类似的经历，也可以写其他的，然后跟大家分享。

3. 学生写作。

"下棋"作文教学设计

教学要求

请几组学生下不同的棋，然后写出游戏场面及自己的体会，引导学生学会细致观察。

设计意图

孩子们的课外生活丰富多彩，下棋也是一些孩子的爱好。同参与其他活动一样，他们在乎的是棋局的胜负，而不是下棋的过程，所以尽管不少孩子下棋的次数很多，但把这件事写成作文的人却很少。他们下棋时过于重视结果，而对过程的品味太少，更不会去注意周围的环境、气氛和当时自己的心理，因而他们习作时总觉得除了写几步棋路、胜负结果和最后的心理，便没有内容可写了，似乎每次下棋的收获都是一样的。因此，设计课堂对垒，能在满足他们兴趣的基础上让他们体会环境、气氛带来的效果，观察对垒时当局双方的表情，并从过程与结果中认识人的性格特征等。

教学过程

一、基础训练

1. 词语准备。

写出描写下棋场面及下棋者心理活动的词语或短语，如锁眉、轻快、轻松、堵截、沉思、倒退、飞越、一步一步、横冲直撞、一路拼杀、不紧不慢、沉着应对、三思后行、思前想后、步步紧逼、咄咄逼人、一退再退、不可收拾、落地生根、心中有数、节节败退、心急如焚、声东击西、苦不堪言、心慌意乱、乱了阵脚、招架不住、中盘认输等。

2. 句式训练。

做出下棋时的动作和表情，然后说一句话。例如：

① 一子刚落，他便笑逐颜开，得意至极。

② 他用力一甩，正好掷得一个大数“6”，可以连续飞跃36步。（飞棋）

③ 他把“车”啪的一放，叫道：“将军，你无路可逃了，投降吧。”

二、游戏表演

思路一：围棋对垒。

思路二：象棋对垒。

思路三：飞棋（跳棋）对垒。

三、写作指导及练习

1. 教师引导学生描述下棋的过程。例如：

比赛开始了，班上有五组十位同学同时下起棋来。同学们按组围观，有的指指点点，有的暗里相助，有的只是喝彩。在大家的围观中，下棋的同学拘束起来，没有平时那么轻松了，一个个脸颊微红，镇静中透出慌张，下棋路子也规矩，少了平时的霸气与灵气。就连班上最强的两位棋手也放不开手脚，保守地一步一个脚印，稳扎稳打地走。两人神情专注，把注意力集中在棋盘上，只是偶尔看看围观的我们。他们平时下棋时很幽默，笑语不断，今天在大家的围观下只顾下棋，没了其他反应。两人认真对垒，互不相让，相互制约，杀得难解难分，不知道怎么打破僵局，真可谓棋逢对手，难分高低。

2. 请联系生活，说一说你在生活中有没有类似的经历，如果有，请你在这段话后面再补上一段，如果没有类似的经历，也可以写其他的，然后跟大家分享。

3. 学生写作。

“问路”作文教学设计

教学要求

表演到陌生的地方后问路的情景，并联系自己的生活经历，写一篇作文。

设计意图

请求别人帮助或被别人请求，孩子们都是经历过的，在帮助与被帮助的事中，问路算是一个典型。但因为它出现得突然，又十分短暂，所以在孩子们的心中从未有过问路也可以写篇作文的想法，因而尽管在生活中遇到过各种各样的问路情形，孩子们也是毫不在意，事过即忘。其实，只要稍微留心便会发现，这一内容也是写作的好素材。问路人的表情、心理，那种寻找询问对象的神情，那渴望得到正确答案（得到帮助）的样子，可谓丰富多彩；问路时的语气、语言和得到帮助后的表情、动作，也同样多种多样；被问者的性格、被问时的表情和语言也很丰富。捕捉到这些，孩子们便不会没有内容可写了。即使是生活中短暂的瞬间，也有丰富的内涵，把这种瞬间搬上课堂，对局部进行放大，孩子们就会醒悟，不仅有习作的冲动，还会有观察、感悟生活的收获。

教学过程

一、基础训练

1. 词语准备。

写出与问路有关的词语或短语，如焦急、慌张、渴望、寻求、和蔼、温和、高兴、担心、惊奇、惶恐、认真、随便、顺口、抱拳、施礼、疑问、仔细、详细、打扰、对不起、不用谢、不知道、心存疑虑、将信将疑、彬彬有礼、客客气气、东张西望、一脸疑惑、愁眉不展、语气温和、满脸欢喜、连声道谢、一五一十等。

2. 句式训练。

(1) 说一句问路的话。

① 请问小朋友，东风街怎么走?

② 这位同学，你能带我到你们学校去吗?

③ 请问到第一中学怎么走?

(2) 即兴对话，然后写下来。

① 阿姨，我要到翠微商场，该怎么坐车?

② 对不起，我也是刚到这儿的，我不知道，你问别人吧!

③ 叔叔，请问去东方幼儿园要走哪条街呀?

④ 去东方幼儿园走盐街，第一个路口右拐，然后一直走就能看到了。

⑤ 小同学，你们学校怎么走?

⑥ 我带你去吧，跟我来。

二、游戏表演

思路一：到陌生地问路。

思路二：陌生人向你问路（分为有礼貌和没礼貌的情形）。

思路三：一位不识字的老奶奶向你问路。

三、写作指导及练习

1. 教师引导学生描述问路的情形。例如：

啊，省城真大呀！街道这么多，楼层这么高，到处是来来往往的车和人。我和妈妈在街上闲逛，我迷上了一个玩具，看了又看，摸了又摸，等我回过神来，妈妈不见了，我急得东张西望，四下寻找。我心想：惨了，这回不知道该怎么走了，干脆先回“家”吧。可是走到路口，我不知该往哪条街走，心里更慌了。正好路口有个水果摊，一位阿姨在卖水果，我急忙走过去，很有礼貌地问道：“阿姨，请问去华侨新村要走哪条街?”阿姨愣了一下说：“我也不知道，我也是外地人，你还是去问本地人吧。”这时，一位很帅气的哥哥走过来，我赶忙问道：“大哥哥，去华侨新村该走哪条街?”那哥哥看了我一眼，冷冷地说道：“傻瓜，这年头还问路，打个车不就什么都解决了吗?”一边说一边头也不回地走了。我身上没带钱，怎么打车呀，真是站着说话不腰疼。我又气又急，痴痴地在街上站了一会儿，好不容易看到一个年龄相仿的男孩走过来，我急忙拦住他，问道："这位同学，请问……"他上下打量了一下我后说："没钱打车，就打个电话吧，这么笨，还读书呢。"说完，他十分傲慢地走了。我心想：这人怎么都这样不友好。这时迎面走来一位中年人，看样子很凶，我不敢上去问。到了路口，他停了下来，站在我旁边，我壮了壮胆，问道："叔叔，能告诉我……"叔叔笑了笑，十分详细地告诉了我该怎么走，而且语气温和，我被感动了，连声道谢。

2. 请联系生活，说一说你在生活中有没有类似的经历，如果有，请你在这段话之后再补上一段，如果没有类似的经历，也可以写其他的，然后跟大家分享。

3. 学生写作。

"挤车"作文教学设计

教学要求

请几位学生表演挤车的场面，要求学生联系游戏及自己的生活经历，写一篇作文。

设计意图

许多孩子都有过挤车的经历，至少看见过。有些孩子会觉得挤车让人恶心、烦恼，有些孩子会觉得好玩。挤车也因时间短和内容本身不好把握而容易被孩子们忽略，很少将其写入作文中。把这一内容搬进课堂，让学生抱着不同心理表演挤车，然后用文字表达出来，教学效果会大不相同。这不仅能让学生表演得过瘾，也能让学生对生活有更深的认识，对习作表达有新的感悟。

教学过程

一、基础训练

1. 词语准备。

写出描写挤车场面及人物表情的词语或短语，如拥挤、用力、推搡、挤满、簇拥、挤压、灼热、压扁、碰撞、蛮横无理、蛮劲、磕磕碰碰、拉拉扯扯、无理取闹、嘻嘻哈哈、挤来挤去、喘不过气、拥挤不堪、汗流浃背等。

2. 句式训练。

(1) 对挤车的人说一句话。

① 不要挤，按顺序，都有座位。

② 请大家讲究公德，遵守秩序。

③ 不要挤，先下后上，请照顾弱势群体。

(2) 表演一个挤车动作，然后用一句话表达出来。

① 一手拉着车门，一手推搡前面的乘客，使劲往上钻。

② 夹在人群中，一边推一边往外挤，到了车门处就往下跳。

③ 一手扶着椅背，一手拉着扶手，侧着身，肩膀不停地晃动。

二、游戏表演

思路一：几位同学一齐挤车，挤着好玩。

思路二：因赶时间而挤车。

三、写作指导及练习

1. 教师引导学生描述游戏的过程。例如：

七八个调皮的男同学走到讲台表演挤车。他们很放松，嘻嘻哈哈的。他们先在讲台前排成一队，表示等车，车来了，队伍立刻乱了。他们一个个争先恐后，像是挤不上这趟车就回不了家似的。高个子同学有意推推搡搡，矮个子同学用力向前钻，大家挤成一团，边挤边笑。这时一个声音响起："请不要拥挤，先下后上，按顺序上车。"可惜没人听他说，几个家伙仍然我行我素，高个子同学两手抓住车门用力往上挤，弄得车上的人下不了车。他们挤呀挤，头上都挤出了汗。这时下车的人中有个气力大的吼道："让一下，我先来，给他们点颜色看看！"说着，他使出全身力气向外冲，终于把高个子同学推下了车。车上的人一个个下来了，高个子同学又带头往上蹿，其他同学也跟着挤上了车。到了车上，找不到座位，他们又嘻嘻哈哈地在过道上挤来挤去，像是挤不累似的。

2. 请联系生活，说一说你在生活中有没有类似的经历，如果有，请你在这段话之后再补上一段，如果没有类似的经历，也可以写其他的，然后跟大家分享。

3. 学生写作。

第三节　学校生活再现，情趣粘连

“借文具”作文教学设计

教学要求

在学习生活中，每位同学都有过借学习用具的经历，但每次的情形都不一样，每次的心理也不相同，请选择某次借文具的情形，表演一下，然后写下来。

设计意图

在学习生活中，每个学生都当过借者与被借者，尽管两个角色都有可能在一天甚至一节课中出现，但学生却不能将两者的不同心理进行比较，难以体谅对方，因为他们还没有完全摆脱“以自我为中心”的心理，即使两个角色都没有扮演好，也不会自省，只会埋怨对方。设计借文具游戏的目的有两个：一是艺术地再现借文具时的对话与动作，让学生重温生活中的乐趣；二是使学生在游戏中提升认识，进而懂得体谅别人，并在此基础上进一步认识到思考生活、认识生活的意义，明白在生活中即便是短短的一瞬都有可能产生有意义的认识，悟出做人的道理，使学生认识到生活中的每一件小事都可能是习作的好素材，关键是要体验和思考，会思考是由生活通向作文的桥梁。

教学过程

一、基础训练

1. 词语准备。

写出礼貌用语及表达自己爱惜文具、舍不得借给别人等的词语或短语，如谢谢、不客气、放好、爱惜、羡慕、收藏、借用、麻烦、抚摸、欣赏、擦洗、包装、不肯、答应、珍惜、舍不得、心痒痒、真心诚意、衷心感谢、情不由衷、情不自禁、情有独钟、不甘不愿、爱不释手、一心想要、盼望已久、唯恐丢失、小心翼翼等。

2. 句式训练。

(1) 说一句表达十分喜爱某文具的话。

① 这笔盒可漂亮啦，从入学开始一直用到现在，我都舍不得换呢。

② 这支铅笔太好看了，我买来三年还没削过呢。

(2) 做一个表达喜爱某文具的动作，然后说一个句子。

① 他把书本抱在怀里，直咧嘴笑。

② 我把橡皮放到鼻子下，嗅了又嗅，真舍不得放下。

③ 他把小刀打开，看着亮晃晃的刀片，晃动半天又收了起来，终究不舍得用。

(3) 说一句借用文具的话，说一句答应或不答应的话。

① 请你借一张方格稿纸给我用，行吗?

② 不要那么小气啦，把橡皮借给我用一下好吗?

③ 可以呀，不过你要好好珍惜，可别弄坏了。

④ 不行呀，我刚买来，自己都还没用过呢，等我用后再借给你吧。

二、游戏表演

思路一：借书包。想问同学借书包—同学答应了—同学知道我要借很久后又反悔了—心中不快。

思路二：借小刀。买来新小刀舍不得用—同桌要借—内心矛盾和犹豫—决定借给同桌—心疼。

思路三：借中借。借铅笔—还了之后，帮人又借—担心弄丢了不好交代—要回不借。

三、写作指导及练习

1. 教师引导学生描述借文具的情形。例如：

到了学校，我突然想起老师今天要我们填表，填表要用黑色签字笔，可是我忘了带。正好我是和邻居玲玲一起上学的，便向她借黑色签字笔用，玲玲很爽快地答应了。我开心地说："谢谢。"到教室后，我得意地拿出黑色签字笔填起来。班上很多同学没有带黑色签字笔，看到他们羡慕的眼光，我可骄傲了。这时同桌轻声问道："你填完后，可以把笔借给我用一下吗?""当然可以。"我很爽快地说。我心想：反正不是我的笔，要用就用吧！做个顺水人情多好。可当我填了一大半时，我发现笔芯少了许多，心想糟了，玲玲一定会说我怎么用这么多。怎么办呢？已经答应同桌了，不借不行，借了又怕不好向玲玲交代。怎么办？想着想着，我便慢吞吞地填起来，可同桌却十分耐心地等着。我终于填完了，可还是拿着笔舍不得放。同桌看到我填完了，急忙说："快借给我吧！"同桌又开口了，我只好借给他。谁知，没带笔的同学很多，又有人向我借了。这下我可为难了，他们平时对我不错，不借不行，借了又无法还给原主人。唉，这么为难，我原来的骄傲全变成幽怨了。我支支吾吾地说："我得还给别人，这笔不是我的，我也是借来的，总不能用完了再还吧。"我借口走开，在别处暗暗观察同桌，他一填完，我就把笔拿回来还给了玲玲。归还了笔却得罪了同学，这事还真让我发愁，不知自己是否做对了。

2. 说说自己的类似经历，然后写作。

"当老师"作文教学设计

教学要求

把和同学一起玩"当老师"的游戏过程及当时的心理写下来。

设计意图

喜欢模仿是孩子的天性，入学后的孩子很爱玩"当老师"的游戏。在孩子的心中，老师的形象是极其伟大的，没有其他形象能够代替。模仿老师的活动让孩子们感到十分快乐。在孩子们的生活中，经常看到大孩子当小孩子的老师；在同龄孩子中，好表现、能力强者易成为老师；在同等能力的情况下，孩子们也常常轮流着当老师。他们进入角色后都十分认真，仿佛在真正地上课一样。"当老师"的游戏内容是十分丰富的，也有不少孩子将这种内容写入作文中，可见一些孩子已意识到这种游戏是可以作为作文素材的。从孩子表达的"当老师"游戏内容看，大都过于严肃、规矩，所"教"内容多限于语文、数学两科。因此，我在原有基础上扩充内容，不仅让学生当语文、数学老师，还当音乐、体育、美术、英语、思想品德等学科的老师，老师的风格不仅有严肃、正规的，还有诙谐、滑稽的，让孩子们意识到各种素材都是可以写入作文的。

教学过程

一、基础训练

1. 词语准备。

写出描写老师扮演者外貌、穿戴及动作等的词语或短语，如大方、漂亮、和蔼、严肃、斜视、羞涩、低头、白皙、黝黑、怒骂、圆脸蛋、柳叶眉、大眼睛、薄嘴唇、塌鼻梁、眨眼睛、笑嘻嘻、乐哈哈、阴着脸、拉长脸、瞪眼睛、皱眉头、语言标准、语气亲切、秀发乌黑、口齿伶俐、笑脸相迎、侧耳倾听、摇头晃脑、穿着整洁、头发散乱、齐耳短发、动作生硬、结结巴巴、吐字不清、出言不逊等。

2. 戏语粘连。

(1) 说一句表达关爱学生或热爱老师的话。

① 你真棒，读得正确又洪亮。

② 你真聪明，不仅答对了问题，还分析得很好。

③ 老师，我听你的，你肯定是正确的，我相信你。

④ 老师，你真好，我爱上你的课。

(2) 做一个老师常做的动作，然后描述出来。

① 老师两手叉腰，伸长脖子，瞪着大眼，厉声道："这么简单的问题你都答不出来。"

② 老师拿着书，两眼看着课文，一边读一边走下讲台，还摇头晃脑的。

③ 老师坐在讲台前，认真地批改作业，一会儿推推眼镜，一会儿抬头看看下面的学生。

二、游戏表演

思路一：开展主题班会，讨论怎样当好班级小主人。

思路二：学老师上公开课（要求有答有议）。

思路三：学老师上识字课（要求有评价、有批评、有表扬、有训斥）。

三、写作指导及练习

1. 教师引导学生描述游戏的过程。例如：

小芳很大方地走到讲台前，大声地说："今天我给幼儿园的小朋友上识字课，识字内容是‘大、小、土、木、人、口、手’。”小芳工工整整地把要学的字写到了黑板上，然后转身对座位上的四个“小朋友”笑笑说：“小朋友们好，现在老师要教你们识字了，大家爱上识字课吗?”四个同学故意恶作剧，大声地说：“不爱。”小芳急了，忙问：“那你们爱什么?”“爱玩。”四个“小朋友”异口同声地答道。小芳脸红了，小声说：“怎么这么贪玩。”她沉默了一会儿，便又笑道：“那好，今天老师和你们一起玩，可以吗?”“可以。”“小朋友”齐声答道。“老师扮演耳朵有点聋的孩子，小明扮演不会说话的孩子，你们三人可要热心帮助‘残疾人’哟。”小芳故意问道：“你们四人中谁最大，谁最小呀?”“小石头最大，小明最小。”“我听不见怎么办? 小明又不会说，你们怎么让小明和我交流?”四个“小朋友”急了，不知如何是好。小芳说：“我有个办法，那就是写出来，这样我一看就知道，就不怕听不到了。大家一边跟我读，一边跟我比‘大’和‘小’的动作。好，现在告诉小明同学，谁最大，谁最小。”小石头写了一个“大”字，站起来比了比表示“我最大”。小明站起来，双手比了个“小”字，小芳便说：“小明最小。”大家说对了。小芳又故意指了指地上说：“告诉我那是什么?”“那是土。”聪明的小石头从黑板上抄下“土”后举起来说。小芳笑着伸出大拇指说：“真棒!”小芳又说：“你们怎么告诉我大人的手大，孩子的手小呢?”……就这样，“小朋友”都学会了这几个字。

2. 学生谈感想并写作。

“交头接耳的场面描写”作文教学设计

教学要求

表演一个交头接耳的聊天场面，然后把人物的表情、聊天时的气氛和过程描述下来。

设计意图

交头接耳是特殊场合发生的特殊事。不管有多特殊，但因为次数多了，便也不特殊了，因而很少看到孩子们写此类素材。进行这一游戏，不仅可以使孩子们重温私谈的快乐，还能引发孩子们的新认识，让他们从旁观者和当事者两种角度进行思考和感受，从而提升认识。

教学过程

一、基础训练

1. 词语准备。

写出与交头接耳的场面描写相关的词语或短语，如轻微、神秘、故意、环顾、扫视、严肃、直视、嘀咕、缓慢、贴近、悄悄地、小声地、伸脖子、仰起头、低头笑、歪着身子、嘴贴着耳朵、笑嘻嘻、侧耳、搭肩、卖弄、碰头、掩饰、遮掩、交头接耳、窃窃私语、勾肩搭背、装腔作势、故作神秘、暗使眼色、侧耳倾听、洗耳恭听、缩头缩脑、众目睽睽、悄无声息、不怀好意等。

2. 戏语粘连。

(1) 表演一个交头接耳的动作，然后说一句话。

① 我手握橡皮，凑到小明的耳旁说起悄悄话来。

② 我抱住小林的头，嘴凑到他耳朵旁说了句不想让大家听到的话。

③ 我和小华头碰头，叽叽咕咕地说了老半天。

(2) 说一个描写交头接耳的场面且与环境有关的句子。

① 会场上很安静，大家都在安静地听领导讲话，我有句话很想告诉身边的同学，便悄悄地凑过去和他叽咕了起来。

② 老师转身翻书时，我看到小东和小明正在交头接耳。

③ 小华一边凑到小玲的耳边说悄悄话，一边不时看看身后的小兵和小冬，好像在取笑他们俩，可把小兵和小冬惹恼了。

二、游戏表演

思路一：听课时开小差，与同桌交头接耳，结果被老师批评。

思路二：开会时，原本很安静，后来有两位同学开始交头接耳，接着越来越多人交头接耳，导致大家什么也听不到了，结果被老师批评了。

思路三：背后说人，交头接耳。

三、写作指导及练习

1. 学生表演，教师引导学生描述游戏的过程。例如：

上课了，一个戴眼镜的“小老师”站在讲台前，用教鞭指着黑板上的古诗《床前明月光》说道："这是唐代诗人李白写的诗……"开始同学们听得很认真，可是"小老师"总一个字一个字地讲，同学们有点儿不耐烦了，有的看着书本发呆，有的双手摸着文具，跟着"小老师"重复着一些字的意思，其实心早就飞走了。这时有两位同学低下头说起悄悄话来，他们头碰头，嘴碰耳，越说越大声，被"小老师"发现了，"小老师"两眼直盯着他们，嘴里仍然说着"疑是地上霜"。两位同学越讲越兴奋，完全不顾"小老师"严厉的目光，也许他们根本没发现，照旧窃窃私语，比老师的话还多。全班同学的目光都随着"小老师"的目光集中到那两位同学身上。"小老师"突然不讲课了，教室里顿时安静下来，只能听到两位同学交头接耳说话的声音。这一静使他俩抬起头，他们环顾四周，顿时脸颊羞红，"小老师"生气地训斥起来……

2. 学生谈感想并写作。

"查找资料"作文教学设计

教学要求

同学们平时学习都会查找资料，请表演查找资料的情景，然后写下来。

设计意图

查找资料是学生平时学习中经常会发生的事情，有时花的时间很短，有时查找时间很长；有时在家里就可以完成，有时在资料室都找不到，还得询问相关人员。学生问得最多的还是爷爷奶奶、爸爸妈妈等亲人。在查找资料的过程中，学生的心理也是不一样的，有时很着急，非查到不可，于是会千方百计地查找；有时无所谓，随便找找，查不到就算了。学生查找资料的动机也不同，有时是按老师的要求查找，作为一项任务来完成；有时是自己主动查找，特别想要了解相关知识。查找结果也会带来心情的变化，有时查到了，会感到高兴；有时查不到，便会很着急；有时出人意料地查找到久盼的材料，更有一种兴奋感。因此，让学生在课堂上表演，可唤起他们的生活感受，从而使他们写出好作文。

教学过程

一、基础训练

1. 词语准备。

写出描写查找资料时的动作和心理等的词语或短语，如翻阅、查阅、打开、上网、点击、下载、打印、摘录、喜悦、赶忙、浏览、更换、扫视、取出、东奔西跑、翻来覆去、心急如焚、一目十行、一字一句、欢天喜地、忐忑不安、边读边记、细心查找等。

2. 戏语粘连。

(1) 表演查找的动作，然后写一句话。

① 从书架上取下一本厚厚的书，然后翻开目录，一手捧书，一手指着字，目光随手指移动，认真查阅起来。

② 打开电脑，按着鼠标一一点来，然后锁定要查找的范围，两眼直盯屏幕，一字一句地查找着，接着下载所要的内容，并打印出来。

③ 查阅了半天，最后摇头叹息，只好摇摇爷爷的手请他帮忙。

(2) 说一句查找过程中自然冒出的话、找到或没找到时说出的话。

① 真见鬼，怎么就是找不到，明明在这本书中的，难道飞了不成?

② 如果这本书中没有，那我就要彻底失望了。于是，我捧着书说："就靠你了。"

③ 啊！终于找到啦，谢谢你，我万能的电脑。

二、游戏表演

思路一：两人查找科技资料，一个人在书中查，一个人在网上查，边查边对话。

思路二：查找与学习有关的资料，发现书中查不到，跑去问爸爸，爸爸帮忙查。

思路三：查找体育资料，正在翻阅报纸杂志，忽然看到电视中播放的内容与要查找的资料有关。

三、写作指导及练习

1. 教师引导学生描述查找资料的过程。例如：

今天科技老师给我和小倩布置了一个任务：查找有关航天飞机的资料。

我俩在路上边走边商量着怎么查，小倩说："到我家去吧，我爸书多，又有电脑，准能查到满意的资料。"我一听，猛然醒悟，说道："我知道老师为什么选我们两个查资料了，因为我特别有耐心，而且心又细，有查找资料的习惯，而你会上网，家里书又多，所以选我们。"小倩说："对了，还有一点是因为我们两家离得很近。"晚上，我吃完饭，便去小倩家查找资料。到了小倩家，我按了一下门铃，小倩开门见到我后说："请进。"我进屋后，直接和小倩到书房查阅起资料来。小倩打开电脑，不断点击有关内容。我则抬头在书架上寻找目标，不断地抽出一些书翻一翻，又放回原位。我们谁也没说话，只是默默地找着、记着。一个小时过去了，我们记了不少，小倩说："休息一会儿吧，我看累了。"我说："你休息一下吧，我继续找。"一边说一边不停地翻着。正在这时，我看到一本杂志，里面全是讲航天飞机的内容，我不由得大叫起来："太好了，不用再找了，这儿太多了。"小倩急忙接过杂志一看，然后开心地笑了。

2. 学生谈感想并写作。

"合作学习"作文教学设计

教学要求

表演一个合作学习的游戏，然后把游戏过程及自己的感悟写下来。

设计意图

合作学习是学生学习生活中经常进行的活动，但学生在合作学习过程中，注意力往往集中于合作内容和合作任务的完成上，很少注意合作的形式，也很少留意整个过程，因此，我设计了合作学习的游戏，旨在让学生留意过程，细心观察合作过程中的每个细节，以旁观者的身份去看，并将自己的心理和合作当事者的心理进行对比，使学生不仅有写作的冲动，更有对合作学习的深层认识，再引导学生把这种认识与游戏过程相结合，使其写作水平更上一层楼。

教学过程

一、基础训练

1. 词语准备。

写出形容合作者在合作过程中的表情、动作、语言等的词语，以及其他描写合作的词语或短语，如愉快、争论、紧张、沉思、打趣、记录、订正、分配、暗示、帮助、补充、抢答、轮换、商讨、围观、各得其乐、共同查找、分工完成、合作愉快、互相探讨、交头接耳、最佳搭档、共进共退、亲密无间、补充说明、共同进步、友爱互助等。

2. 戏语粘连。

(1) 表演一个有关合作学习的动作，然后写一句话。

① 他站起来代表小组发言。

② 我们侧耳倾听，必要时做些记录，并进行补充。

③ 组长站起来给组员分配任务，交代注意事项后，组员们各自忙开了。

(2) 说一句表达合作学习后的感受的话。

① 合作学习使我的学习效率提高了。

② 合作学习有利于同学间相互帮助，增进友谊。

③ 合作学习培养了我的语言组织能力和口头表达能力。

二、游戏表演

思路一：合作完成数学统计计算。

思路二：一人看着词语比画，一人根据同伴的动作猜词语。

思路三：合作表演不用手穿衣服游戏。

三、写作指导及练习

1. 教师引导学生描述游戏的过程。例如：

今天有三位同学在班上合作表演了一个游戏。一位同学坐在黑板前，面朝大家，背对黑板，另一位同学在黑板上写字，每写完一个字，大家说个范围，由背对黑板的同学猜。那位猜的同学刚开始速度很慢，每猜一个字都要想几秒钟，但是都说对了，根本不像是在猜，而像后脑勺长着眼睛一样。后来，他越猜越快，有时写的是一个句子，大家却骗他说是一个字，居然都没骗到他，太神奇了。我们怀疑他们是事先约好的，早已背会了，故意写与猜而已。后来我们便提议换个人写，写字的人爱写什么就写什么，看他们怎样心灵相通。谁知换了几个同学，还是那么奇怪，无一猜错。这让大家觉得非常神奇，怎么也猜不透。为了弄清原因，我自告奋勇去写字，我写了一个很生僻的字，谁知也被他猜中了。于是，我改写句子。就在我转身时，我终于发现了秘密，原来真的是合作游戏呢，有人在下面告诉他答案！

2. 学生谈感想并写作。

“忘了作业”作文教学设计

教学要求

表演忘了作业后焦急的样子，然后写下来。

设计意图

忘了作业是学生学习生活中常有的事，几乎人人都经历过不同的“忘”，有忘了做作业的，有忘了带作业到学校的，有压根儿就没记住要做什么作业的。忘了作业时，学生会心里不安，这种体验十分宝贵，可学生们认识不到，甚至忘的次数多了，学生便不再把它当一回事。因此，很少有学生习作时选择这样的素材，重现这一生活情景。如果以游戏形式将这一事件再现出来，能给学生一种全新的感觉，使他们产生一种想要一吐为快的情感，从而使这种看似不起眼的小事变得有新鲜感，使学生有表达意识和冲动。

教学过程

一、基础训练

1. 词语准备。

写出与忘了作业后的心理、动作、表情等相关的词语或短语，如急切、躁动、叹气、慌乱、担心、害怕、呼叫、赶忙、无奈、焦急、干瞪眼、干着急、团团转、哭笑不得、手脚大乱、埋头寻找、焦急万分、怨天尤人、自言自语、坐立不安、搔头抓耳、满脸愁容、心急如焚、四下寻找、悔怨交加、分寸大乱、心慌意乱、翻来覆去、汗流满面、愁眉苦脸等。

2. 戏语粘连。

(1) 表演一个忘了作业后的动作，然后用一句话写下来。

① 他拍了拍脑门，说道："糟了，作业忘了，现在怎么办?"

② 他一边翻书包，一边自言自语道："明明带来了的，怎么现在不见了，真见鬼了。"

③ 他脚一跺，两手一摊，大叫："完了，我作业忘了，这下死定了。"

(2) 说一句劝慰因忘了作业而感到焦急的同学的句子。

① 别急，别急，仔细找找，一定能找到的。

② 你真做了吗? 真做了，我帮你去老师那里说说情，下次补交。

③ 别愁了，幸好我们来得早，现在补还来得及。

二、游戏表演

思路一：上学路上突然想到忘了带作业，急得赶忙往回跑。

思路二：快上课时找不到作业，急得把书包翻了一遍又一遍。

思路三：两个同学都忘了写作业，一个焦急，一个无所谓。

三、写作指导及练习

1. 教师引导学生描述忘了作业的情形。例如：

今天，我看到三个同学一起去上学。一路上，他们说说笑笑，谈着谈着，谈到了作业。小军突然停住了脚步，脸上表情突变，叫了一声："糟了，我好像把作业给忘在家里了。"这一叫使另外两个同学也愣住了，他们满脸疑惑地望着小军。小军赶忙取下书包，拉开拉链，仔细找起来，他把书包里的书一本一本地翻开，最后毫无表情地说："该死，真的忘了，你们先走，我得赶紧回头拿。"说着，他把书包交给同学，自己转身就往回跑，两个同学看着他的背影，打趣地说道："看把他急的，这就是教训，下次就不会忘了。"他们继续往学校走去。

小军跑到家门口时已大汗淋漓，他开了门直冲卧室，可没发现作业本。于是，他在书堆中找呀找，可翻来翻去也没找到。他越找越急，越急越气，都快哭起来了。最后，他不找了，静静地想了一下，说："可能在床上。"他掀开被子一看，作业本果然在床上。原来他昨晚复习时将作业本放在了床上，后来就忘了放回去，真是吃尽了苦头。他找到作业本，一看时间，快上课了，又急忙关上门，一路小跑，到了学校刚好上课，不过他已是上气不接下气了。

2. 学生谈感想并写作。

“迟到”作文教学设计

教学要求

表演一个迟到的场面，然后写下来。

设计意图

许多学生都经历过迟到，大家迟到后的心理十分复杂。因为出现时间短暂，加上迟到不是一件光彩的事，所以学生作文中很少有人选这一素材。这样一来，那种复杂的心理和情感体验就会很快消失，习作也就失去了很好的素材。让学生表演迟到场面是让短暂的瞬间艺术定格，使学生进一步认识迟到时外显的特征，即迟到者的表情、动作、语言及迟到者眼里老师和同学们的外在表现，将丰富的外在表象与复杂的心理、感情相结合，使学生的认识产生一种质的飞越，进而使这一生活现象具有习作意味，使学生产生表达欲望。

教学过程

一、基础训练

1. 词语准备。

写出能表现迟到心理、表情及动作等的词语或短语，如担心、赶紧、埋怨、悔恨、脸红、呆立、害怕、急匆匆、火辣辣、羞答答、慢腾腾、细声细气、一阵小跑、搜肠刮肚、自觉理亏、动作慌乱、若无其事、探头探脑、慌里慌张、难言之隐、苦苦争辩、百般解释、不敢做声、气喘吁吁、满头大汗、面带愁容、唯唯诺诺、不好意思、低头不语等。

2. 戏语粘连。

(1) 说说迟到时最想说的一句话。

① 糟了，全班同学都要怨我的，就这么几分钟，流动红旗就要给别的班了。

② 如果大家的钟都慢了就好了。

③ 要是老师问我为什么迟到，能让我解释一下该多好啊！

(2) 写出迟到者到达目的地那一刻可能会有的动作和语言。

① 他把手举过头顶，脸微红地说了声“报告”，然后不由自主地先瞧瞧同学们，又瞧瞧老师。

② 他放慢脚步，轻轻走到老师身边说：“不好意思，老师，我迟到了，下不为例。”

③ 到了教室门口，他先从窗户往里看了看，没发现老师，便大胆地推开门，正想进去，谁知老师正好站在门后，他顿时傻了眼。

二、游戏表演

思路一：全校开会—因迟到而躲在后面—被老师发现—急忙解释。

思路二：春游等车时迟到—跑得满头大汗—同学埋怨—解释。

思路三：三位同学上学迟到—门口相见—敲门被训—回到座位。

三、写作指导及练习

1. 教师引导学生描述上学迟到的情形。例如：

今天早上第一节课校长要来听课，老师说大家要像往常一样不能迟到。早晨我醒来一看，糟了，太迟了，爸爸怎么不叫我起床？看来今天要迟到了。我胡乱地洗漱了一下，便一阵小跑直冲学校。一路上，我心里可急了，心里希望到校时刚好上课，又想，老师一定会怪我的，平时都那么准时，偏偏今天迟到……一路上很少看到同学，我心里更急了。到了学校，我已经上气不接下气，满头大汗。这时正好铃声响了，我赶紧跑到班级门口，老师和同学们正在问好，我小声道：“报告。”老师看了看我，我羞得不敢抬头。过了一会儿，老师说：“快进来。”我急忙回到座位上，刚坐定，我就发现前面还有几个空位。奇怪，怎么还有人迟到？老师刚开始上课，又来了一声“报告”，老师只得停下来。只见迟到的同学满脸通红，直喘粗气，怯生生地望着老师。老师看了他一眼，说：“快点。”他如释重负，急忙跑到座位上，开始听课。老师发言时，又有几声“报告”冒出来，原来又有两个迟到的同学来了。他们站在门口，一个比一个羞涩，低头不敢看老师。老师看着我们都朝那两个同学笑，生气道：“这是怎么了？以前从来没有过啊。”迟到的几个同学露出尴尬的表情，我也觉得不好意思了，老师叹了口气说："进来吧，注意听课。"

2. 学生谈感想并写作。

"课间游戏"作文教学设计

教学要求

在课堂上再现课间的游戏，然后写出游戏过程和自己的心情。

设计意图

下课铃一响，学生们就像出笼的小鸟一样，快活地冲出教室大门，在走廊上、操场上忘乎所以地做游戏，那种投入的神情，课堂上是无法找到的。大多数学生都有乐此不疲的游戏，那种专注之情，那种严守规则的认真劲儿，常让成人惊叹、佩服。然而，尽管他们如此投入并动之以情，但要让他们写作文，他们便一个个抓耳挠腮，找不到感觉了。其中一大原因便是他们只求结果，计较输赢，尽管在过程中很投入却没能留意，时间一过，他们头脑中只有一个清晰的结果，最多只能留下游戏结束前的一小段过程，再加上多数学生不能提升感情，这样一来，他们就失去了写作的冲动。在课堂上再现这一游戏，可以让他们以旁观者、思考者和体验者的身份参与其中，观察并思考，使他们对游戏有深层的认识，习作便在观察与游戏表演中应运而生。

教学过程

一、基础训练

1. 词语准备。

写出与游戏活动和游戏者心理等有关的词语或短语，如开心、愉悦、拥挤、嘈杂、起哄、喊叫、围观、闭眼、躲藏、轮换、躲避、跳高、投篮、赛跑、跳绳、跨步、拍手、摇摆、跳皮筋、一窝蜂、围成一团、蹦蹦跳跳、一拥而上、其乐融融、念念有词、动作敏捷、忽左忽右、左冲右突、来来往往、你追我赶、接二连三、再接再厉、一鼓作气、错落有致、专心致志、神情专注、欢声笑语、嘻嘻哈哈、争论不休等。

2. 戏语粘连。

(1) 对你所喜爱的游戏说句亲热话。

① 我想对“跨步”说：“我课间少不了你这个伙伴。”

② 我想对“红绿灯”说：“红灯、绿灯，我课间的明灯。”

(2) 表演一种游戏中的某个动作，然后写一句话。

① 他右脚在前左脚在后，弯成弓步，然后身子后倾、双手握拳，接着用力一摆，腿一蹬，向前跨了一大步。

② 他转身面向墙壁，双手捂着眼睛，嘴里不停念道“红灯、绿灯、马上开灯”。

③ 她十分灵活地在橡皮筋上跳来跳去，马尾辫不停地上下抖动着。

二、游戏表演

思路一：四人一组跳橡皮筋。

思路二：玩掰手腕游戏。

思路三：玩剪纸游戏。

三、写作指导及练习

1. 教师引导学生描述游戏的过程。例如：

掰手腕游戏开始了，表演的同学是班上个子最高、力气最大的同学和个子最矮，力气最小的同学。高个子同学用一只手对付矮个子同学的两只手，只见高个子同学身子坐正，掰手腕时并不用多大的力，只是应对矮个子同学使出的力气。在大家的加油声中，矮个子同学已面红耳赤，牙根紧咬，身斜头歪，看上去很吃力，而高个子同学却面不改色，微笑着，看看矮个子同学，又看看周围喊加油的同学。持续了 5 分钟后，矮个子同学再也没力气了，高个子同学一笑，稍一使劲，就把矮个子同学的手腕给压下去了，大家看后都嘻嘻哈哈地笑着。看来力量悬殊真是没法玩这个游戏。

2. 教师要求学生将几个游戏段落写在一起，中间用上过渡句。学生写作。

“兴趣小组学本领”作文教学设计

教学要求

把在兴趣小组中学到的本领在课堂上展示一下，然后写下来。

设计意图

小学生的兴趣广泛，如今家庭条件也允许他们选择自己喜爱的项目进行深入学习，有些小学生参加的兴趣小组还真不少。参加兴趣小组，不仅丰富了学生的课外生活，还使学生增长了本领，这成为他们的骄傲。有不少学生能把兴趣小组活动写入文章，表达心中的快乐，但有些学生却不会。人人都参加了，可为何写的学生不多呢？原因之一是他们对过程认识较少，没有思考和品味这段生活。为帮助学生积累写作素材，我引导学生把兴趣搬上课堂进行展示，然后写作。

教学过程

一、基础训练

1. 词语准备。

写出与各种兴趣活动有关的词语或短语，如语言优美、语调婉转、声音甜美、语句流畅、婉转动听、一展歌喉、绘声绘色、歌声悠扬、刚劲有力、动作娴熟、一招一式、稳扎稳打、舞姿优美、步态轻盈、刚中有柔、栩栩如生、生动形象、龙飞凤舞、大小均匀、技艺高超等。

2. 戏语粘连。

说一句描写兴趣活动内容的话，然后表演出来。

① 他寥寥几笔就画出了一只小兔子。

② 他大笔一挥，刚劲有力的大写的“龙”字便飞将出来。

③ 他绘声绘色、极有感情地读着课文，使大家有身临其境之感。

④ 他头一抬，腰一弯，身子就成了个“弓”，真是柔软。

二、游戏表演

思路一：舞蹈表演。

思路二：写书法和绘画表演。

思路三：朗读表演。

三、写作指导及练习

1. 教师引导学生描述游戏的过程。例如：

今天，参加朗读兴趣小组的五位同学给我们表演集体朗读——朱自清的《春》。他们个个精神饱满、表情自然地站在讲台前，组长说了声“开始”，五人立刻朗读起来，那声音真好听，让我觉得不知道是《春》的内容美，还是他们读的声音美。他们的声音抑扬顿挫，时而轻柔舒缓，时而短促跳跃，时而高亢有力，时而长音绕旋，让听的同学仿佛进入春的美景，看到春天万物复苏、生机盎然的蓬勃景象。他们的语调如春风拂面，又似涓涓细流，让我仿佛看到了小鸟在枝头迎接春光，真可谓婉转动听。读着读着，他们还变换了朗读形式，有先后，有单独朗读和一起朗读，音调忽高忽低，语速忽快忽慢，把春天悄然而至到春暖花开的过程，绘声绘色地表达了出来。我真为他们的朗读才能所折服。朗读一结束，教室里便爆发出热烈的掌声。

2. 教师要求学生将表演的三个游戏写在一起，中间用上过渡段。学生写作。

第四节　从段到篇，段篇相连

“同桌写生”作文教学设计

设计意图

同学之间在一起的时间很长，接触频繁，尤其是同桌接触的机会最多。可是让学生写同学、同桌时，他们却常常觉得没什么可写，缺少典型的材料。这是因为学生总是等到要写作文时才想到找素材，这样写起作文来也就不得不犯愁了。进行“同桌写生”作文训练有两大好处：一是能对同桌进行日常接触的连续观察，有利于积累材料；二是同桌之间天天接触，可看、可触、可感，学生可以不断地把同桌的表现与自己的描写相对照，让表达更准确、生动，活灵活现。

教学目标

1. 通过连续观察，记下一个人在不同场合中的不同表现，多角度地描述人物形象，积累写作素材。

2. 通过写生，提高自己的表达能力和语言感受能力。

3. 通过训练，引导学生平时留心观察生活，养成收集材料的习惯。

教学重难点

通过连续观察，记下一个人在不同场合中的不同表现，多角度地描述人物形象，积累写作素材。

教学时间

一课时

教学过程

一、回顾作业要求

师：我一个月前就布置了这一作业：请同学们留心观察你的同桌，对他（她）在不同的课，如体育、音乐、美术等课上的表现，以及在日常生活中的言谈举止，如在家里、路上、商店或是在熟悉的人和陌生人面前的表现进行写生，并记下你写生过程中的感受。

二、交流写生内容

1. 今天我们要写一篇作文，写作的对象就是你的同桌。现在每个人的同桌都坐在身边，先请你对他（她）的外貌、穿着进行描写，看谁描写得最像。注意要尽量写得真实，不要使用伤人自尊的语言。

（学生描写，写完后交流、评点。）

2. 上次布置大家要留心观察自己的同桌，并进行跟踪写生，现在请大家说一说你的同桌有什么习惯性动作、表情，或是口头禅。请拿出你的依据，用实例证明。

（学生交流。）

3. 同学们对自己的同桌进行了较长时间的跟踪式写生，已经记下了不少的内容，现在请选择几个你认为最精彩的片段读给大家听一听，看看你写生的内容与实际相差多少。

（几名学生站起来读作文，读完后全班交流。）

三、描形象，说感受

1. 写人要突出人物的形象特征，以使人物形象饱满。你的同桌是一个怎样的人呢？请对你所记录的内容进行比较、归纳，说说你同桌的特征有哪些。如果你要写作文，最想突出的是他（她）的什么特点？

（学生归纳并说明理由。）

2. 经历这么长时间的跟踪写生，你对同桌的认识与写生前有没有不同？你对他（她）有何意见或建议？你在写生过程中有什么体会？请大家把原有的记录和现在的感受都表达出来，一起来分享一下。

（全班交流。）

四、构思作文，选择材料

1. 我们记录了很多的生活片段，但不是所有的内容都要写进作文中，而要有所选择。怎么选择呢？可以根据你最想表达同桌的什么特点来决定。现在请大家列出你想要表达的同桌的特征，然后根据特征去选取你的写作内容。

（学生思考后列出同桌的主要特征，然后选择写作内容。）

2. 我们只是规定了写作的对象，并没有确定写作的题目，请你根据自己的写生内容或想要表达的同桌的特征来确定自己的作文题目，确定后说一说为什么选这个题目，然后大家从交流中总结确定题目的一些技巧。

（学生交流并总结。）

五、组织片段，连段成篇

师：大家已经确定了作文题目，也有了许多已写好的作文片段，现在请按你的思路，把刚才课堂上写的内容与平时的写生内容组合起来，写出你的同桌的形象。

（学生作文，教师引导，写完后分享、交流。）

“试衣服情境写生”作文教学设计

设计意图

语文新课标要求学生写作文时能多角度地观察生活，发现生活的丰富多彩；作文要感情真挚，力求表达自己对自然、社会、人生的独特感受和真切体验。俗话说“爱美之心，人皆有之”，很多孩子都会想象穿上大人衣服时的情景，让他们在家里试穿父母的衣服，既可以满足他们的愿望，又可以使他们留意父母的评价，这时学生的感受是非常独特的，情感也是非常真挚的。从这个角度去思考生活，可谓别有一番情趣，学生会思如泉涌，表达出的都是真情实感，说出的句句都是心头语。

教学目标

1. 通过情境写生，学生能感悟到作文素材就在自己的亲身经历中，认识到日常生活中的小细节都能成为习作的好素材。

2. 通过情境写生训练，学生养成留心生活细节的好习惯。

3. 通过情境写生训练，培养学生的写作能力，从而使学生热爱写作。

教学重难点

通过情境写生训练，培养学生的写作能力，从而使学生热爱写作。

课前准备

提前一周给学生布置作业，要求每位学生在父母都在家时，最好是有客人的时候，男同学悄悄地找出爸爸最喜欢的一件衣服来试穿，女同学找出妈妈最喜欢的衣服试穿，然后走到客厅让客人或你的爸爸、妈妈观看。如果父母心情好，就多穿一会儿，最好走几步模特步，摆几个造型；如果父母心情不佳，就马上进房间换上自己的衣服，然后和他们聊天。在试穿过程中，要认真观察客人或父母的神态、举止，记住他们当时说的话，然后进行写生。上课时准备一件男西装，一条领带。

教学时间

一课时

教学过程

一、检查作业

1. 师：请同学们把写生的作业都放在书桌上。

（看有多少学生完成了作业，由此判定课堂写生的时间该花多少，如果没有完成的学生多，那么营造课堂情境就多花些时间，如果只有几个学生没有完成作业，那只需提供一个尝试的机会就行了。）

2. 师：太好了，只有三四个同学没有完成作业，可能他们还没有找到实践的机会。没关系，待会儿老师给这些同学创造机会。

二、分享各自的故事

师：我猜大家完成这次作业时，一定觉得很有意思，其中肯定有令人忍俊不禁的内容。现在我们就一起分享一下，不要读你的写生内容，请用讲故事的方式，说出那一刻的精彩。

生：这次作业我做得很紧张。我知道爸爸有一件很名贵的西装，是国外买来的。老师一布置作业，我就想到了这件衣服。趁妈妈外出打麻将，爸爸在书房看书的时候，我溜进他们的卧室，从衣橱拿出西装穿到身上，对着镜子走来走去，感觉自己还挺酷的。我不敢走出去给爸爸看，穿了一会儿之后就把衣服放了回去，因为这件衣服爸爸特别喜欢，我不敢轻举妄动，要找时机。过了两天，爸爸和妈妈在客厅聊天，我想机会来了，就又溜进他们的卧室，穿好西装后大叫一声："我来也，请欣赏。"我走到他们面前，妈妈不假思索地对我训斥道："你吃饱了撑的，把干干净净的衣服拿出来折腾什么？"爸爸愣在那里，两眼直盯着我。听到妈妈训我，我心想：这下可被老师害惨了。谁知爸爸不但没有生气，反而说："小子，去把领带拿出来。"爸爸亲手给我系上领带，然后让我走几步给他看。我走了几步，爸爸、妈妈面带微笑地欣赏着。爸爸说："真不错，不知是衣服好，还是我儿子帅，看起来很不错，真是一个小大人了。"爸爸停顿了一会儿又说："你是不是想穿西装了？过年给你买一套吧！"我赶紧说："别误会，我只是试一试，不是我真想穿，是为了完成我们老师布置的作业……"

（大家都笑了）

生：我和外公、外婆一起住，外公穿的都是老式的衣服。晚上他们在客厅看电视时，我就穿上外公的衣服，还把纸撕成一条一条的贴在下巴当白胡子，然后走到外公、外婆面前，装成老人的声音问："这是××外公的家吗？"他们先是被吓了一跳，接着哈哈大笑。外婆故意说："是啊，请问你有什么事吗？"边说边笑个不停。外公说："这孩子到底像谁呀，这么顽皮，又这么机灵。""这都是从外公那学的。"我接过话说。外婆又说："你外公有这么机灵吗？快把纸摘了，读书去吧。"……

生：星期天，我趁妈妈出去买菜，就走进她房间，打开衣柜门，把妈妈的衣服中我认为漂亮的都一一试穿了一下，并在镜子前自我欣赏，过了把大人瘾。当我穿上一件连衣裙时，房门响了，我知道是妈妈买菜回来了，赶紧脱裙子。谁知因为着急忘了解开纽扣，结果头被连衣裙的领口卡住了，扯又扯不下来，拉又拉不上去，越拉衣服勒得越紧，气都快喘不过来了。本来怕被妈妈发现，可现在不得不叫妈妈了。可是我叫也叫不出来，只听到嗡嗡声。妈妈买菜回家后就进了厨房，听到房间里的声音才过来看看，发现我被卡住了，赶紧拿来剪刀剪开一个扣子，这才让我得以解脱。这时只听妈妈说："你到底在做什么？不好好读书来试什么衣服？你看你脸色全白了，要是妈妈再晚些回来，不憋死你才怪。都这么大了，还这么不懂事。"我也很伤心，本来很开心的事弄成这样，乐极生悲，也不知怎么回答妈妈，只好不做声，心想都是老师惹的祸。

（学生大笑。）

生：我妈妈的爱好就是买衣服、化妆，很多人都开玩笑叫我妈妈"妖精"。老师布置这个作业，我最开心了。吃完晚饭，我就把房间门关上，一个人躲在房间里对着镜子涂口红、画眉毛，然后选一件妈妈的衣服穿在身上，穿好后还照照镜子，直到自己满意为止。之后，我悄悄地走到爸爸面前，什么话也不说，就看着爸爸笑。爸爸大吃一惊，一把拉过我，摸摸我的头说："你怎么了，没有发烧呀，怎么会有这样的举止呢？"我知道这是爸爸在批评我，不过这是我的作业，想到这我也就不怕爸爸批评了。我轻轻地问爸爸好看么，爸爸说："不好看，但很好玩，来给你拍两张照片吧。"说着用手机给我拍了两三张照片。从爸爸的书房出来，我又走到妈妈身后，大叫一声"妈！"妈妈回过头一看，也吓了一跳："唉，你这么小化什么妆，还穿我的衣服。"她放下手中的活，把我拉到房间，帮我脱了衣服，并说："以后不准穿我的衣服，你看你像什么？"我说："像小妖精。"妈妈一听，扑哧一声笑了起来。"你这孩子，你是说这些都是跟妈妈学的吗？"妈妈温柔地问。我说："有其母就有其女嘛。"妈妈亲了我一下，让我去把口红擦掉。

……

师：看来同学们都已经观察得很仔细了，真不错，相信大家写出的作文一定很有味道。

三、给没有完成作业的学生创设情境

师：完成作业的同学都收获了有意思的故事，没有完成作业的同学就难有这样的真情实感了。为了使大家都能写好这一作文，现在请一位同学上讲台，穿上老师带来的西装，戴上领带，在讲台上走几步模特步，大家先观察，然后描写。

四、定题写作文

师：请大家给自己的文章定个恰当的题目，然后写作文。

(学生定的题目有这些：《穿大人的衣服》《假大人》《衣服里的情》《小妖精》《有趣的试衣故事》《几多衣服几多爱》《穿出的评价》《我的将来》……)

第八章　篇章技能练习

第一节　“教”出作文

“晨起”作文教学设计

设计意图

起床是学生天天都做的事，可不少学生在写作文时却觉得陌生。设计以“晨起”为主题的作文教学课，就是要让学生知道，我们习以为常的事，只要留心，也会是绝好的习作素材。生活与作文关系密切，当你不留意时，很开心或是很伤心的特殊事件，都进不了你的作文意识；当你留心时，即使是很不起眼的日常生活琐事，也会让你有所感悟，小中见大，将平常事情写出不平常的感想。

教学目标

1. 让学生通过表演起床时的情景悟出：生活无处不作文，生活中处处充满新意，生活就是作文的源泉。

2. 通过教学，开阔学生的思路，提高学生的习作水平，增强学生写作的兴趣。

教学重难点

1. 培养学生留心观察生活的意识，提高学生的表达能力。

2. 完成提高学生表达能力的层次练习。

教学时间

一课时

教学过程

一、写话练习，激活书面语言

师：有一则笑话，说的是一个学生在课堂上睡着了，老师看到后让同学叫醒他，并问他知道在课堂上睡觉的不足吗。那名学生揉了揉惺忪的双眼，迷糊地说，在课堂上睡觉的不足就是没有在床上睡得舒服。他做错了，但是说得很实在。当我们困乏得坐不住时，当我们劳动了一天，累得不想动时，要是能立刻躺在床上，那是何等的舒服啊！我们每天都需要睡觉，躺在床上的感觉是怎样的？

生：真好。

生：真舒服。

师：同学们，我们说话的时候可以用“真好”“真舒服”。可是我们写作文时也只会这两个词那就太单调了，所以写比说要求更高，现在就请同学们写一句话，表达躺在床上的美好感觉。

（学生用一句话表达躺在床上的美好感觉。）

师：作家林语堂有一篇文章名为《论躺在床上》，他把躺在床上的种种美好感觉写得惟妙惟肖，同学们有兴趣的话可以去找来看看。

二、说话练习，聊出感情

1. 晚上躺在床上睡觉时做了个美梦，一觉醒来已经天亮了，当你睁开双眼时，你经常会说什么话？

2. 如果你让妈妈早点叫醒你，可她没叫，你会怎么说？

3. 如果你想晚点起床，父母却早早叫你起来，你会说什么？请说出感情来。

4. 如果你睁开眼，听到父母忙碌的声音，你会说什么？

5. 听到窗外小鸟在唱歌，你会说什么？外面的声音过早地吵醒你，你会说什么？

6. 你醒了，周围却很安静，你觉得睡得很满足，你躺在床上自言自语，你会说什么？

三、对话练习，唤醒记忆

师：同学们的表达有了很大进步，说得也很有感情，接下来我们就来几段日常生活的情境对话，看哪位同学最机灵，说得既有文采又有感情。

情境一：一个慈爱的母亲，来到正在睡懒觉的孩子的床边，叫孩子起床。

情境二：一个睡懒觉的孩子，起床后走到客厅向父亲报告自己起床了。

情境三：一个早醒的孩子在床上自言自语，妈妈听到后与他对话。

师：你们平时是否经历过这样的情形，记忆最深的是哪次？那情境应该写下来，成为你生活中的宝贵财富。

四、表演晨起，激发情趣

1. 教师要求学生先回忆自己晨起后做的事情，然后请一位同学表演从起床到吃饭或到上学这段时间里的生活情景，教师可以配合演。

2. 让学生说说起床时出现的各种情况，如要迟到了是怎么起床的，周末早早就醒来会怎么起床，特冷的早晨又会怎样起床等。

五、回忆与构思，完成表达

师：以上交流内容是否让你想起了自己的晨起生活？请自拟题目，写一篇文章。可以写刚才的表演，再结合自己的生活经历，通过想象丰富其内容，也可以写真实的生活情景。要求词语要丰富，要写出感情。

佳作欣赏：

“啊！”柯智健伸了个懒腰，依依不舍地爬出了温暖的被窝。他把棉被披在肩上，威风凛凛地说：“我是棉被超人！哈哈哈！”然后迷迷糊糊地走出房间，问爸爸：“爸爸，粥热好了吗？”父亲疼爱地说：“热好了！”

柯智健睡眼蒙眬地走进卫生间，“嘭”的一声，他那可怜的头和卫生间的门“拥抱”了。之后，他拖着慢悠悠的步子来到了洗漱台前，随手端起一个水杯，往嘴里送水。过了两秒钟，他觉得有些不对，愤怒地问：“爸爸，这是什么水？”爸爸无奈地说：“这是昨天的水，忘了倒了！”

刷完牙，他便从左侧随便拿了一条毛巾，沾了点水，往脸上一抹，顿时感觉清爽多了。但是当他盯着毛巾看了一秒后，就惊讶地叫起来："这是什么毛巾？这么脏？"爸爸闻声赶来一瞧，大笑道："哈哈，你这个糊涂虫，你拿的是昨天擦地板的抹布啊！""什么？"柯智健跳着尖叫。

总算把脸洗干净了，可以喝粥了。可他坐下刚喝了一口粥，便一蹦三尺高，边跳边叫："这是什么粥，这么烫！"说完，立刻又喊："我不吃了！来不及了！"话没说完就已经背起书包，大步流星走出家门了。

他走着走着，听到后面传来了同学的一阵爆笑："哈哈，柯智健衣服都没换！哈哈哈，穿着睡衣去上学呀！"

对呀，他忘了换衣服了，这个糊涂虫！哈哈哈！

"痒"作文教学设计

设计意图

许多人压根儿就没想到，身体上的某一处，生活中的一些小事，都会成为作文的素材。我们完全可以开发一种"身体序列作文"，只要大家有作文意识，身体就是很好的取材源。著名作家常青提倡学生写作"写我有"，而身体就是"我有"的最好对象，人人都有。可是在实际写作中，没有几个人能想到写自己的身体，真是——人人意中有，人人笔下无。本次作文教学，可以激发学生写作的新思维，唤醒学生的写作意识，培养学生观察生活、热爱生活的好习惯。

教学目标

1. 通过作文教学培养学生挖掘作文素材的意识，提醒学生留心观察生活。

2. 通过课堂上的说、写、练习，拓宽学生的写作思路，提高学生的语言表达能力。

教学重难点

1. 培养学生的作文意识，提高学生的语言表达能力。

2. 引导学生打开写作思路，运用发散思维挖掘素材。

教学过程

一、读“痒”说“痒”

1. 先朗读，然后说说你发现了什么。

课件出示：心痒难耐、不知痛痒、痛痒相关、搔着痒处、膝痒搔背、隔靴搔痒、心烦技痒、不觉技痒、无关痛痒。

师：这些词语中，哪些是你已熟悉的，哪些是你新认识的？你知道在什么场合该使用哪个词吗？

师：你看！包含“痒”字的四字词语就有这么多，两个字、三个字的词语，那就更多了，如皮痒、手痒、嘴痒、心痒等。

2. 说自己的亲身体验，谈谈“痒”的感觉。

3. 读句子，谈体会。

(1) 苦可忍酸不可忍，痛可耐痒不可耐。

(2) 心情痒痒如中酒，手腕腾腾欲降乩。（出自清朝钱谦益的《病榻消寒杂咏》）

师：你觉得这些句子怎么样，你有没有类似的感受？

二、治“痒”，写句子

1. 师：我们的双手就是最好的治痒良药和治痒工具。当皮肤痒时，我们常常是用自己的手去——搔痒、抓痒、挠痒、搓痒、擦痒、蹭痒。

2. 师：请几个同学来演一演皮肤痒时会有什么动作，其他同学认真看，然后把他们的动作用一句话写下来。一组写一个动作，同组比较句子，看谁写的句子有文采。

3. 师：这些词还有另一层意思。本来不痒，因为有了这些动作反而痒，是“致”；本来痒，因为有了这些动作而治了痒，是“治”。

三、演“痒”，写片段

1. 师：请一位同学表演“抓痒”的动作，其他同学观察，看能否发现“抓”的规律。

2. 重演，观察后写片段。重点要让学生把学到的词语用上，让学生写出精彩内容。

四、谈“痒”，忆故事

师：请大家谈谈自己曾经“皮痒”“嘴痒”“手痒”“心痒”的故事。从故事中，你有什么心得？

五、写“痒”，发散思考

要求：回忆所讲的内容，多角度构思，先定好题目，然后自由作文。

学生拟的题目：《痒的自述》《痒痒课》《皮痒的故事》《治痒与致痒》《痛痒家族》《“痒”的教训》《有“痒”生活》《耐痒》……

佳作欣赏：

一天，我在家里写作业，突然冒出一个声音吓了我一大跳，我害怕地想：家里只有我一个人，怎么还有其他声音呢？不会是有鬼吧？我赶紧跑到厨房，搬起一块大石头，提心吊胆地走向我的房间。当走到房间门口时，我又被吓了一大跳，因为那个声音又出现了，这次那个声音说：“请打开你的衣柜！”我放下沉重的石头，身不由己地打开了衣柜，突然一道光把我带到了一个五彩缤纷的通道里，只见里面有许多门，门上标着许多奇怪的国家的名称，有“扑克国”“篮球国”“痒痒国”“战争国”“电视国”“足球国”等。我的目光被“痒痒国”吸引住了，我看见“痒痒国”的旁边有一个按钮，于是不管三七二十一地按了下去。轰！一声巨响，痒痒国的门打开了，只见里面白茫茫的，好像在白云上一样。我向前走了一步，正准备走第二步时，突然从上面摔了下去。我醒来时发现自己已经在痒痒国了。痒痒国的人有的用力抓着全身，有的站在原地重重地跺地板，还有的用力蹭着墙。这些都是发痒人会做的动作呀！难道他们都很痒吗？我跑过去问一个躺在地上的人：“你怎么了？”他大叫了起来：“好痒！好痒！”我用手重重地抓着他的背，过了一会儿，他爬起来走了。

我边走边想：为什么这个国家的人都会痒呢？噢，我知道了，因为这个国家叫痒痒国。我怎么不会痒呢？一个新的疑问从我的脑子里蹦了出来。可能我是刚来的吧！这时，天空下起了雨，我跑到树下躲雨。过了一会儿，我自言自语道："雨这么小，我怕什么呀!"于是我走了出去。呀！好痒！我赶紧跑到树下，用力抓着痒。原来那些人的痒都是雨造成的，谜底终于解开了。

快到中午了，我有点儿想回家了，于是努力地寻找出口。"世上无难事，只怕有心人"，我终于找到了出口。正当我的脚刚准备踏出痒痒国的大门时，一个人追了上来，我仔细一看，那不是被我帮助抓痒的人吗？他跑到我面前，拿出一本书，说："这是我们国家的成语词典，我实在没有什么东西可以拿来感谢你了，这一点儿小小的心意，请你收下吧，是你拯救了我们痒痒国的人。"后来我才知道，原来那天我帮他抓完痒后，他也去帮助别人抓痒，所以痒痒国全部的人都不痒了。我依依不舍地告别了痒痒国。回到家后，我急忙打开成语词典，发现第一页写着"心痒难搔""隔靴搔痒""痛痒相关"等许多与痒相关的成语，我越来越喜欢痒痒国了。

今天，我非常开心，因为我去过痒痒国。等我有空的时候，也带你们去痒痒国看一看吧。

"读得比说得好听"作文教学设计

设计意图

能成为作文素材的内容不在于其是否特别，也不在于事情的大小，而在于其是否引起了写作者的情绪变化，使写作者有了新的认识。如果写作者有写作的意识，就能从细小的事物中生出独特的感受，也就获得了写作素材。这种对生活的感知力，是需要教师培养、启发的。本节课的教学旨在让学生通过练习获得感悟，认识到写作的意义。

教学目标

1. 通过练习启发学生留心观察生活，学会从生活中选取素材，培养选材意识。

2. 启发学生在自己情有所动时，一定要思考令自己情动的事物、原因及结果，获得思想上的提升。

3. 使学生认识到写作的意义，教育学生要勤于动笔。

教学重难点

使学生认识到写作的重要性，感悟思考生活细节的必要性。

教具时间

一课时

教学过程

一、教学前的准备

布置学生写写自己生活中的经历，也可以描写好玩的活动，写好后还要回忆两遍，并选定五位学生的作文，让他们把自己作文的电子稿发给老师。

二、说读对比，实境感受

师：请同学们将自己写好的作文拿出来放在桌子上，叫到的同学请走上讲台，先说说你想讲给大家听的经历或活动。等你说完之后，我会投影出你的作文，然后请大家有感情地读出来。

（一名学生走上讲台说自己的经历，说完之后，教师投影出该学生的作文。）

一听到妈妈说要带我去园博苑看灯盏，我就兴奋不已。一路上，我一直向妈妈询问："那里的灯展美不美？好不好看？"我心中充满了欢乐和期待！

刚进大门，我就被眼前的美景吸引住了，一条巨大的金龙缠绕在一棵千年榕树上，那巨龙里的灯光非常耀眼，我感到极为震撼！"龙马精神"在这龙年的灯会上得到了充分展现。

我们走在一条羊肠小路上，看到两旁的小树周围都有若隐若现的光芒，好似天上的星星围绕在小树周围。园博苑里到处都挂着喜气洋洋的大红灯笼，宁静的夜晚因为有各式各样的灯装饰而显得热闹非凡！

"哇，好高的宝塔！"我不禁感叹。这座宝塔看上去有些古朴，整个塔身约有十四层，每层塔里都有一盏红灯笼，美极了！

我们边走边看，天色渐渐暗了下来。在音乐喷泉旁边的水面上，两条长长的卧龙高昂着头，龙须伸张，遥相对峙，犹如出水蛟龙，横贯而出。

我们一路走，一路瞧，满眼都是灯景，红、黄、蓝、绿、紫……各种颜色的灯景都有，灯光或暗或亮。走着走着，我们看到前面有许多张怪脸，每张脸都是五颜六色的。走近一看，原来是一组京剧脸谱灯展。这组京剧脸谱灯展，立体地展现出多姿多彩的京剧文化。

羊肥马壮，一群草原姑娘和小伙子围着篝火在欢歌跳舞，一幅丰收的画面！原来这组灯展的主题是"草原欢歌"。牧羊人专心地看着旁边的歌舞表演，却忘了自己的羊群和一群对羊虎视眈眈的狼。

左边的一组灯展示的是一位老者正在给一位武士治疗胳膊上的伤。我仔细地看了看，原来是神医华佗在给关羽治病，即历史上有名的"刮骨疗毒"的场景。这一典故出自《三国志》，名医华佗为关羽刮骨治病，关羽忍受着剧烈的疼痛，依然谈笑自若。后以"刮骨疗毒"形容意志坚强的人。

继续往前行，我们看到许多可爱的小鹿灯景及花和草的灯景，它们在灯光的映照下，显得更加美丽！这组灯展示的是深受大众喜爱的动画片《小鹿斑比》中的场景。看着一群可爱的动物在草地上玩耍，让人感受到纯真的童心，领略到爱的力量。

远远地向前看，竖琴灯景格外显眼。时间不早了，我们就朝着竖琴的方向往回走。沿路看过去，"化蝶""古楚编钟""牛郎织女""猴子捞月""龙生九子"等有趣的灯景一一呈现。

快到出口时，我们看到一个水池上面的灯亮了，全是有关龙、牛、虎、鼠的一些灯景，上面还写有一些祝福的字：蛟龙肥牛快乐年，龙腾虎跃创佳绩，灵鼠飞龙接新禧。再往左上方看去，暗红的灯光勾勒出一条长龙的曲线，就像一条似醒似睡的长龙安详地躺在栏杆之上，看着熙熙攘攘的人群。

对面是一个露天大舞台，闽南地方歌仔戏正在上演，台下有很多游客驻足欣赏。我们也好奇地欣赏了一会儿，虽然语言有些听不懂，但演员的表情、动作却极为丰富，其精彩之处博得了阵阵掌声。

在园博苑中，不仅有充满趣味的灯展，还有来自各地的小吃和精彩的歌仔戏表演，让人目不暇接。逛完了灯展，我们就要回家了，可是我满脑子都是刚才的画面，仍旧依依不舍。

这真是一场盛大的灯会！

（第二名学生走上讲台说自己的经历，说完之后，教师投影出该学生的作文。）

一个星期五的下午，一放学我就在小区进行“环球旅行”。突然，我看见体育器材攀爬架边的一棵树下，站着几个拿着羽毛球拍的小朋友，有两个小朋友还试图往树上扔球拍。不难看出，一定是羽毛球落在树上了。我心想小朋友“拯救”羽毛球的行动肯定很好玩，于是决定去凑凑热闹！我把自行车停在路边，走了过去。

他们两次把球拍往上扔，想以此把羽毛球弄下来，可两个球拍都卡在树上下不来了。我想：依现在的情形看，他们没办法靠自己的能力把羽毛球弄下来。因为两个球拍都卡在树上了，其他人也不敢再扔了。我帮帮他们吧！可是我又没有工具，怎么办呢？对！攀爬架！攀爬架离树那么近，我完全可以坐在攀爬架上把球拍打下来！

虽然知道这样做很危险，可没多想，我便快速爬上攀爬架。不用看也知道，他们的脸上肯定是惊讶的表情，他们可能在想：我怎么没早点想到这个方法呢？

我坐在最上面一层的架子上，左手尽量往前伸。可是这不争气的手，似乎在这一瞬间变短了，怎么也够不着树。下面的一个小弟弟好像看出了我的心思，便把自己的外套脱下来，递给我说：

“用这个试试吧！应该可以！”

我接过他的外套，重新坐好，用外套抽打树枝。“咚”的一声，球拍应声而下。另一个小弟弟迫不及待地捡起球拍，又往树上扔。在我失声尖叫时，它又被卡在了树上……

当再一次把球拍打下去后，我立即对下面的小朋友说：“把球拍给我吧，我用它来把羽毛球弄下去。”他们快速地把球拍传上来。我找到下一个目标——另一个羽毛球拍，但想要把它弄下去似乎很难，因为它正好竖着卡在树枝之间。那我就横着打吧！那个“顽皮”的球拍，还固执地挂在树上。可是，它怎么能斗得过我呢？我拍打了几下，终于，它落地了。

就剩下羽毛球了！奇怪，按道理说，羽毛球在绿绿的枝头上应该很显眼才对，可是我左看右看，上看下看，就是看不到它。“那边！那边！”下面的小朋友急得直跳脚。我只好胡乱打一通，终于，我隐隐约约看见绿树丛中有一点白，我朝着那白点使劲一打，只听下面一阵惊呼，羽毛球落地了……

看到小朋友们欢呼雀跃的样子，我笑了，帮助别人，原来也这么快乐！

（第三名学生走上讲台说自己的经历，说完之后，教师投影出该学生的作文。）

我常常仰头凝望空中的“飞鹰”，羡慕钻进“飞鹰”肚子里的人们，企盼有朝一日也能俯瞰大地。

终于，我第一次坐上这种神奇的能在天空中遨游的交通工具——飞机，去繁华的大都市——深圳游玩。

我和妈妈坐在候机厅里，爸爸急匆匆地拿着钱和我们三人的身份证去换票。我激动得像一只野猴子一样上蹿下跳，直到周围的人都投来诧异的目光，我才停止了刚刚疯狂的举动，可是我的心依然激动得怦怦直跳。我急切地想听到再过一秒广播就会传来这样的声音：“前往深圳的航班到了，请乘客们尽快做好登机准备。”可是没有我想象得那么快，一秒后广播中没有出现这句话。我心想：再过一秒，再过两秒，再过三秒……终于，提示登机的声音响起了，我心里别提多高兴了。

我们跟着机场工作人员进入机舱，按照机票上的座位号坐下，此时我发现庞大的机翼就在我们的身旁。我们在机舱内耐心地等待了5分钟，飞机便慢慢加速，渐渐地，渐渐地，周围的事物开始飞快地向后移，一瞬间，飞机离开了地面。我激动地对妈妈说：“妈妈，飞机上天了！”妈妈平静地回答：“哦，是的。”我透过窗户，看见了我们美丽的海滨城市厦门，城里的灯像天空中的星星一样多，灯光的颜色五彩缤纷，红的，蓝的，黄的，紫的……我不禁惊叹道：“哇！”妈妈凑到我的身旁说：“厦门是不是很漂亮啊？”我兴奋地说：“是啊！”我靠在软软的座椅上，看着窗外美丽的夜景，真是惬意！不知不觉中，我犯困了，眼皮慢慢地合上了。

等我再睁开双眼时，飞机已经着陆了，我揉了揉眼睛说：“妈妈，是不是到啦？”妈妈温和地说：“是啊，你睡了两个小时了。”我睡眼蒙眬地说：“哦。”我原来觉得飞机是神秘的，现在认为坐飞机是万分舒服的。

三、合作交流，畅谈感受

1. 发言的同学说一说自己说时的心情和读时的心情有何不同？

2. 听的同学评一评说和读哪个好，自己喜欢听“说”还是喜欢听“读”？为什么？

3. 有没有同学自信地认为自己说得会比读得更好听，如有请上台试一试。

四、分组讨论读得比说得好听的原因

1. 说比读难度大，虽然是自己的经历，但是说的时候不仅要临时组织语言，还要理清思路，困难大；读的内容是写好的，事先已经整理好了思路，又有适当的语言，只要感情表达出来就可以了。

2. 说时口头语言多，语言不优美，而写的内容经过深思熟虑，语言相对优美。

师：那么，写与说相比，优势在哪里？

生：语言经过推敲，逻辑严密，思路清晰。

师：要是有些同学不会写，错字多，思路乱呢？

生：这样的同学在说时肯定也会犯同样的错。

五、总结，说思路

通过对比与讨论，我们可以得出结论：读得比说得好听。通过这节课的学习，我们认识到了写作的实际意义。除此之外，你还受到什么启发？如果让你就今天的活动写一篇作文，你会怎么写？

预设：

思路一：发现结论—反思生活—获得关注生活细节的启发。

思路二：描述经历—从中得到的感悟—对未来生活的影响。

思路三：由当前经历想到以前同样的经历—再次例证这一结论—表达自己的感悟。

六、学生写作文

“照实写与创作写”作文教学设计

设计意图

当学生训练式作文写多后，普遍容易出现一个毛病——照实写，即总是把眼前看到的景、物、事原原本本地记录下来，最多加上几句抒情句或议论句，这样的文章读起来淡而无味，像喝白开水。如果教师不提醒学生，学生自己是认识不到的，他们就会这么一直写下去，直到随着阅读的增加才会有所醒悟，到时可能就错过最好的发展时机了。所以，教师应通过练习告诉学生如何摆脱照实写，进入更高层次的创作写。所谓创作写，不是要求学生有像作家那样强的创作能力，而是指教师应引导学生向着那个方向努力，让学生在尊重原景物、人、事的基础上，融入更多的个人情感与思考，使景物、人、事成为自己要表达的内容，从而使文章内容丰富，主观思想增多，赋予所写内容以自己的情感。

教学目标

1. 让学生通过学习认识什么是照实写，什么是创作写。

2. 让学生通过练习认识创作写的意义。

3. 让学生通过练习与讨论培养创作写的意识。

教学重难点

1. 让学生通过练习认识创作写的意义。

2. 让学生通过练习与讨论培养创作写的意识。

教学时间

一课时

教学过程

一、认识照实写与创作写

1. 提问：照相机拍摄的相片与画家画的画有何不同？

有时我们看到的景物明明是红色的，可是在画家的画中却是灰色的，我们看到画时也不会觉得不好看，有时甚至会觉得比实景更好看，这是什么原因呢？有时呈现在眼前的明明是五个静物，可是画家画出来后却变成了三个静物，还多出一个人来，我们觉得这样的画比照实画还更有生气，这又是为什么呢？

2. 讲述照实写与创作写

照相机拍摄的相片是照实拍，而画家画的画却包含着自己的理解，是按自己的感情与感受去画，在遵照实际情形的基础上，加入了个人的感情与思想，从而使画出的内容既像生活又不像生活，很有意味，这就是创作……

二、创设情境，对比照实写与创作写

1. 教师表演动作，或是给出几个动词，让学生表演，然后要求学生描述出来并表达自己的感受。下面的一篇作文可以作为参考。

星期五上午，我们上了一节有趣的作文课。课上，黄老师做了几个动作，让我们观察后写一篇作文，告诉我们这节课的重点是学会描写。黄老师还说描写与叙述是不同的，描写是抓住细节来写，因此会让人觉得写得很具体；叙述只是陈述一件事，没必要写得具体。

黄老师说完之后，便让三位同学表演这几个动作：东张西望、蹑手蹑脚和回头一笑。“谁来表演‘东张西望’？谁来表演‘蹑手蹑脚’?”黄老师面带微笑地问道。班上同学一个接一个地举手，看来大家的热情很高。“阙鑫伟!”黄老师笑得更加灿烂了，“你来吧!”就在这时，全班同学中有一半人在小声地笑。

阙鑫伟一下子趴在了桌子上，像个害羞的小姑娘一样露出了笑容。我心想：黄老师一定另有目的，不然怎么会让一个“搞笑艺人”上场。这时，黄老师发话了：“你来表演‘东张西望’和‘蹑手蹑脚’。”话音刚落，阙鑫伟便表演了起来。他把左手快速地伸到额头前，像孙悟空一样比画了起来，接着又换上了右手，看起来不是一般的滑稽，逗得大家哈哈大笑起来，阙鑫伟自己也被逗笑了。这时我想：要是这一节有趣而令人惊喜的课能一直上下去就好了。“好！再来表演‘蹑手蹑脚’。”只见阙鑫伟侧着身子，把两手勾成蛇拳状，脚尖微微地踮起，交替摆动双手，就这样一步一步地前进。

“接着是‘回头一笑’，请一男一女来表演。”黄老师说道。话音刚落，教室里一下子安静了下来。过了一会儿，一个同学说：“一个一个地表演吧!”黄老师想了一会儿说：“好吧，一个一个上!”顿时，教室里立刻热闹了起来。“陈诺，上！你可以的，回头一笑!”陈诺害羞地走到讲台，向前小步地走了几步，突然停在那里，扭过头朝我们看，然后笑了一下，便回到自己的座位上。顿时，全班同学都沉醉在欢乐之中，因为他的表演太滑稽了。

紧接着蓝炎翔上去表演了，他先是大叫一声“哟！棒棒糖。”然后滑稽地前进了几步，转过头来大笑了几声，之后便也回到了座位。霎时，全班同学哄堂大笑。黄老师开口说道：“安静！他们表现得很好，勇于尝试是很好的。”黄老师刚要讲作文就下课了，他只得露出遗憾的表情。

放学后，黄老师要我们体会一下描写和叙述的差别。描写是作家必备的知识。我要当作家，因为这样就可以把自己的快乐和别人分享，自己也会变得更加快乐。

2. 教师引导学生阅读下面的文章。

伴随着音乐，她开始旋转，那优美的舞姿令人羡慕。这也许是万千少女所盼望拥有的吧，而坐在台下的我为她感到骄傲却并不羡慕。我明白，每个人都是各有所长的，每个人都有自己未来要走的路，她——一个舞者的路是别人所无法改变的。“做自己就好！”她总是这么说。没错，属于你的，别人抢不走；不属于你的，你再努力也没有用。走一条自己喜欢的路便好。

如天鹅般的她在舞台中央旋转着，她是属于舞台的，舞台也是属于她的。

只是三天而已，我认识她只有三天而已，她的活泼，她的天真无邪令人羡慕。

第一次看见她，她正在挑选舞蹈服装，见我出现便拉着我一起挑选，那么自然，肯定无人相信我们是初遇。那一刻的相遇即是永远的情谊。

我与她情同姐妹，那一天，我们在商场内漫无目的地逛着，却没有丝毫的烦恼。她给我讲述了她的故事——一个舞者奋斗的故事。过于热爱芭蕾的她并没有太多的朋友，她说自己与我投缘，一看见我就非常喜欢，知道我能包容她因为练舞而没有太多时间陪我。我笑笑说：“若不能呢?”“不会的！我相信你！”她很认真地看着我，我拉着她去她即将演出的场地。

“跳吧！天鹅公主！”我坐在台下，成为她的第一个观众。她很兴奋，跳得十分投入——一个不需要任何东西衬托的天鹅公主，向着自己的梦想前进。

隔天，我约她出来吃晚餐，并有一份礼物相送。她答应了，却没有赴约。看着那份礼物——芭蕾舞服，我默默离开。“做一只能包容天鹅的癞蛤蟆吧！”

经过练舞房时，我看见里面的灯依旧亮着。探头一看，她和其他队员在认真地练习着，在老师讲解时，她不停地看表。我笑笑，出去买了份夜宵，从后门绕进化妆间，将礼物和夜宵一起放在她的桌上。

“记得吃哦！别饿坏了，我没事的，你的演出更重要！”

放下纸条，我满足地笑了笑，对她的包容也许比责怪还要令她难过吧，但是，相信她不会忘了我的……

第三天，我收到了她的信，信封里有张纸条和一张她演出时的入场券。

“对不起哦，昨晚突然被教练拉去排练，谢谢你的夜宵和舞蹈服，我很喜欢！明天要来观看我的演出哦！”

我拿出票，看到她的照片印在上面，夺人眼球。可是我却注定不能到现场去观看了。

我再次来到排练场地是在她演出前一天的下午，我躲在门后，给她发了一条短信，然后悄悄地看着她。她眼眶里的眼泪如利针般毫不留情地刺进我的心，好——痛……

看到她眼角闪着泪光，我还是痛苦地决定了——离开。也许只有在分手时才体会得到这难以忍受的伤痛……

永远也忘不了，你就像八音盒里那拥有天使笑容和动人舞姿的芭蕾公主。这次邂逅令我惊喜、欣喜，但也令我心痛、不舍……

“很抱歉，说好要去观看演出，但没有实现。不过，你一定是最棒的！记得‘许下心愿，梦想一定会实现’哦！加油！”

猛然间，我回到了现实，没有芭蕾公主，没有天鹅，只有我一个人躺在床上。

我宁愿相信这一切都是真的，我穿越时空遇见了你，也不愿相信这只是一场梦。

“穿越时空——遇见你，芭蕾公主……我永远的芭蕾公主！”

师：比较《表演有趣的动作》和《穿越时空遇见你》这两篇文章我们会发现，第一篇文章尽管也表达出了自己喜爱、欢快的情感，但全文基本属于照摹生活，不需要读者还原就可以直接看到整个事件的过程；而后一篇文章属于创作写，需要读者结合想象，还原语言所创造的意境，去认识两人的情感，这样不同的读者读出的意味就不同，文章就更有意思了。

三、学生交流自己的认识和感悟

师：请大家谈谈自己对这两种写作方式的认识与理解。如果要创作写，应注意什么？

创作写时应该注意这些：第一，尊重事实；第二，要融入情境并有自己的认识角度；第三，自己有特别的情感或观点；第四，创作写时要发挥想象力；第五，创作写时要会造境，能把眼前的景物、事、人与自己的思想、情感融为一体。

四、再次创境，一试身手

请两个学生扮演橱窗模特，要求学生观察后学着创作写。

五、引导学生先列出提纲，然后写作。

“我能和你想得不一样”作文教学设计

设计意图

爱因斯坦说：“想象力比知识更重要，因为知识是有限的，而想象力概括着世界上的一切，并且是知识进化的源泉。”而我们的学生，年龄越大想象力越受约束，学生原有的想象力没能得到应有的保护与培植，导致学生的作文变得越来越枯燥，越来越乏味，从而让想象的翅膀折断。学生写出的作文雷同，就是一个例证。我们知道，想象是极具个性化的，是不会雷同的。为了培养学生的想象力，受张文质老师课堂教学的启发，我设计了“我能和你想得不一样”这堂课，一节课中可以让学生完成三篇作文。

教学目标

1. 训练学生的想象力。

2. 使学生能从不同的角度观察一件事，写出不同的文章。

3. 帮助学生进一步练习创作写。

教学重难点

1. 训练学生的想象力。

2. 使学生能从不同的角度观察一件事，写出不同的文章。

教学时间

一课时

教学过程

一、我能和你做得不一样

做一个小游戏，引导学生发散思考。

师：请同学们排成一队从前门走到后门，要求每个人走路的姿势都不能与前面走的人雷同，雷同者将被淘汰。

用意：让学生想出各种各样的走路姿势，这不仅需要靠平时的观察，还要靠当下的想象，由此引出话题。

师：刚才同学们想出了很多种走路姿势，同样是走路，却有那么多种不同走法，那为什么大家写的作文却有那么多雷同之处呢？看来同学们没有充分发挥自己的想象力。

二、我能和你说得不一样

1. 教师引导学生交流，引出话题。

师：同学们都看过哪些书和文章，觉得哪些书或文章中的想象十分奇特，举出一两个例子说一说。

用意：一起分享阅读成果，激发学生热爱读书的热情。

2. 教师与学生分享皮朝晖的《愚公与呆子的故事》，突出想象之奇特。

师：愚公家里养了一头古里古怪的驴，名叫蠢驴。他家里还养了一只很奇怪的鸡，这只鸡生下的蛋很有意思，名叫笨蛋。他还种了一种十分特别的瓜，叫傻瓜……

用意：让学生说说所读书中的奇特想象，激起一些读书少的学生的读书欲望。

三、我能和你写得不一样

师：今天我们要写的作文题目是《花开了》，发挥你的想象，现场写两篇作文，一篇由你一个人独立完成，另一篇由六个人合作完成。放学之后，你们还要完成三篇作文。听懂我的要求了吗？

教师用课件出示如下具体要求。

（1）六个人为一个小组，共同完成一篇作文。

(2) 每一个人都要针对题目进行构思，都要提笔写作。

(3) 小组作文的要求：小组成员之间事先不讨论，大家都独立构思，由一个同学开头写第一段，第二个同学接着继续写，第三个同学又接着前面同学所写的内容往后写，这样一直传到最后一个同学，最后必须由第一个同学来写结尾。每个人事先想的内容不一定都能用上，不过你可以先承接再巧妙转折，这就看你的写作能力了。

(4) 个人作文的要求：第一个同学写开头，第二个同学先写自己的作文，接到第一个同学传下来的作文后，中止自己的思路，先接力写，写完一段后，传给第三个同学，然后继续完成前面自己写的作文，可以沿着原来的思路写，也可以巧妙地转到接力作文中自己写的那段作文，然后按那个思路写下去，直到自己完成一篇作文。依此类推，每个人在最后完成一篇小组作文的同时也要完成自己的作文。

四、我能和你想得不一样

1. 各小组成员先读集体完成的作文，然后读各自的作文，比较写作的思路，看谁想得更好。

2. 小组与小组之间进行比较，看哪组的想象最奇特。

3. 教师引导学生议论“花开了”这一主题：可以是植物的花开了，可以是礼花开了，可以是心花开了，可以是笑开了花，可以是改革之花开了，可以是和平之花开了，可以是执着者的守候之花开了，可以是希望之花开了……

4. 教师引导学生说说想象之奇妙，谈谈所读过的书中作家的想象之丰富。

五、我的收获和你的不一样

1. 教师引导学生谈谈这次写作的启发、感受与感悟。

2. 教师要求学生回去再写一篇作文，可以继续写《花开了》，也可以写上完这节课的感受，写别人怎么与自己想得不一样或自己怎么与别人想得不一样。

3. 教师引导学生书写学习后的启发，可以写课堂内容带给自己的启发，也可以写上课过程中受到的启发，还可以写课的形式带给自己的启发。

用意：这样的教学设计，让学生自我对比，自己与同学对比，小组与小组对比，对培养学生的想象力是很有帮助的。同一题目，同一题材，同时创作，同时比较，在集体与个人的碰撞中，学生会有很多感悟。

例文欣赏：

如果你没有耐心的话，一定会认为我说错了，作文是写出来的，怎么可能走出来呢？是啊，没经历过的人一定感到纳闷：我们天天都在走路，怎么就没有走出作文来呢？

那是一个阳光明媚的周三下午，老师来到教室，神秘地说："今天我们不上课，大家到操场上去，走一篇作文出来。"同学们听了，开怀地大叫"耶"。一会儿工夫，大家就在操场上列好了队，等待老师奇特的游戏。老师说："这个游戏叫走路游戏。"走路？我们不是都会吗？不，不！这次我们是要用不同的姿势走路，从第一个同学到最后一个同学都不能重复，重复者淘汰。男女生分为两队进行比赛，在一定的时间内，哪队剩下的队员多为胜。

表演开始了，我们每个人都积极参加，大家观察着，思考着，为了与众不同，都绞尽脑汁想姿势，在二十多分钟里，总共走出了上百种花样。想不到走路也这么有趣！

轮到我表演了，我先给大家表演常见的跳绳走。我双手握拳，手腕扭动着，双脚一跳，做出了跳绳的样子。后来，单人走的姿势太难想了，我灵机一动，想出了双人配合表演的方式。我和王宇表演"主人牵小狗散步"，王宇用悠悠球绳牵着我，我努力学着小狗的样子一步一步地往前爬，模仿得惟妙惟肖。有同学叫喊道："主人遛狗。"同学们哄堂大笑。

我印象最深的是侯乐乐的表演。他用侧滚姿势，双手握拳，滚得满身都是草。

大家都很努力地表演着，女生表演三轮，男生表演两轮，我们一共表演了一百多种走法，连老师都惊叹我们能表演这么多种走路姿势，而且还不重复。这次活动太好玩了，直到下课，我们还恋恋不舍，大声喊：“老师再来，我们不服输，我们还有新的走路姿势。”可惜，老师不听建议，就以一节课时间为准判定胜负。

第二节　“玩”出作文

聊出作文——记一个熟悉的人

设计意图

课本中的作文题目《记一个熟悉的人》或不少教师常出的题目《我的妈妈》等，学生们写腻了，也实在觉得没什么好写的了，一些学生因为这些内容太熟悉而对其失去了新鲜感和好奇心。其实不用说学生，就连教师也对此感到厌烦了，觉得在教学中很难有所突破。怎么能做到与时俱进呢？怎么能旧题新教呢？这就得有心，就要用心读书，关注生活，把平时看到、听到的内容与写作文联系起来。教学中，教师可以和学生随意地聊天，让学生在无任务的前提下轻松地聊，或许聊着聊着就聊出了作文，待学生反应过来，作文已经完成了，成功的喜悦会让学生忘记腻，没了烦，并且能学会用新的角度思考旧的作文题，效果自然比直接教学要好。

教学目标

1. 通过讲故事唤起学生的情感与表达欲望，激发学生的习作兴趣。

2. 让学生通过回答问题，在不知不觉中完成作文，体验旧文新作的成功感。

3. 通过回忆聊天的内容，培养学生选材的意识。

教学重难点

1. 激发学生的表达欲望，培养学生的选材能力和喜爱作文的情感。

2. 注重聊天时的话题导向设计，引导学生畅所欲言，言之有物。

教学时间

一课时

教学过程

一、生活导入，引出话题

师：今天，我的孩子生我的气了（还可以依据生活实际选择话题），你们生过父母的气吗？生气到什么程度？

师：当你生父母气的时候，心里在想些什么？总觉得自己委屈，父母太不理解人了，太专横了，是吧？

二、讲故事，激发感情

师：爱听故事吗？老师讲一个故事给大家听吧。

有一个单亲家庭，妈妈对女儿管得很严，也照顾得非常周到。妈妈把所有的爱和大部分的精力都倾注在女儿的身上，同时对女儿的学习抓得特别的紧，对女儿的要求也特别严格。

有一天，莹莹（女儿的名字）放学回家后对妈妈说，明天是星期六，她跟几个同学约好了出去玩。妈妈听后，不同意地说："不行，明天妈妈正好有很重要的事情要去办，你一定要在家里学习。妈妈特地为你请了一个英语老师，上午来给你上两个小时的课。学完后，你自己活动活动，然后学习其他科目。你哪儿也不准去，等妈妈回来后，你再下楼在家门口玩一会儿。"莹莹一听就生气了，不满地说："你这不是让我失信于同学吗？"妈妈听了说："你打电话给同学说清楚不就行了吗？"莹莹气不打一处来，大声地说："我不给同学打电话，要打你打。"妈妈听到女儿这样对自己说话也生气了，骂道："你这孩子，怎么这么对大人说话，你还像个读书人吗？不管什么原因就是不能去。别说了，吃饭，吃完饭做作业去。"

莹莹嘟着嘴，坐到饭桌前，可她一看到桌子上的菜，就又站了起来，把碗一推，说："不吃了。"妈妈这时真生气了，于是就甩了莹莹一个耳光。莹莹捂着脸，泪水夺眶而出，愤怒地瞪着妈妈，突然冒出一句："我没有你这样的妈妈。"妈妈一听，心都碎了，又给了莹莹一个耳光。莹莹再也忍不住了，夺门而出，只留下惊呆了的妈妈。

莹莹跑啊跑，她一边擦着眼泪，一边自言自语地说："我从没有见过这么狠心的妈妈，她一定是天底下最坏的妈妈……"莹莹不知道要到哪里去，该做些什么，就一个人在外面逛啊逛……大约到了晚上9点，莹莹觉得肚子非常饿了，可她是一时生气跑出来的，身无分文。想到自己被管得这么严，想到妈妈那么凶，想到饿着肚子，莹莹再也忍不住了，泪水又一次像断了线的珠子，掉了下来。

她盲目地走到了一棵树下，看到一个老婆婆在卖粥，喝粥的人还挺多的。看那些人喝得那么香，莹莹不停地咽口水，她越发感到肚子饿得难受了。她在树下足足站了一个小时，喝粥的人渐渐少了。这时不知什么原因，莹莹不由自主地向前走，在小摊前徘徊。老婆婆像是看出了莹莹的心事，说："小姑娘，饿了吧，来喝碗粥吧。"莹莹竟鬼使神差地坐了下来，当喝了一口时，她突然想起自己身上没带钱。老婆婆像知道了什么似的说："没关系，我请客，不要你的钱，放心吃吧。"莹莹真的是饿坏了，她觉得今天的粥特别好喝。喝着喝着，她又想起了妈妈。想到妈妈那板着的脸，再看看老婆婆这么慈祥的面庞，她觉得自己的妈妈都不如一个外人对自己好。想着想着，她又流出了眼泪。

老婆婆看到莹莹的神态，心中已知道了一些原因，等莹莹喝完粥，她问："小姑娘，是跑出来的吧？和大人闹别扭了？"莹莹听了这句话，又一次掉下了眼泪。她感激地说："老婆婆，你真好！太谢谢你了，要是我的妈妈有你的十分之一好，我就不会这样了。我是她的亲生女儿，她对我却像对外人一样，而你却像亲人一样对我好。我真的不想回家了。"老婆婆听后笑了笑说："孩子啊，你太不懂事了，你妈妈为了你可是操碎了心。有哪个妈妈不爱自己的孩子？只是你天天在妈妈身边，太习以为常了，所以忽视了妈妈的爱。妈妈抚养你长这么大容易吗？小时候的精心呵护就不说了，你如今这么大了，妈妈还要为你洗衣、煮饭，每天都要操心给你买什么吃的，给你买什么穿的，晚上还怕你睡不好，常要深夜起来看一看你是不是踢被子了，还要为你的学习操心……可是你还嫌妈妈唠叨，只记住了妈妈对你严厉的一面，却忘记了她日夜操劳、无微不至关怀你的一面，看不到妈妈默默无闻地为你付出一切。你之所以对我这样一个陌生人给你的小恩小惠感激不已，是因为我们素不相识，我对你的好就被你记住了，妈妈对你的好你就习以为常了。一碗粥又怎么能和妈妈为你做的饭菜相比呢？你吃我的觉得要付钱，我是陌生人嘛，而你每天在家吃得那么好，你却认为是理所当然的，因为是在吃父母的嘛，所以你也就记不住妈妈倾注在你身上的爱了。同样的道理，妈妈对你慈祥与温柔的时候不是没有，而是太多了，多得让你感觉不到了。”

最后，老婆婆叹了口气说：“孩子啊，赶快回去吧！世界上最爱你的人就是你的妈妈了，你可别再让她伤心。此时她可能都快要急死了，快回去吧！”莹莹听了，觉得老婆婆讲得很有道理，妈妈真的很爱自己，为了自己她什么苦都能吃，这还不够吗？莹莹心想：是我错了，我得赶快回去。莹莹谢过老婆婆后就马上回家了。

莹莹回到家却不见妈妈，只见桌子上有一张纸条，上面写着：莹莹，是妈妈不好，妈妈出去找你了，如果你先回来，赶快吃饭吧，饭热在锅里。莹莹真真切切地感受到了妈妈的爱。她揭开锅盖一看，饭没动过，妈妈到现在也没吃饭啊，想到自己当时的饿，莹莹又哭了。

师：故事讲完了，大家听后有何感慨？

三、联系生活，顺势引导

师：是啊，正像那位老婆婆所说的，没有哪个妈妈是不爱自己的孩子的。让我们也来想一想，我们的妈妈是怎样爱自己的。

师：你妈妈也生过你的气吗？说说你惹妈妈生气的故事。

师：对当时妈妈生气的原因，你现在有新的认识吗？

四、引导学生做人物简介

师：其实每个妈妈也是有爱好的，你的妈妈都有些什么爱好？

师：你的妈妈是什么职业？平时爱怎么打扮呢？

师：在你的眼里，妈妈漂亮吗？体现在哪些方面？

五、小结

师：说说放学回去后你会怎么对待妈妈。

师：刚才听了大家的发言，我很感动。要是把你们今天说的、想的记下来，回去读给妈妈听，妈妈会有怎样的表情呢？让我们试一试，明天汇报妈妈的反应。

（提示：刚才我们聊的内容已经是很好的作文素材了，只是在记录时要注意顺序，这顺序由你自己安排，你认为怎样表达最能体现出你对妈妈的感情，就怎样表达。）

辩出作文——辩性别优势

设计意图

学生们经常辩论，他们常因一点儿意见差异而辩得脸红脖子粗，有时辩一会儿，有时却要辩论很长时间，有时辩论完后就没事了，而有时辩论后还会伤感情，辩论双方几天都不说话，或是一张嘴就说气话，乃至挖苦、讽刺。这种蕴含丰富情感的事件，学生却不知道用笔记录下来，“情动而辞发”的最珍贵的作文契机就这样白白流失了。有一次因为一个学生的一句话，我产生了教学灵感，和学生辩论了一节课，教学效果特别好。于是，我便有了“辩出作文”的教学设计的想法。

教学目标

1. 通过辩论激发学生的情感，培养学生动情而写作的习惯。

2. 引导学生在辩论中观察，训练学生的写作能力。

3. 让学生经历辩论的过程，积累写作的素材，培养留心观察生活的意识。

教学重难点

1. 引导学生抓住辩论时同学的表情、语言等，以及辩论过程来写。

2. 控制好辩论的场面，使辩论的过程有序、深入。

教学时间

一课时

教学过程

一、阅读材料，引出话题

（教师用课件出示下面三则文字材料。）

：

英国研究人员发现，女孩自两岁起就比男孩会说话，即使是龙凤胎，女孩学习语言的能力也比男孩强，其中起决定性作用的因素是基因。

研究人员对3000对龙凤胎进行了研究，试图找出“令人擅长说话”的基因。在最初的研究中，研究人员询问了这些孩子的父母，这些孩子从出生到两岁时学100个词汇的情况。结果表明：在两岁时，男孩平均懂得44个词汇，而女孩平均懂得52个词汇。研究人员在后来召开的相关国际性研究会议上宣读了这份报告。

研究人员认为，由于两性的基因产生了不同的激素作用，使男孩、女孩的语言能力发展各异。有研究资料表明，20世纪七八十年代，男孩是班级里的“强势群体”。90年代中期后，形势发生了变化：女孩变得自信、强悍，而男孩则变得安静、温和。以往在主持、演讲等各类活动中充当先锋的男孩被活跃的女孩取而代之。

：

“小朱同学，你回答一下这个问题好吗?”在武汉市江汉区一所初中的课堂上，老师点名让一名男生回答问题。那名叫小朱的男生慢吞吞地扭着身子站起来，头压得很低，脸涨得通红，回答问题的声音很小。

这时，不少女生已暗暗捂着嘴偷笑起来。“他的胆子怎么这么小啊?”初中女生小雪坦言，自己不欣赏扭扭捏捏的男生，并说“我们班的女生比男生‘狠’多了”。在不少班级中，女生不仅学习成绩比男生好，体育活动能力也比男生强。

据介绍，小雪所在的班级共有52名学生，其中女生有29名。在学校生活中，不少男生感叹班上“阴盛阳衰”。这次期中考试，班上的前10名中，女生就占了8名，而且前3名还都是女生。再如劳动课、体育课等原本男生占优势的学科，不少女生的表现甚至比男生还要出色。

一些教师曾在班干部竞选中看到有趣的一幕：参加候选的女生个个大胆活泼、口若悬河；相反，本来就为数不多的参选男生却畏畏缩缩、胆怯拘谨，缺少应有的豪气和勇敢。许多男生连声抱怨——现在的女生真厉害，头脑灵活聪明，个性风风火火，班里几乎都是女生的天下了。

：“　　”　　“　　”

武汉钢铁集团公司第三中学教师王一凡说，虽然自己带的是个理科班，男女生人数较均衡，但仍感觉到女生的表现更突出一些，主要在于性格和人际关系等方面。

在王老师所带的班级中，女生的口才好，性格外向、张扬，男生则比较内敛。通常而言，女生比男生更感性，形象思维能力强，在学习语文、英语等学科时占优势；男生普遍偏理性，逻辑思维能力比女生强，通常数学、物理等学科学得比女生好些。

王老师认为，从生理角度来看，女生比男生要早熟，对外界的感知比男生细腻得多，所以在人际交往、为人处世时，女生都显得落落大方。另外，女生的忍耐力通常比男生强，男生相对显得浮躁些。

“女生的突出并不代表男生就很‘弱’。”王老师认为，毕竟中小学生还是未成年人，并没有完全成熟定型，这不能说明女生强势，或者男生弱势。

师：真是女孩比男孩能力更强吗？成绩更好是不是就意味着能力更强呢？

二、从读书引出系列化问题，让男女生辩论起来

师：可以肯定，我们班的女生整体成绩优于男生，那是不是说明女生就更聪明、更有才智呢？请大家用自己所掌握的知识议一议。

师：请同学们谈得具体些，可以参考下列因素辩一辩：体质、胆量、记忆力、想象力、意志力、动手能力、交际能力等。

（教师出示文字材料：人们常认为男孩的智力比女孩高，事实又是怎样的呢？有人曾对近 3000 名 2～6 岁的男女儿童进行智力测试，结果表明：男女儿童的智商平均水平是相当的，只是女孩的智力较为平均，而男孩智力的差别相对大些。在记忆能力方面女孩占优势，因而她们善于用记忆、背诵的学习方法，忽视理解、推理、操作等方面的锻炼，造成到高年级时学习上遇到困难。有学校曾做过调查，结果发现：在外语学科的学习成绩上，女生优于男生；在语文学科的学习成绩上，性别差异不大；在数学学科的学习成绩上，男生优于女生；在物理学科的学习中，男生的学习能力显著比女生强。看来对不能靠记忆来掌握知识的学科，女生的成绩低于男生。）

师：请大家结合今天这节课中男女生的表现，辩一辩男女生反应能力、表达能力、语言能力的强弱。

三、拓展辩论

师：从历史纵向和时代横向比一比，以一些名人的事迹为论据辩一辩。

师：回到班上比一比，看看我们班男女生各方面的情况。

四、交换角度辩一辩

师：我们刚才辩论时是以性别为依据分组的，而且是各自捍卫自身性别的优势，现在换角色辩论一下：女生说男生比自己更优秀的地方，男生说女生比自己更厉害的地方。谁说得更多、更在理，谁就算辩赢了。

五、梳理思路并写作

师：刚才大家都说了很多，因为是辩论，所以大家都抢着说，现在就要考一考大家的记忆力、语言表达能力、选择材料的能力了，请大家从实战上看一看是男生强还是女生强。说的内容包括：（1）在你记忆中留下的内容有哪些？（2）你会用什么顺序、什么方法告诉大家？看谁说得好，能

让大家满意。请先在草稿本上做些简单的记号，然后说一说，看男生发言人数多还是女生发言人数多，最后由大家评定说的质量。

师：用你认为最好的方式写下来，回去跟父母说一说这节课的过程与结果。

写出作文——我们一起写博客

设计意图

博客是很好的习作训练与语言运用平台，在博客上讨论既是良好的习作评改方式，也是提高学生习作水平的有效途径。不少学生经常自发地写博文，自发地参与一些博客论坛的讨论，已经有了一定的实践经验。教师若能利用博客引导学生修改作文或再写作，不仅能提高学生的表达能力，还能锻炼学生的反应速度，一举两得。

教学目标

1. 通过练习训练学生的语言辨别能力，锻炼学生的习作修改能力。

2. 在练习过程中锻炼学生对语言的反应能力。

3. 教育学生谦虚、有礼地表达自己的意见。

教学重难点

1. 锻炼学生的习作修改能力，培养学生谦虚、有礼的品格。

2. 培养学生对语言的反应能力和习作修改能力。

教学时间

一课时

教学过程

一、谈话导入，交流写博文的心得

1. 询问班级中有多少学生写过博文。

2. 让学生说说写博文的心得。

3. 让学生谈谈写了博文后最大的收获是什么。

二、交流参与博客论坛的情况

1. 询问班级有多少学生参与过博客论坛，或是QQ论坛。

2. 让学生说说参加博客论坛有什么好处。

3. 提问：参与博客论坛时要注意什么？

（预设：注意使用礼貌用语，不能说伤害别人的语句，也不能狂妄自大，要谦虚。）

三、模拟练习，学习修改作文

1. 提问：如果现在让你当一次博客论坛的主持人，你要做些什么工作？

（预设：确定讨论主题，公布讨论时间并通知博友，提醒博友们从各角度思考并做好发言准备等。）

2. 操作：以讨论修改博文为主题，按程序进行模拟练习。

四、博文修改及交流练习

1. 提问：修改博文时要注意什么？

2. 实战演练：教师出示一篇博文，让学生阅读并发表评论。

我气喘吁吁地打扫完卫生，听见有人惊呼："哇！"。强烈的好奇心驱使着我跑到走廊。

"哇！"我也不禁感叹。全校所有的走廊上都站满了人，人头攒动。有一些同学拿起手机拍照，有一些同学在和别人不停地讨论着，有一些同学则在用手指不停地指着那朵云。我旁边的人精心拍下这朵千年奇云。不少老师看到了也发出感叹。

我抬头向上看，只见一朵巨大的云，可能有半个海沧这么大。上面似乎住着一个神仙，散发出夺目的七色光芒。有人说："那准是七彩云，连老师都说是。"有人则说："可能是因为有太阳光的映照，才发出这种光。"有人则惊慌地说："说不定是2012世界末日的预警呢？最近天气那么怪，雨时而下时而停，一会儿阳光明媚，一会儿就下起了倾盆大雨。"我则更相信：这是神仙来我们学校，预祝我们期末考出好成绩。

紧接着又有人议论起来。有人说："那朵云有点像狮子座耶！我就是狮子座的，嘻嘻。"我觉得它比较像一个蘑菇，它的上方散发着七彩光，后面的根飘荡着。渐渐地，那七彩光消失在云朵里了。

3. 教师引导学生认真修改，展示自己的修改成果。

4. 全班评议、讨论。

5. 教师出示自己修改后的博文。

我气喘吁吁地打扫完了教室里的卫生，只听见有人一直惊呼：“哇！哇！——”。强烈的好奇心驱使着我跑向走廊。

“哇！哇！”我也不禁跟着感叹。全校所有的走廊上都站满了人（教学楼的四层走廊上都挤满了同学），大家摇头晃脑地指着叫着。有些同学拿起手机来拍照，有些同学在和别人不停地讨论着，有些同学则在用手指指着天上出现的那朵彩云。我站的位置好，旁边的同学竟用相机精心拍下这朵平时难以见到的奇云。没想到，老师也走来欣赏，发出阵阵感叹。

我抬头向上看，看到一朵巨大的云。这朵彩云之所以有这么大的吸引力，是因为它可能有半个海沧这么大，而且向四周发射出夺目的七色光芒。我觉得云里似乎住着一个神仙，是神仙脑后的光环发出异彩。身边的同学说：“那准是七彩云，连老师也都说是。”有同学则说：“可能是因为有太阳光的映照，才发出这种光。”这时，有同学惊恐地说：“说不定是2012世界末日的预警呢？最近天气那么怪，雨时而下时而停，一会儿阳光明媚，一会儿就下起了倾盆大雨。”我则更相信：这是神仙来我们学校，预祝我们期末考出好成绩。

五、谈收获，写作文

1. 你参与博文修改和讨论后有什么收获？

2. 如果让你来写这篇作文，你还能想出其他角度吗？

3. 如果你没有想到其他角度，那请你回忆本节课的活动过程，从你的认识角度写一篇课堂作文。

六、学生读作文，相互评议。

第三节　想象作文

“古代建筑之谜”想象作文训练

设计意图

人们对未知总是充满好奇，无论是浩渺无边的宇宙，还是肉眼看不到的微生物，都深深地吸引着人们去探求。人们总想揭开自然界中的许多神奇景象及人类自身的神秘面纱，如建筑史上留下的许多“谜”，就总让今人费尽心思而不得其解，其中包含的许多科学原理让今天的科技都瞠目结舌。学生每次听到这样的“神奇之谜”，总会竖起双耳倾听。我们可以利用学生的这种好奇心，让他们展开想象的翅膀，说说自己的想法。

教学目标

1. 通过阅读相关文章引发学生的好奇心，培养学生热爱读书的好习惯。

2. 诱发学生的想象，训练学生的想象能力。

3. 指导学生把自己想象的内容写下来，训练学生的表达能力。

教学重难点

引发学生的好奇心，培养学生热爱读书的好习惯，训练学生的想象能力和表达能力。

教学时间

一课时

教学过程

一、故事导入，引发学生的好奇与想象

（教师讲述福建武夷山悬棺之谜，并用课件出示文字资料。）

武夷山九曲溪两岸的峭壁上，至今仍存有悬棺遗迹十余处。葬址一般选择在临江面水的高崖绝壁上，棺木大多被放置在距离水面数十至数百米的天然或人工开凿的洞穴中，有些则是直接放在悬空的木桩上面。

经过碳 14 测定，白岩和观音岩保存完好的两具船棺距今已有三千多年，随葬的龟形木盘是具有商周青铜文化特征的遗物。

据考证，当年我国南方分布着大大小小许多部落，他们大多具有某些共同的文化特征，因而被统称为古越人。船是古越人生活中必不可少的用具，把死者放入船形棺木是对死者的敬重。而出于对高山的敬仰，他们又把逝者安放在最接近“天神”的地方，以使他们不被世人打扰，从而更好地庇佑后人。

重达数百公斤的棺木是如何安放在悬空的绝壁上的呢？从悬棺棺盖首尾两端凿有穿绳用的方孔，可以推测为悬索吊下。在放置悬棺的峭壁背后或两旁，一般地势较为平缓，人们先将棺木运上山，派工匠凿好洞穴或架好木桩，再将棺木吊装好。有时候，还可以先沿崖壁凿出平行的一条通道，将棺木依次推进，可以集中放置一批棺木以省去许多麻烦。据三国时吴人沈莹的《临海水土志》记载，当时浙江瑞安至福建连江一带的“安家之民”和“夷州民”在饮食起居、风俗习惯上非常相近，都有悬棺葬的习俗。而在台湾偏僻的小岛兰屿的雅美人中间，这种葬俗保留至今。

师：这是武夷山的悬棺之谜，以上材料中的解释只是一种推测而已，其实武夷山的悬棺至今仍存两大谜团，就连今天的科学也难以解释。一是重达数百公斤的棺木是如何安放在悬空的绝壁上的？二是悬棺历经几千年，为何千年不腐，而且悬棺上还保存着千年前的稻草？神奇吧！这则文字资料引发了你怎样的想法？

二、阅读《空中花园遗迹》《亚历山大灯塔》和《古崖居》

师：快速阅读下面三则材料，选取一则你最感兴趣的，细读后回答问题。

考古学家至今都未能找到空中花园的遗迹，事实上，不少在自己著作中提到空中花园的古人也只是从别人口中听来的，并没有真正看到过。那么，空中花园是否只是传说呢？

巴比伦空中花园位于幼发拉底河东面，伊拉克首都巴格达以南50里外的地方。

巴比伦空中花园当然从来都不是吊在空中的，这个名字的由来纯粹是因为人们把原本除有“吊”之外，还有“突出”之意的希腊文“kremastos”及拉丁文“pensilis”翻译错误所致。

一般认为巴比伦空中花园是尼布甲尼撒二世（Nebuchadnezzar）王为了安慰患上思乡病的王妃安美依迪丝（Amyitis），仿照她的故乡兴建而成的。

巴比伦空中花园在公元前600年建成，是一座四角椎体的建筑，由沥青及砖块建成的建筑物以拱顶石柱支撑着，台阶旁种有全年翠绿的树木，河水从空中花园旁边的人工河流下来，远看就好像一座小山丘。

巴比伦空中花园最令人称奇的地方是它的供水系统。因为巴比伦雨水不多，而空中花园的遗址也远离幼发拉底河，所以研究人员认为空中花园应有不少输水设备，奴隶不停地推动着紧连齿轮的把手，把地下水运到最高一层的蓄水池，再经人工河流返回地面。另一个难题是在保养方面，因为一般的建筑物要常年经受河水的侵蚀而不塌下是不可能的。由于米索不达米亚平原（Mesopotamianplain）没有太多石块，因此研究人员相信建空中花园所用的砖块是与众不同的，它们被加入了芦苇、沥青及瓦，更有文献中认为这些砖块中被加入了一层铅，以防止河水渗入地基。

亚历山大灯塔的烛光在晚上照耀着整个亚历山大港，保护着海上的船只。另外，它也是当时世界上最高的建筑物。

在亚历山大大帝（Alexander the Great）死后不久，他的手下之一托勒密·梭特尔（Ptolemy Soter）便称霸埃及，并建都于亚历山大。鉴于亚历山大港附近的海道十分危险，托勒密·梭特尔便下令由建筑师索司特拉托司（Sostratus）及亚历山大图书馆

(Alexandria Library) 合作建造亚历山大灯塔，灯塔于公元前290年竣工。

亚历山大灯塔以白色大理石建造而成，共分为三层：最低的一层为四角柱，高55.9米；第二层为八角柱，高18.3米；而最高的一层为圆柱形，高7.3米。屋顶上还有海神波赛顿（Poseidon）的雕像。整座灯塔高达117米，相当于现在一幢40层高的建筑物。灯塔内部是螺旋状阶梯，燃油经阶梯运往塔顶。在塔顶的一个房间内，工人燃烧石油发出光，再利用后方的聚光镜收集光线，然后反射出去，以便晚上以火光照耀大海。据说亚历山大灯塔的光能照射到56公里外的海道。

后来新的统治者迁都开罗，亚历山大灯塔开始失修，公元956年、公元1303年及公元1323年的三次大地震差不多将整座灯塔摧毁。公元1480年，遗址的大理石块更是被人挖走，用来兴建碉堡。亚历山大灯塔亦步其他已被摧毁的遗迹的后尘，成为除了现存的金字塔外，最后一个消失的奇观。

古崖居

古崖居坐落在北京郊区延庆西北部山区一个幽静的峡谷中，它是由一支不见史志记载的古代先民在陡峭的岩壁上开凿的岩居洞穴，共计117个。这是我国已发现的规模最大的岩居遗址。

在峪古三面直立陡峭的岩壁上，布满了人工刻凿的石室，或长方形，或正方形，大的20多平方米，小的仅3～4平方米；或单间，或2～3室通连，或套间平行，或分为上下两层，并有典型的“三居室”。其中，有一石穴分为上下两层，并有耳房、廊柱等，可能是穴居的主人集会或祭祀的地方，山民俗称“官堂子”。全部洞穴内，门、窗、炕、灶、马槽、壁橱、烟道等一应俱全，而且圆则圆，方则方，均符合美学原理。

关于古崖居开凿的年代，有认为是元代或魏代或唐辽时期的。关于其目的与用途，有人认为是草寇山寨，有人认为是为戍边驻军而建的，有人认为是为应避战乱而建的，有人认为是少数民族聚居的地方。据不确切考证，此为唐辽时期奚族聚居的岩寨。

但如今，昔人已乘黄鹤去，此地空余古崖居。

这里曾有过一个被遗忘的民族，这里曾繁荣过，但如今，这个民族已经销声匿迹，不知魂系何方。

师：阅读你最感兴趣的一则材料，说一说你想到了什么？你觉得好奇的地方在何处？

师：请再读一遍你感兴趣的那一则材料，找出最能让你产生感悟的那个“诱发点”。

师：如果三则材料中都有让你感兴趣的内容，也请说一说你感兴趣的内容。

三、说感受，定思路

师：你想到了什么？是想到很多内容还是只有灵光一闪？

师：请大家一起议一议，这灵光一闪能“闪”出什么想法？可以结合哪些知识，丰富自己的想法？

师：依据大家的想象，今天的作文可以有多少种表达的形式？

提示：教师应放手让学生谈感受，自己则应注重引导和帮扶，给学生以启示。

四、展开想象，撰写作文

五、教师个别指导，师生互评

“神秘之谜”想象作文训练

设计意图

有一些超科学的自然现象让人觉得很神秘，它存在于生活中，但当前的科学却难以解释，人们只能做出种种猜测。人似乎有这么一种探索欲，越是看不清的就越想看清，越想探索。宇宙中有没有外星人就是人类感到十分好奇的一个问题。地球上有许多的未解之谜，如埃及的金字塔就有人猜测说是外星人所建；还有一些古老的科学技术，至今仍让人们惊叹。这些内容深深地吸引着学生。让学生写这样的想象作文，他们兴奋有余而想象不足。这节课中我给学生提供两则神秘故事，让学生大开想象之门，神游于自己的想象空间中。

教学目标

1. 通过阅读地球上曾出现的神秘之谜的相关材料，感受考古发现的奇迹，引发学生的好奇心，使学生展开丰富的想象，培养学生热爱读书的好习惯。

2. 诱发学生的想象，训练学生的想象能力。

3. 指导学生把自己想象的内容写下来，训练学生的表达能力。

教学重难点

引发学生的好奇心，培养学生热爱读书的好习惯，训练学生的想象能力和表达能力。

教学时间

一课时

教学过程

一、故事导入，点燃学生的学习热情

师：先给大家讲个故事吧。1934 年，在美国菲拉狄尔菲亚港，有一艘满载官兵的驱逐舰正启程向远海驶去。突然，一阵波涛袭来，还没等司舵把稳方向，转瞬间，这艘船却神奇地出现在弗台尼亚洲东南部的诺福克海港。舰长、大副、领航、司舵和水手们个个睁大了眼睛，面面相觑，谁也不知道发生了什么事情。舰长紧蹙双眉，觉得很纳闷，菲拉狄尔菲亚港和诺福克海港之间相距 500 多公里，在短短的时间里，怎么可能由一个港口航行到另一个港口？况且大副、领航、司舵又没有失职，层层控制着这艘驱逐舰，怎么会发生这种不可思议的事情？真是莫名其妙！……

（学生感到诧异，期待教师继续讲故事。）

师：你们听了也感到莫名其妙，是吗？两个港口之间有 500 多公里的距离，一阵波涛就把驱逐舰带到了，如同光速一样，确实不可思议。此刻你们都在想什么呢？把想法都说出来。

（学生谈想法。）

师：想知道科学家是怎样推测的吗？一些科学家认为，地球和神秘世界之间存在着一条不可捉摸的通道，通道的两端是两个不同层次的世界。

研究这种现象的人，把藏在通道另一端的神秘世界称作“四度空间”。听到“四度空间”这个词，你又想到了什么呢？

（学生发表意见。）

师：在浩瀚无垠的宇宙中，蕴藏着无数的秘密。科学家经过对“四度空间”的深入探索，定会揭开这个神秘世界的面纱。所谓“四度空间”的奥秘，必定在不久的将来被人类所认识。

二、继续讲故事，引发学生的好奇心和探索欲

师：现在我们再来看另一则材料，说一说你看后有什么感想。（出示材料）一支考古队在挖掘春秋时期的古墓时，意外发现了一把沾满泥土的长剑，剑身上的一行古篆文字——“越王勾践自用剑”跃入考古队员的眼帘。这一重大的考古发现立即轰动了全国，但是，更加轰动的消息来自对古剑的科学研究报告。最先引起研究人员注意的是这把古剑在地下埋藏了2000多年，为什么没有生锈呢？它为什么依然寒光四射、锋利无比呢？科学家通过进一步的研究发现，它千年不锈的原因在于剑身被镀上了一层含铬的金属。大家知道，铬是一种极耐腐蚀的稀有金属，地球岩石中含铬量很低，提取十分不易。再者，铬还是一种耐高温的金属，它的溶点大约在4000℃。真可谓“世界之大，无奇不有”啊！看了这则材料，你又有什么想法？

（学生谈想法。）

师：中华文明中曾有过很多神奇的现象，谁能想象，20世纪50年代的科学发明，竟然会出现在公元前200多年以前？又有谁能想象，秦始皇时期士兵手里挥舞的长剑，竟然是现代科学尚未发明的杰作？问题是在这些神奇的现象出现以后，我们该用什么态度来解释这种超常规的“科技早熟”现象？我真不希望看到有些人用“偶然”来解释，对于这些现象，应该有一个更加具体的说明。假如以上的事情是真实的（至少利用铬进行氧化处理不是假的），那么我们就要问：古代人的技术渊源是什么呢？

三、想一想、议一议，打开思路

师：在这两则材料中，哪一句话能引发你的想象？哪一点会让你感到神奇，能引发你的思考？

（学生发表意见。）

师：看了这两则材料后，你能想到多少种写作方法？你觉得哪一种更好？

（学生畅所欲言，教师帮助归纳，并根据归纳的思路，让学生定题目。）

四、展开想象，写作文

（学生写作文，教师巡视辅导。）

“心理平衡需求”想象作文训练

设计意图

生活中有许多的刺激会让我们心理失衡，心理不平衡时产生的不满情绪是非常强烈的，这种强烈的情绪会让我们胡思乱想，有时甚至会想到借助神的力量来帮助自己。尽管人人都有过这样的情感体验，可是很多人不能将这些诉诸笔端，从而白白地让情感与想象内容流失。因此，我设计了这节课，让学生一吐为快，既让学生得到心理平衡，又让学生得到想象力的培养训练。

教学目标

1. 通过作文训练培养学生选择和积累生活素材的习惯。

2. 通过交流帮助学生认识一种疏导不良情绪的方式。

3. 通过作文训练提高学生的写作技能，激发学生的写作热情。

教学重难点

通过作文训练提高学生的写作技能，激发学生的写作热情。

教学时间

一课时

教学过程

一、出示材料，引导选择

教师出示三则材料，要求学生认真阅读材料，自选主题写一篇想象作文。

1. 雨过天晴，阳光明媚，你高高兴兴地走在上学的路上。当途经一段积了很多水的路时，你正小心翼翼地在边上走着，突然背后驶来一辆轿车，从你身边急驰而过，水花溅得很高，你浑身上下全湿了，连头发上也有脏水。等你擦干脸上的水，回过神时，轿车早已远去。这时，你怒火无处可发泄，只能借助想象浇灭自己的怒气。

2. 假如你家楼上楼下都因天气热而装上了空调，你睡的房间正好被三台老式空调围着，或是你的邻居开了一个小工厂，晚上总是发出噪音，吵得你不但睡不好，而且深受噪音的危害。父母多次与他们交涉都没有用，你很生气。他们享受着空调带来的凉爽，你却要为他们的享受而付出健康代价；他们享受工厂带来的经济效益，你却因工厂的噪音而心情烦躁。无奈，你只有想象，你会想些什么？

3. 你妈妈给你一百元到商店买一样东西，你很开心地来到店里，看到有个人在欣赏一件非常好看的礼物，你看得入迷了，不由得伸手拿过来看了一下。可是过了一会儿，那个买东西的人走了，礼物也不见了，他并没有付钱。营业员看监控录像，只发现你伸手拿了物品，便认定是你偷了。尽管你确实没拿，可录像里看到的就是你拿了，无奈，你只能用妈妈给你的那一百元来赔。可当你摸口袋时，百元大钞也不翼而飞了。围观的人开始还同情你，这时大家都认为你是一个可耻的人。请借助想象抒写心中的想法。

师：许多生活中的刺激都会让我们产生各种各样的想象，这三种刺激比较典型，但生活中也是有相似情况的。当面对这些情况时，我们一定会觉得自己的能力有限，于是就会借助幻想，让心情平静些。从这三则材料中选择一则，发挥想象，写一篇作文。

二、确定题目，交流思路

师：选好后，请拟定自己要写的题目，然后交流。

师：请围绕题目或你心中的想法，定出作文思路。例如：

1. 根据第一则材料，以《电脑控速器》为题目，讲述这样的内容：每一辆车出厂时在车头都装有一台电脑控速器，可以按天气情况来自动控制速度，还可以在车的前后、左右方向发现车、人或障碍物时自动减速，司机想开快都不行。

2. 根据第一则材料，以《管车的神仙》为题目，讲述这样的内容：有一个专门管车的神仙，他不是像交警管交通规则那样，而是专门管开车司机的道德，谁开车没有违反交通规则但违反了道德，就给谁一定的惩罚，轻则车坏，重则让司机也尝尝皮肉之苦。

3. 根据第二则材料，以《逃避》为题目，讲述这样的内容：自己有很多钱，买新的房子，逃离那个环境恶劣的地方，然后想办法让与自己有一样处境的人都逃离那样的环境。

4. 根据第二则材料，以《法术》为题目，讲述这样的内容：自己去魔法学校学习一种法术，能让那些噪音作用于制造噪音的人，谁制造的噪音就只有谁听得到，而不会影响别人；把只顾赚钱而影响别人健康的人的健康剥夺，让他们后悔赚了钱却缩短了寿命，有钱没时间花。

5. 根据第三则材料，以《时光倒退仪》为题目，讲述这样的内容：自己成为一名科学家，研究时光倒退仪，一周之内发生的事都可以重新回放。利用时光倒退仪，可以比录像更全面、更多方位地知道生活中发生的原有现象。这种仪器可以随身携带，可以利用它走遍全国专破冤案。

6. 根据第三则材料，以《照心镜》为题目，讲述这样的内容：自己从神那里得到一面照心镜，好人坏人一照了然，让所有想作恶的人都受作恶的痛苦，如若不知悔改的就剥夺他们的生存权利。

说明：学生的想象可能更丰富，更离奇，教师要注意的是，教学重点在于打开学生的思路。

三、按思路写作文

学生习作，教师个别指导，然后读作文并点评。

“创造发明需求”想象作文训练

设计意图

我们在生活中会遇到许多麻烦，然而，麻烦并不一定都是坏事，许多人就是因为在生活中遇到了麻烦而引发思考，发明了许多方便生活的东西。如果遇到困难就投降、退缩，那人类的生活质量就永远不可能得到提升。遇到麻烦后去思索并解决它，麻烦就变得有价值了，它能让我们成长，让我们有收获，甚至有所发明创造。生活中有许多的发明契机需要我们去把握，引导学生进行这样的想象作文训练是很有价值的。

教学目标

1. 训练学生的想象能力，培养学生勇敢面对困难的意识。

2. 鼓励学生写自己喜欢写的内容，继续保持写作热情。

3. 引导学生写一种自己想发明的东西，要写清楚发明物是什么，它是什么样的，有什么用途等，训练学生的逻辑思维能力和表达能力。

教学重难点

引导学生写一种自己想发明的东西，要写清楚发明物是什么，它是什么样的，有什么用途等，训练学生的逻辑思维能力、表达能力和想象力。

教学时间

一课时

教学过程

一、故事导入，激发学习兴趣

师：今天我们要写一篇有关发明创造的想象作文。听到这儿，大家一定被“发明创造”给唬住了吧。其实也没什么，大家听过圆珠笔芯的故事吗？最初的圆珠笔芯很长，每次都是笔头的圆珠坏了可是笔水却还剩很多，造成极大的浪费。于是大家就在想，能不能发明一种可以用得很久的笔珠呢？制造圆珠笔的公司请了很多研究人员进行研究，大家用了许多的材料，想了许多的改进方法，都没能延长笔珠的使用寿命。有一天，一个做笔管的老工人听说有非常多的专家都在研究提高圆珠笔的使用寿命的方法，他也凑热闹拿起笔想了想。突然，他拿起刀，把笔管切断，这样不就是笔珠坏了，笔水也刚好用完了吗？于是他就发明创造了现在这样的圆珠笔。一大批科研人员用了很长时间都没有解决的问题，却被一个老工人不费吹灰之力就解决了。听了这个故事，你受到什么启发？请说一说。

学生交流、讨论。

二、交流并写作

师：其实，很多发明创造的产生都源于生活中的困惑。比如，有一个小学生，值日时要擦黑板，他觉得擦黑板时灰尘太大不利于身体健康，于是就想，能不能发明一种电动擦黑板的黑板刷，只要一按按钮，它就会自动将黑板擦干净？后来，他坐汽车时看到车前的雨刮器，从中得到启发，就发明了电动黑板刷，还获得了专利。听了他的故事，你受到了什么启发？你在生活中遇到了哪些困难？在思考解决方案之后，你觉得能发明什么东西？我们不一定要做出这些发明物，我们只是进行想象作文，重在想象。比如，有同学知道河水被污染后很伤心，就想到要发明一种清洁鱼，专门用来清洁水。

三、理清思路，构思行文

1. 教师要求学生按这样的顺序说：你在生活中遇到了什么困难—你想发明什么—发明物的外形、内部结构、原理—它有什么功用，你准备怎么用它。

2. 学生发言、讨论。

3. 教师引导学生理清思路，构思行文。

第九章　阅读写作粘连指导

第一节　技能粘连

局部仿写粘连指导

设计意图

通常而言，学生的写作技能与技法是从阅读中获得的，只有在阅读中认识了写作技法，学生才能在写作的时候粘连过来，即先有“别人之法”，而后才诞生“自身之法”。学习是创造的前提，阅读与写作也遵循着粘连原则。写作之初进行模仿、借鉴是必要的，积累多、练习多之后就可能有所创造了。

教学目标

选择写作技法明显或特别突出的课文，让学生阅读并模仿写作，从而使学生认识、理解某些写作技法并能正确运用。

教学重难点

引导学生认识、理解某些写作技法并能正确运用。

教学时间

一课时

教学过程

一、出示课文，引导学生阅读，谈写作特色

1. 用课件出示课文，引导学生自读、自悟。

走出门，就与微风撞了个满怀，风中含着露水和栀子花的气息。早晨，好清爽！

不坐车，不邀游伴，也不带什么礼物，就带着满怀的好心情，踏一条幽径，独自去访问我的朋友。

那座古桥，是我要拜访的第一个老朋友。啊，老桥，你如一位德高望重的老人，在这涧水上站了几百年了吧？你把多少人马渡过对岸，滚滚河水流向远方，你弓着腰，俯身凝望着那水中的人影、鱼影、月影。岁月悠悠，波光明灭，泡沫聚散，唯有你依然如旧。

走进这片树林，鸟儿呼唤我的名字，露珠与我交换眼神。每一棵树都是我的知己，它们迎面送来无边的青翠，每一棵树都在望着我。我靠在一棵树上，静静地，仿佛自己也是一棵树。我脚下长出的根须，深深扎进泥土和岩层；头发长成树冠，胳膊变成树枝，血液变成树的汁液，在年轮里旋转、流淌。

这山中的一切，哪个不是我的朋友？我热切地跟他们打招呼：你好，清凉的山泉！你捧出一面明镜，是要我重新梳妆吗？你好，汩汩的溪流！你吟诵着一首首小诗，是邀我与你唱和吗？你好，飞流的瀑布！你天生的金嗓子，雄浑的男高音多么有气势。你好，陡峭的悬崖！深深的峡谷衬托着你挺拔的身躯，你高高的额头上仿佛刻满了智慧。你好，悠悠的白云！你洁白的身影，让天空充满宁静，变得更加湛蓝。喂，淘气的云雀，叽叽喳喳地在谈些什么呢？我猜你们津津乐道的，是飞行中看到的好风景。

捡起一朵落花，捧在手中，我嗅到了大自然的芬芳清香；拾一片落叶，细数精致的纹理，我看到了它蕴含的生命的奥秘，在它们走向泥土的途中，我加入了这短暂而别有深意的仪式；捧起一块石头，轻轻敲击，我听见远古火山爆发的声浪，听见时间隆隆的回声。

突然，雷阵雨来了，像有一千个侠客在天上吼叫，又像有一千个醉酒的诗人在云头吟咏。满世界都是雨，头顶的岩石像为我撑起的巨伞。我站立之处成了看雨的好地方，谁能说这不是天地给我的恩泽？

雨停了。幽谷里传出几声犬吠，云岭上掠过一群归鸟。我该回家了。我轻轻地挥手，告别山里的朋友，带回了满怀的好心情，好记忆，还带回一路月色。

2. 引导学生说说文中运用了哪些写作技法。

如融情于景，用了大量的拟人、比喻等修辞手法，丰富的联想与想象，首尾呼应等。

二、选择段落，局部仿写

1. 选择你最喜欢的段落多读几遍，说一说为什么喜欢这些段落。

如第一自然段中的“走出门，就与微风撞了个满怀，风中含着露水和栀子花的气息。早晨，好清爽!”这里的“撞”字用得特别传神，“我”走出门，微风吹来，一个“撞”，加上一个“满怀”，就把微风淘气、可爱的形象写出来了。看不见、摸不着的微风，被作者写得活灵活现，美妙至极。

2. 请选择你喜欢的句子或段落，模仿作者的表达手法，写一个句子或一段话。

三、仿写作文

请选择身边的一处景物，仔细观察，然后写作文。

要求：第一，先说，交流后再写；第二，写之前，请标出你在本文中要用上的写作技巧。

故事组合粘连指导

设计意图

多数学生平时写作只会一个劲儿地把发生的事情叙述完整，很少有学生会用一些特殊的结构来承载习作的内容；一些学生在平时也经常写日记、周记，但是教师却很少看到有学生以日记体形式，把几篇日记或周记通过一条主线串在一起的作文。这说明学生还不会用这项写作技能。因此，教师有必要让学生进行这方面的练习，帮助学生从阅读中学到更多的可以提高自己写作水平的技能。

教学目标

1. 使学生通过学习，认识利用多个小故事组合在一起表达一种共同思想的写作技法。

2. 使学生学习使用这种写作技法，树立在阅读中学习写作的意识，做到读写粘连。

教学重难点

引导学生学会用多个小故事组合起来表达一个观点的写作技法。

教学时间

一课时

教学过程

一、复习已学习的写作技法

同桌之间相互交流自己已运用过哪些从课文中学来的写作技法。

二、讲授新的写作技法

1. 教师讲授今天要学习的写作技法——以一条主线组合多个小故事，就像是红线串珠一样。

2. 教师出示文章，要求学生阅读并谈体会。

文学家、艺术家的成名，并非一蹴而就，他们往往经历了常人难以忍受的生活磨难。就拿他们在体验生活时那么痴迷地进入角色的镜头来看，便可知道了。这里辑录几则小故事，也许对你有所启迪。

（一）施耐庵观虎

崇山峻岭，古木参天，林中阴森森的，施耐庵来到一棵大树下看了看，顺着树干爬了上去。他坐在树枝上，机警地观察着四周，像是在等待什么。突然，一只梅花鹿“嗖”地从他眼前窜过，紧接着传来一声雷鸣般的虎啸，从林中跳出一只斑斓猛虎。接下来就是饿虎扑食和惊鹿逃生的惊心动魄的场面，施耐庵看得如痴如醉，直到老虎离开多时，他才从树上溜下来。这是施耐庵为写作《水浒传》而来深山观虎的场面。

（二）狄更斯乞讨

一天中午，英国大作家狄更斯的女仆在厨房准备午餐。突然，她看见一个乞丐在门口徘徊，这个乞丐不时地将破毡帽这么拉拉，那么拽拽，似乎想遮住自己的脸。“会不会是窃贼?”女仆十分害怕，连忙大声喊叫。此时，乞丐说话了：“别嚷，伊丝塔，是我呀!”女仆一看，原来他正是主人狄更斯。“先生，您怎么啦?出了什么事?”“我不过想要一碗汤。”“天哪！您在要饭?”“是的，我不清楚一个流浪者在要一碗汤时的心情是什么样的，所以……”

（三）杰克·伦敦冒充水手

1902年8月，英国伦敦东区的贫民窟来了一个穷汉，他自称是四处流浪的美国水手。从他的谈吐、摇摇晃晃的姿势和一身破烂的衣服看，人们断定他确实是个穷水手。这个热情的水手愿意和一切人交朋友，什么都想知道。白天，他出入于工人家庭和难民收容所。他和难民一起排队领面包，与穷汉们一起躺在街市上或公园里，不停地和人们聊天。人们都很喜欢他，乐于把心里话告诉他。到了晚上，这个“水手”就躲到一个人们不知道的地方，把他看到、听到、想到的一切都记录下来。在这些珍贵的记录里，有精彩的词汇，也有动人的故事，这为他的小说创作积累了大量的素材。三个月后，这个“水手”提着一个手提箱回到了美国。不久，这些素材被整理成《深渊中的人们》一书并出版了。人们这时才知道，这个冒充水手的人就是美国著名的进步小说家杰克·伦敦。

（四）齐白石观虾

起初，齐白石画的虾，长臂和躯干变化不多，长须也大都画成平摆的6条长线。齐白石对自己的作品很不满意。于是，他在家中的桌上摆了一只大海碗，碗里养着几只活蹦乱跳的小虾。齐白石每天都趴在碗旁仔细观察这些虾的活动。一次，他看到这些虾在进行一场“短兵相接”的搏斗。开始时，小虾分为两大阵营，双方对峙，缓缓向前挪动，仿佛都在寻找对方的薄弱之处作为突破口。接着，几只小虾都举起双钳，扑上去勇猛格斗，厮杀得难解难分。齐白石被这一奇景吸引住了，一直观察到“战斗”结束。

在长期、细致、耐心的观察中，齐白石熟悉了虾的习性。这之后，他画的虾更加生动传神了。

师：每一个故事都耐人寻味，都各自独立，可是这些独立的故事结合在一起，却能说明一个共同的观点——文学家、艺术家的成名，并非一蹴而就，他们往往经历了常人难以忍受的生活磨难。仔细阅读之后，请大家思考，这样的故事组合需要什么条件？

三、思考与交流

1. 提问：联系平时的日记内容，你觉得哪些日记可以组合在一起，共同说明一个主题？

2. 教师提出一个主题（如“好成绩不是天上掉下来的”），要求学生选取不同的故事，将它们组合起来，说明这个主题。

四、仿写作文

师：请联系自己的生活，确定一个你感兴趣的主题，然后用今天学到的写作技能写一篇作文。

说明文读写粘连

设计意图

说明文有说明文的写法，所以，教师应让学生在阅读课文时学习说明方法，掌握后应用于自己的作文之中，使学生通过练习，学会关注其他说明方法，并能灵活运用。

教学目标

1. 引导学生在阅读中认识各种说明方法的用处。

2. 引导学生试着应用这些说明文写作方法。

教学重难点

引导学生学会应用各种说明方法。

教学时间

一课时

教学过程

一、复习课文《鲸》，理解各种说明方法

1. 教师出示课文，学生读课文。

不少人看到过象，都说象是很大的动物。其实还有比象大得多的动物，那就是鲸。目前已知最大的鲸约有十六万公斤重，最小的也有两千公斤。我国发现过一头四万公斤重的鲸，约十七米长，一条舌头就有十几头大肥猪那么重。它要是张开嘴，人站在它嘴里，举起手来还摸不到它的上腭，四个人围着桌子坐在它的嘴里看书，还显得很宽敞。

鲸生活在海洋里，因为体形像鱼，许多人管它叫鲸鱼。其实它不属于鱼类，而是哺乳动物。在很远的古代，鲸的祖先跟牛羊的祖先一样，生活在陆地上。后来环境发生了变化，鲸的祖先生活在靠近陆地的浅海里。又经过了很长很长的年代，它们的前肢和尾巴渐渐变成了鳍，后肢完全退化了，整个身子成了鱼的样子，适应了海洋的生活。

鲸的种类很多，总的来说可以分为两大类：一类是须鲸，没有牙齿；一类是齿鲸，有锋利的牙齿。

鲸的身子这么大，它们吃什么呢？须鲸主要吃虾和小鱼。它们在海洋里游的时候，张着大嘴，把许多小鱼小虾连同海水一齐吸进嘴里，然后闭上嘴，把海水从须板中间滤出来，把小鱼小虾吞进肚子里，一顿就可以吃两千多公斤。齿鲸主要吃大鱼和海兽。它们遇到大鱼和海兽，就凶猛地扑上去，用锋利的牙齿咬住，很快就吃掉了。有一种号称“海中之虎”的虎鲸，常常好几十头结成一群，围住一头三十多吨重的长须鲸，几个小时就能把它吃光。

鲸跟牛羊一样用肺呼吸，这也说明它不属于鱼类。鲸的鼻孔长在脑袋顶上，呼气的时候浮出海面，从鼻孔喷出来的气形成一股水柱，就像花园里的喷泉一样；等肺里吸足了气，再潜入水中。鲸隔一定的时间必须呼吸一次。不同种类的鲸，喷出的气形成的

水柱也不一样：须鲸的水柱是垂直的，又细又高；齿鲸的水柱是倾斜的，又粗又矮。有经验的人根据水柱的形状，就可以判断鲸的种类和大小。

鲸每天都要睡觉，睡觉的时候，总是几头聚在一起。它们通常会找一个比较安全的地方，头朝里，尾巴向外，围成一圈，静静地浮在海面上。如果听到什么声响，它们立即四散游开。

鲸是胎生的，幼鲸靠吃母鲸的奶长大，这些特征也说明鲸是哺乳动物。长须鲸刚生下来就有十多米长，七千公斤重，一天能长三十公斤到五十公斤，两三年就可以长成大鲸。鲸的寿命很长，一般可以活几十年到一百年。

2. 教师摘选出运用了说明方法的句子，让学生说说它的作用。例如：

不少人看到过象，都说象是很大的动物。其实还有比象大得多的动物，那就是鲸。目前已知最大的鲸约有十六万公斤重，最小的也有两千公斤。我国发现过一头四万公斤重的鲸，约十七米长，一条舌头就有十几头大肥猪那么重。它要是张开嘴，人站在它嘴里，举起手来还摸不到它的上腭，四个人围着桌子坐在它的嘴里看书，还显得很宽敞。

（这段话中作者使用的说明方法有作比较、列数字、举例子、打比方。）

二、教师出示西瓜的图片，让学生运用说明方法写片段

1. 打比方。

____

____

2. 作比较。

____

3. 举例子。

4. 列数字。

5. 混合使用两种以上的说明方法写一段话。

三、再读课文，理解材料，然后写作

1. 教师引导学生再读课文，分析课文结构。

2. 教师出示一则文字材料，要求学生阅读这些材料，然后模仿课文《鲸》写一篇说明文。材料内容如下。

西瓜主根系，主根深度在 1 米以上，根群主要分布在 20～30 厘米的根层内，根纤细易断，再生力弱，不耐移植。幼苗的茎直立，长出 5～6 片叶子后匍匐生长，可形成 3～4 级侧枝。叶互生，有深裂、浅裂和全缘几种。雌雄异花同株，通常在主茎第 3～5 节现雄花，5～7 节有雌花，开花盛期可出现少数两性花。花冠呈黄色，子房下位，侧膜胎座。雌雄花均具蜜腺，以昆虫为媒介进行传粉，花清晨开放下午闭合。果实的形状有圆球形、卵形、椭圆球形、圆筒形等。表皮的颜色有绿白色、深绿色、墨绿色、黑色等，表皮上夹杂着细网纹或条带。果肉有乳白、淡黄、深黄、淡红、大红等颜色。果肉的肉质分为紧肉和沙瓤两种。种子呈扁平、卵圆或长卵圆形，平滑或有裂纹。种皮的颜色有白色、浅褐色、褐色、黑色或棕色，呈单色或杂色。

西瓜又叫水瓜、寒瓜、夏瓜，因是汉代时从西域引入的，故称西瓜。西瓜甘甜多汁，清爽解渴，是盛夏时节的佳果，既能祛暑热烦渴，又有很好的利尿作用，因此有“天然的白虎汤”之称。西瓜除不含脂肪和胆固醇外，几乎含有人体所需的各种营养成分，是一种富有营养、食用安全的食品。

西瓜的籽壳及西瓜皮可制成“西瓜霜”专供药用，可治口疮、口疳、牙疳、喉蛾（急性咽喉炎）及一切喉症。

西瓜果肉（瓤）有清热解暑、解烦渴、利小便、解酒毒等功效，可用于治疗暑热烦渴、小便不利、咽喉疼痛、口腔发炎等。

西瓜皮可用来治疗肾炎水肿、肝病黄疸、糖尿病等。

西瓜籽有清肺润肺的功效，能和中止渴、助消化，可治吐血、久咳。籽壳可用来治肠风下血、血痢等。

3. 学生构思写作文。

第二节　借鉴粘连

作者思路借鉴粘连

设计意图

布局谋篇是很讲究艺术性的，写作文之前的构思往往决定着一篇作文的脉络。通常而言，一波三折的作文思路更能让读者心动情移。都说“文似看山不喜平”，好的文章总能把读者紧紧吸引住，使其不读完就不忍离开。要写出这样的文章，除了大量阅读之外，也需要学生有针对性地仿一仿、练一练，只有这样，学生才能学会这些技能，使之成为自己的才能。

教学目标

1. 让学生通过阅读，着重领略作者的行文思路，产生新的体会。

2. 学习作者出乎预料的构思方法并模仿应用。

教学重难点

引导学生学习和运用另辟蹊径的思路行文。

教学时间

一课时

教学过程

一、仔细读课文，说出作者运思的特色

圣诞节快到了，哥哥送给保罗一辆新车作为圣诞礼物。圣诞节的前一天，保罗从办公室里出来的时候，看见一个男孩在他闪亮的新车旁走来走去，有时候伸手轻轻地摸一下，满脸羡慕的神情。

保罗饶有兴趣地看着这个男孩，从衣着来看，他的家庭显然不宽裕。看见保罗在望着自己，男孩问道："先生，这是你的车吗?"

"是啊，"保罗点点头说，"这是我哥哥给我的圣诞礼物。"

男孩睁大了眼睛："你是说，这车是你哥哥给你的，你不用花一分钱?"保罗点点头。男孩惊叹地说："哇！我希望……"

保罗以为男孩希望也有一个这样的哥哥。男孩却说："我希望自己也能当这样的哥哥。"

保罗吃惊地看着这个男孩，不由自主地问了一句："你愿意坐我的车兜一圈吗?"

"当然，我非常愿意。"

车开了一段路，男孩转过身来，眼睛里闪着亮光，说道："先生，你能把车开到我家门口吗?"

保罗微微一笑，他理解男孩的想法：坐一辆又大又漂亮的车子回家，在小朋友的面前是很神气的事。但是，保罗又错了。

"麻烦你把车停在台阶那里，等我一下，好吗?"

男孩跳下车，三步两步跑上台阶进了屋。不一会儿他出来了，背着一个小孩，显然是他的弟弟，看上去腿有残疾。他把弟弟放在最下面的台阶上，两个人紧靠着坐下。他指着保罗的车，说："看见了吗？很漂亮，对不对？这是他哥哥送给他的圣诞礼物！将来，我也要送你一辆这样的新车。到那时候，你就可以坐在车里，亲眼看看我跟你讲的那些好看的圣诞礼物了。”

保罗的眼睛湿润了。他下了车，把小弟弟抱进了车里。那个男孩眼睛里闪着喜悦的光芒，也坐了进去。他们三个人一起过了一个难忘的夜晚。

这个夜晚，保罗从内心里感受到，给予是令人快乐的。

师：本文作者故意在行文中把读者引向他猜测的思路，然后一反常规思维，写出出人预料的结果，让读者于惊奇中见惊喜。这是常规推理与非常规思维相结合的效果。请在文中找出两次出乎预料的内容读一读，仔细品味。

二、联系生活，举例说话

1. 请联系生活实际，说一说在生活中你遇到过哪些出乎预料的事？比如，向来很凶的爸爸，在一次“我”因贪玩而摔伤了腿，本以为会受到他严厉的惩罚时，他却体贴地照顾“我”。

2. 如果让你写作文，你能针对自己刚才说的故事，运用反常规思维来写吗？请具体地说出来，可以先画“图”，再按“图”说。

三、仿写作文

教师要求学生试着模仿《给予是快乐的》写一个小片段，看是否有吸引读者的效果。

学生习作并交流。

四、读文章，辨析异同

教师要求学生读下面这篇文章，然后说一说它在思路上与上篇文章有何相同，又有何差异。

简妮跟着妈妈站在超市付款的队伍中，她还有一个星期就满5岁了。这个有着一头漂亮金色鬈发的小姑娘，心里有个什么样的生日愿望呢？是拥有那串躺在粉红色盒子里的珍珠项链吗？它静静地闪耀着柔和的光芒，在简妮的眼中，真是美极了。

“妈妈，我可以把它买下来吗？我真的太喜欢它了。好吗，妈妈?”简妮拉着妈妈的手，歪着小脑袋瓜望着她，一双美丽的眼睛充满了企盼。简妮的妈妈拿起盒子，迅速地瞥了一眼盒底的价钱牌，沉吟片刻后对简妮说：“这串项链卖1元95分，如果你真想得到它，那你得多干些家务活才行。你生日快到了，你外婆也会给你更多的零用钱，凑足了，你很快就可以拥有它。”

也许小简妮太想得到那串项链了，一回到家她就把她的储钱罐掏空，数了数，只有17分。晚饭过后，当她做完了额外的家务活，就跑到邻居麦克金斯叔叔那儿询问是否可以帮他采些蒲公英换得10分钱。

不久后，简妮终于得到了那串梦寐以求的项链。她戴上它站在镜子前照来照去，觉得自己长大了，可以跟妈妈一样把自己打扮得漂漂亮亮的。她几乎任何时候都戴着它，睡觉时也不舍得取下来，只有在游泳或是洗澡时才不敢戴，因为妈妈叮嘱过简妮，万一把项链弄湿了，颜料会把她的脖子染成绿色。毕竟，那不是一串真正的珍珠项链。

简妮有一位十分爱她的爸爸。每天晚上当她准备睡觉时，他总会停下手头的事情走到楼上她的房间讲故事。

有一天晚上当爸爸给简妮讲完故事后问简妮：“你爱我吗?”“当然爱了，爸爸。你知道我很爱你。”

“那你可不可以把你的珍珠项链给我?”“不，爸爸。我不能给你我的珍珠项链。但是你可以把我的‘小公主’——那头有粉红色尾巴的小白象拿去。你还记得吗，爸爸?‘小公主’是你送给我的，你知道在所有玩具中我最喜欢她。”

“算了，亲爱的。爸爸不需要你的‘小公主’。晚安，简妮，爸爸爱你。”他在简妮的脸颊上印了一个吻，然后静静地关上了门离去。

一个星期后，同样是在讲故事时间结束时，爸爸再问她：“简妮，你爱我吗?”“爸爸，你知道我是爱你的。”“那你把珍珠项链给我好吗?”“不，爸爸。我不能给你我的珍珠项链。但是我可以把我的婴儿娃娃给你。她还很新，是我去年生日得到的礼物。你还可以把她的小睡床也一起拿去。”“不用了，简妮，你还是留着她陪伴你吧。睡个好觉，亲爱的，爸爸爱你。”跟往常一样，他照例在简妮的脸颊上亲了一口后离去。

又过了几天的一个晚上，当简妮的爸爸踏进她的房间时，惊讶地发现简妮盘着双腿坐在床上，脸颊微微抖动，泪珠无声地滑落下来。

“怎么了，简妮？发生什么事了？”简妮没有说话，一直攥着的小手向他伸了过去。当小手张开，手心里是她那串小小的珍珠项链。“拿去吧，爸爸，这是给你的。”她的小身子还在轻轻地颤抖。

简妮的爸爸眼眶不禁湿了。他伸出一只手拿走了简妮的项链，另一只手却伸进自己的口袋，慢慢地取出一只蓝色绒布盒子，盒子里面装的是一串真正的珍珠项链。爸爸把这串项链给简妮戴上，告诉她就算是游泳或洗澡时也不必取下来了。简妮惊讶而又快活地看着爸爸，似乎还没弄明白为什么。其实爸爸想告诉她的是，这串项链已经在他的口袋里放了很久了，他一直在等待简妮放弃那串假的项链，这样他才能给她真正的珍宝。

师：这又是一篇运用反常规思维的文章，看了这篇文章后，你感动吗？为什么？这感动与作者特别的行文思路有关吗？从这篇文章中你获得了什么启示？

五、学习技法，认真写作

师：阅读完这两篇文章后，结合你生活中感触较深的内容写一篇文章，写作时注意用上本节课学到的写作技巧。

作者结论借鉴粘连

设计意图

有些课文是非常好的习作仿写范例，文中运用了许多值得学习的写作技法。读这样的课文，学生可以获得双重收获，既能积累许多好词好句，模仿作者的行文思路与写作技法，又能从作者的写作结论中获得启迪，产生新的认识与感悟，为写作打好基础。这么好的课文，教师是不能放过的，这样才能让学生真正有所收获。

教学目标

1. 学习课文，摘录自己特别有感觉的句子并记下来，试着用到合适的场合中。

2. 理清课文结构，理解作者的运思方法，借鉴作者的写作技法。

3. 品味作者的心得，形成自己的感悟，并不断实践。

教学重难点

1. 理清课文结构，理解作者的运思方法，借鉴作者的写作技法。

2. 品味作者的心得，形成自己的感悟，并不断实践。

教学时间

一课时

教学过程

一、读课文，谈感受

师：读下面的课文，说说你最喜欢哪些句子，画出来读一读，然后说说自己为什么喜欢这些句子，你摘录的这些句子可以用在哪些场合。

（课件出示课文。）

“　　”

书，被人们称为人类文明的“长生果”。这个比喻，我觉得特别亲切。

像蜂蝶飞过花丛，像泉水流经山谷，我每忆及少年时代，就禁不住涌起愉悦之情。在记忆的心扉中，少年时代的读书生活恰似一幅流光溢彩的画页，也似一阕跳跃着欢快音符的乐章。

我最早的读物是被孩子们叫作“香烟人”的小画片。那是一种比火柴盒略大的硬纸片，正面印画，背面印字，是每盒香烟中的附赠物。遇到大人让孩子买烟，这美差往往被男孩抢了去，我们女孩只落了个眼羡的份儿。集得多了，就开始比赛用手掌刮“香烟人”，看谁刮得远。这时，我就卖力地呐喊助威，为的是最后能在赢家手里饱览那一大沓画片。这些印着“水浒”“三国”故

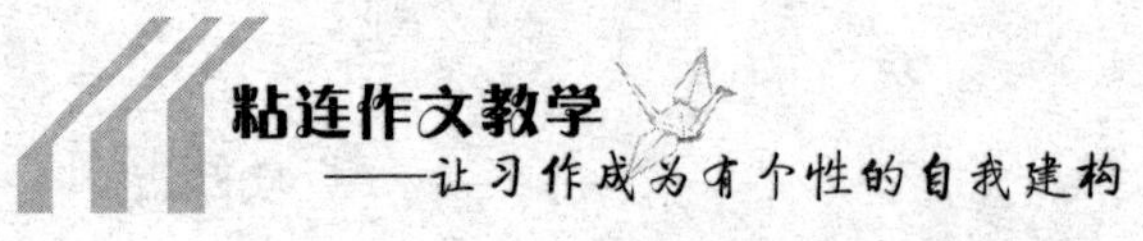

事的小画片，是我最早见到的连环画。

开始我看得津津有味，天长日久，就感到不过瘾了。

后来，我看到几本真正的连环画。一位爱好美术的小学教师，他有几套连环画，我看得如醉如痴：《七色花》引得我浮想联翩，《血泪仇》又叫我泪落如珠。后来，哥哥的朋友们送了我几册小书：《刘胡兰小传》《卓娅和舒拉的故事》《古丽雅的道路》……只要手中一有书，我就忘了吃忘了睡。

渐渐地，连环画一类的小书已不能使我满足了，我又发现了一块“绿洲”——小镇的文化站有几百册图书！我每天一放下书包就奔向那里。几个月的工夫，这个小图书馆所有的文艺书籍，我差不多都借阅了。我读得很快，囫囵吞枣，大有“不求甚解”的味道。吸引我的首先是故事，是各种人物的命运遭遇，他们的悲欢离合常常使我牵肠挂肚。

莎士比亚说：“书籍是全世界的营养品。”像我这样对阅读如饥似渴的少年，它的功用更是不言而喻。醉心阅读使我得到了报偿。从小学三年级开始，我的作文便常常居全班之冠。阅读也大大扩展了我的想象力。在家对着一面花纹驳杂的石墙，我会待上半天，构想种种神话传说；路上遇到一个残疾人，我会黯然神伤，编织他的悲惨身世。

记得有一次，作文的题目是《秋天来了》。教师读了一段范文之后，当大多数同学千篇一律地开始写“秋天来了，树叶黄了，一片一片地飘到了地上”时，我心里忽然掠过了不安分的一念：大家都这样写多没意思！我要用自己的眼睛去看秋天，用自己的感受去写秋天。

我把秋天比作一个穿着金色衣裙的仙女，她那轻飘的衣袖拂去了太阳的焦热，将明亮和清爽撒给大地；她用宽大的衣衫挡着风寒，却捧起沉甸甸的果实奉献人间。人们都爱秋天，爱她的天高气爽，爱她的云淡日丽，爱她的香飘四野。秋天，使农民的笑容格外灿烂。

于是，我的作文得了个“甲优”，教师在文中又圈又点，将它作为范文在班上朗读。

这小小的光荣，使我悟得一点道理：作文，首先构思要别出心裁，落笔也要有点与众不同的“鲜味”才好。这些领悟自然是课外读物的馈赠。

后来，我又不满足于只看一般的故事书了，学校图书馆那丰富的图书又像磁石一样吸引着我，那些古今中外的大部头小说使我如醉如痴，我把所有课余时间都花在借阅图书上。这时我养成了做笔记的习惯：记书中优美的词语，记描写的精彩段落。做笔记锻炼了我的记忆力，也增强了我的理解力。

有一次命题作文写《一件不愉快的往事》，我的情绪分外激动，觉得自己得到了一个大显身手的好机会：小时候受过的一次委屈，平常积累的那些描写苦恼心境的词语，像酵母似的发挥了作用。我从一个清冷的黄昏开始写，以月亮的美丽皎洁和周围人的嬉笑，来反衬一个受委屈的小女孩的孤独和寂寞。写着写着，我禁不住眼泪花花。这篇充满真情实感的作文又得到了好评，被用大字誊抄出来贴在教室的墙上。可是，看到老师用红笔圈出我写的月亮“像一轮玉盘嵌在蓝色的天幕中”这段文字，说这个“嵌”字用得特别传神时，我脸红了。我不能心安理得地接受这个赞誉——因为这句描写和这个“特别传神”的“嵌”字，是我看了巴金先生的《家》后念念不忘的词句。

于是，我又悟出了一点道理：作文，要写真情实感；作文练习，开始离不开借鉴和模仿，但是真正打动人心的东西，应该是自己呕心沥血的创造。

二、再读课文，学习写作技法

师：仔细再读课文，归纳出作者用了哪些写作技法。在这些技法中，你对哪种技法最感兴趣，你还在哪些文章中接触过？请用上这种技法，写一段话。

比如，引用名人名言说理法。

莎士比亚说:“书籍是全世界的营养品。”像我这样对阅读如饥似渴的少年,它的功用更是不言而喻。醉心阅读使我得到了报偿。从小学三年级开始,我的作文便常常居全班之冠。阅读也大大扩展了我的想象力。在家对着一面花纹驳杂的石墙,我会待上半天,构想种种神话传说;路上遇到一个残疾人,我会黯然神伤,编织他的悲惨身世。

(学生仿写。)

三、谈心得,仿写作文

1. 师:文章中作者的写作心得是什么?请读一读,想一想,然后说一说它对你有什么启发?

(学生阅读并思考,然后回答。)

2. 师:请大家借鉴作者的写作技法,把自己的心得体会表达出来,试着写一篇读后感。

后 记

如果没有上级主管单位的有力支持，肯定不会有这本书的诞生，即便是出版了，我也仍然忐忑不安，因为对于这本书到底能给广大教师带来什么这个问题，我实在是心里没底。“这年头还嫌垃圾书不够多吗?”这句话总在我的耳际萦绕着，有时一想到这句话，我真的有种惶惶然的感觉。

“粘连教学思想下的作文教学”课题研究从1995年起就开始，我逐步实践，从1998年开始，我逐步进行了理论与实践的总结，2007年暑假开始全面进行总结与整理，最终整理出30多万字，有了书的雏形。因为当时根本没有要出版的意识，所以书稿一直被束之高阁。此后，我在与一些教师聊天时发现，在实际教学中，作文教学是困扰语文教师的最大问题，广大语文教师最需要的就是系统的、科学的、有梯度的作文教学方式。随着年级的上升，作文训练也应拾级而上。于是，我逐渐有了将书稿整理出版的想法，便将书稿从冷阁中翻出来重新审阅。虽然书稿内容较多，但因为它凝聚着自己的心血，我怎么都舍不得删除其中的内容。思前想后，我便把书稿一分为二，先将自己最满意的教学实践内容整合在一起，加上近期的一些作文课堂教学实录，构成作文教学梯度训练的实践本，剩下的内容便与教学理论结合在一起，然后将一些不符合本书主题的内容剔除，从而将全书分为理论篇和实践篇两部分。

书稿完成后，我颇感欢喜，便跟一些有出书经验的朋友交流。一些朋友看后认为出版这样的书没有多大价值，因为作文教学指导书，市场上实在是多如牛毛，而且别人也未必认同我的想法和教法。再说，作文也未必就是教出来的。我听后觉得这些话也在理，于是又打消了出版的念头。

然而在实际教学中，目睹种种现状，我真觉得该出一本系统的、科学的、有梯度的作文教学指导书，加上厦门市教育局对教师出版专著也十分鼓励和支持，我不免动了心。到了2013年，我一方面感觉到自己在虚度岁月，笔耕已不再勤快，动力渐失；另一方面，身边的很多教师一再鼓励我递交专著出版申请。在内外因素的推动下，我递交了专著出版申请报告。令人非常高兴的是，我的申请报告竟然通过了审核，于是就有了该书的面世。

在此，我要特别感谢上级部门对教师钻研业务的鼓励，感谢那些帮助过我的朋友、同事们。本书若能给广大教师一点点的启迪，那就善莫大焉了。

黄瑞夷

江苏凤凰教育出版社
《行知工程》系列丛书目录

系列	序号	书　名	主编	定价
创新教学探索系列	1	《粘连作文教学：让习作成为有个性的自我建构》	黄瑞夷	30.00
	2	《备学式教学——在体验中建构数学思维》	单广红　范雪梅	30.00
	3	《向着自主进发——自主教育的创新实施智慧》	朱亚红	30.00
	4	《写中学——让学习更有效的学科写作教学》	钟传祎	30.00
	5	《小学科学实验总动员 ——大科学课堂有效提升学生创新力》	江美华	30.00
	6	《小学语文单元整体课程实施与评价》	李怀源	30.00
	7	《小学英语单元整体课程实施与评价》	李怀源	30.00
	8	《小学数学单元整体课程实施与评价》	李怀源	30.00
行思讲坛系列	9	《师爱无疆——润泽学生心灵的教育故事》	侯忠彦	30.00
	10	《怎样反思更有效——促进教师专业发展的反思策略》	诸贝贝	30.00
	11	《成为高度自觉的教育者——写给后课标时代的数学教师》	许卫兵	30.00
	12	《哲思数学课》	刘全祥	30.00
	13	《把学生教聪明》	严育洪	30.00
	14	《教师最应该规避的教育误区》	杨坤道	30.00
	15	《用语文的方式教语文——潘文彬教学主张与实践智慧》	潘文彬	30.00
	16	《跨越式实现高效课堂 ——信息技术与课程整合高效教学方案评析》	陈　玲　刘　禹	30.00
	17	《怎样让阅读教学更有效 ——提升教学能力的十种读诵模式》	汪秀梅	28.00
	18	《让生命在润泽中起舞——当代小学生最需要的主题班会》	吴联星　罗　琳 冯卫东	30.00
	19	《让生命欢快拔节——当代中学生最需要的主题班会》	冯卫东　吴联星	30.00
	20	《课堂因生成而精彩——高效教学的生成智慧》	张文质	30.00
	21	《回到每一个人的生命化教育 ——张文质二甲中学教育行动录》	张文质	30.00
	22	《智慧数学课——黄爱华教学思维的实践策略》	黄爱华	30.00
高效能教学系列	23	《让作文落地生根——提高写作实效的教学策略》	黄桂林	30.00
	24	《高效能作文教学5项修炼》	陈步华	30.00
	25	《高效能校长的10个好习惯》	张　勤	30.00
	26	《高效能教师的10个好习惯》	谢　英	30.00
	27	《高效能语文教学5项修炼》	王其华	30.00
教育探索者系列	28	《让每个学生都幸福——最能润泽生命的学校文化建设》	谢建伟　张新喜	30.00

系列	序号	书　　名	主编	定价
教师必读系列	29	《教师不可不知的教学心理效应》	叶勇军	30.00
	30	《班主任不可不知的管理效应》	奚一琴	30.00
	31	《教师不可不知的教育心理效应》	孙　媛	30.00
	32	《校长不可不知的管理效应》	谢申刚　张金豹	30.00
	33	《成为好教师的 7 项修炼》	王福强　李维华	30.00
	34	《如何让学生会学习》	龙　冰	30.00
	35	《如何让学生爱学习》	周震宇　许小燕	30.00
幼师成长系列	36	《幼儿行为背后——教师如何读懂幼儿的心思》	吴亚英	30.00
	37	《最具教育力的 22 种幼儿教育思想》	杨　达	30.00
	38	《幼儿教师必知的安全应急措施》	杨　达	30.00
	39	《幼儿教师必备的教育技能》	李　玲	30.00
	40	《卓越园长 21 条幼儿园管理策略》	周　丹　江东秋	30.00
核心教学主张系列	41	《新生代语文名师核心教学主张》	许友兰	30.00
教育求索系列	42	《思政教学的人文力量》	戴晓华	30.00
	43	《师道新说——给教育者的 30 条箴言》	徐　卫	30.00
中国教育变革之路丛书	44	《百年树人师何为——教师队伍建设困顿与出路》	将丽珠　李玉向	30.00
	45	《入园何时不再难——学前教育困惑与抉择》	曾晓东 范　昕　周　慧	30.00
	46	《三尺书桌何处寻——流动人口子女教育困难与破解》	范先佐	30.00
	47	《苦旅何以得纾解——高考改革困境与突破》	郑若玲	30.00
	48	《择校纠结何时了——择校问题困局与治理》	曾晓东　周文海 曾娅琴	30.00
教学全手册系列	49	《小学习作教学全手册》	郭家海	30.00
	50	《中学写作教学全手册》	郭家海	30.00
	51	《情境教学操作全手册》	冯卫东	35.00
	52	《合作教学操作全手册》	李春华	35.00
	53	《探究教学操作全手册》	周新桂	35.00
	54	《自主教学操作全手册》	诸葛彪	35.00
	55	《创新教学操作全手册》	王　玮	35.00
	56	《班主任工作全手册》	刘沛华	35.00
	57	《新教师工作全手册》	周震宇	35.00
	58	《学生心里健康教育全手册》	刘海莉　刘春杰	35.00
	59	《高效教学操作全手册》	马友平	35.00
教育漫笔系列	60	《课堂，诗意地栖居》	吴书华	30.00

系列	序号	书名	主编	定价
创新教学思想系列	61	《“大问题”教学的形与神》	黄爱华　张文质	30.00
新思维系列	62	《教育中的“不一定”——打破教育的19种思维惯式》	严育洪	30.00
校长领导力系列	63	《高品质学校生长要素》	王益民	30.00
	64	《校长高校教学领导力提升策略》	徐世贵　郭文奇	30.00
校本研修系列	65	《特色校本课程开发范例解读》	刘永平　李秀伟 张雪梅	30.00
	66	《高效校本研修模型构建艺术》	刘素雁	30.00
教学提升系列	67	《有思想地教阅读——让学生学会品读文字真意》	王学东	30.00
教育艺术提升系列	68	《藏在师生体态语言里的教学智慧》	张　宇　廖生波	30.00
创新人才培养系列	69	《创新人才培养校园科普精品课程开发与指导 ——人大附中创新人才培养》	罗　滨	30.00
	70	《创新人才培养特色校本课程开发与创新人才培养 ——清华附中“国际安全下的科学技术”课程构建与实施》	王殿军　方　研 赵宏雁	30.00
	71	《创新人才培养：学校实验室建设与管理》	刘克文 杨发丽　杨　平	30.00
	72	《创新人才培养：数学探究活动开发与指导》	马云朋　韩继伟	30.00
	73	《创新人才培养：化学研究活动开发与指导》	王　磊	30.00
	74	《创新人才培养：物理探究活动开发与指导》	廖伯琴	30.00
	75	《创新人才培养：地理探究活动开发与指导》	张建珍　陈　澄	30.00
	76	《创新人才培养：生物探究活动开发与指导》	张迎春	30.00
	77	《创新人才培养：理念探索与思维突破》	王晶莹	30.00
名师感悟系列	78	《让心灵伴着歌声成长——22位音乐名师的教育智慧》	陈　璞	30.00
	79	《超越自我的教师——32位名师的成长感悟》	李卫东　李秀伟	35.00
	80	《心灵的守护者——19位名班主任的教育智慧》	王晓松　曲文弘	30.00
	81	《名师感悟班主任有效工作艺术90例》	符礼科	30.00
	82	《名师感悟有效教学90例》	林高明　徐玉烟	30.00
教育思想者系列	83	《教育，一切从孩子出发》	黄　俭	30.00

系列	序号	书　　　名	主编	定价
新生代通派名师系列	84	《简约数学教学》	许卫兵	30.00
	85	《语文教学的本真——情意课堂展现母语之美》	吴建英	30.00
	86	《语文课堂的理想追求——欢快达成三维目标》	董一红	30.00
	87	《阅读教学的真髓——意象构建读出文学的真美》	祝　禧	30.00
	88	《美术教育的真谛——审美人生教育让生命绚丽成长》	陈铁梅	30.00
	89	《语文教学的理想境界——无痕教学润泽生命》	李　凤	30.00
	90	《儿童作文的本义——嬉乐作文让儿童乐并成长着》	王笑梅	30.00
	91	《名师是怎样炼成的》	王建明　王笑君	35.00